|融媒体实用教程

融媒体管理
实用教程

RONGMEITI GUANLI SHIYONG JIAOCHENG

董毅敏 / 主编
林晓芳 刘建华 / 执行主编

中国书籍出版社
China Book Press

图书在版编目（CIP）数据

融媒体管理实用教程 / 董毅敏主编． — 北京：中国书籍出版社，2023.3
ISBN 978-7-5068-9366-4

Ⅰ．①融… Ⅱ．①董… Ⅲ．①传播媒介－运营管理－教材 Ⅳ．① G206.2

中国国家版本馆 CIP 数据核字（2023）第 049623 号

融媒体管理实用教程

董毅敏　主编

责任编辑	李　新
责任印制	孙马飞　马　芝
封面设计	农云云
出版发行	中国书籍出版社
地　　址	北京市丰台区三路居路 97 号（邮编：100073）
电　　话	(010)52257143（总编室）　(010)52257140（发行部）
电子邮箱	eo@chinabp.com..cn
经　　销	全国新华书店
印　　刷	北京九州迅驰传媒文化有限公司
开　　本	787 毫米 ×1092 毫米　1/16
印　　张	17.5
字　　数	343 千字
版　　次	2023 年 3 月第 1 版　2023 年 3 月第 1 次印刷
书　　号	ISBN 978-7-5068-9366-4
定　　价	108.00 元

版权所有　翻印必究

融媒体实用教程系列
编委会

主　任：魏玉山　黄晓新
副主任：董毅敏
编　委：张建星　李　勤　李维福　彭铁元　黄楚新
　　　　张晓锋　刘建华　祝　青　王　鸣　王　志

融媒体实用教程系列

课题组

组　长：董毅敏

副组长：林晓芳　刘建华

成　员：李维福　原业伟　彭铁元　赵　东　叶倩倩

　　　　　赵子忠　李国建　李科浪　秦　斌　梅明丽

　　　　　乌琼芳　满都拉　许润松　尚婷婷　朱飞虎

　　　　　张凤杰　王　强　朱晓华　邓国臣

课题合作单位：中国信息技术教育杂志社

　　　　　　　　中国传媒大学

　　　　　　　　同济大学

　　　　　　　　南京师范大学

　　　　　　　　深圳大学

　　　　　　　　青岛大学

　　　　　　　　内蒙古师范大学

统　筹：原业伟　王黎明　董奎兴　武向娜

序

　　历经三年的编纂，"融媒体实用教程系列"的《融媒体编辑实用教程》《融媒体管理实用教程》两部书稿就要付印出版了，这两本书的基础是中国新闻出版研究院之前的两个课题，是我们在融媒体中心研究方面的成果之一。

　　2018年11月，中央深改委审议通过《关于加强县级融媒体中心建设的意见》，提出了组建县级融媒体中心，提高县级媒体传播力、引导力、影响力的要求。此后一些县市陆续开展了县级融媒体中心建设试点，至2020年底，我国的县级融媒体中心建设已经实现了全覆盖。与此同时围绕融媒体中心建设的研究工作也得到重视，许多研究成果也陆续发表或出版。

　　与其他研究成果相比，这两本书有以下三个特点：

　　第一，这套书有一定的创新性，填补了融媒体理论学习和工作指南的空白，让媒体融合工作有规律可循，有章程可依，有实例可借鉴。融媒体中心是一种新的组织形态、新的媒体形态，与传统的广播电视、报纸期刊、网站等不同，也不是几种媒体的叠加或机构的合并，有其独特的管理运行方式；融媒体工作复杂多样，汇集了5G、人工智能、云计算、物联网、大数据、区块链等最新技术，有其独特的技术融合方式。同时各级融媒体中心数量庞大，地区差异性大，运营水平参差不齐，缺乏可资融媒体部门的编辑和管理者借鉴的资料教程或工作手册。这套书分别从融媒体编辑和融媒体管理两个方面研究，基本涵盖了当前融媒体的相关理论与运营中的一些关键环节。

　　第二，这套书有一定的实用性，内容非常贴合融媒体运营的实际。《融媒体编辑实用教程》针对一线操作的融媒体编辑，详细介绍融媒体编辑所需要的技术手段、内容搜集方式、素材采集提取方式、融媒体美术编辑、内容播发与运营、传播效果和各种稿件审读等必备知识；根据最新融媒体趋势变化，指导编辑角色向产品经理的转换、美术编辑从平面到电子设备的转型。《融媒体管理实用教程》针对各级各类融媒体的管理者，梳理融媒体的组织架构和生产流程，包括采访、编辑、播发、反馈、考评等；介绍了自营平台运营的方法，网站、客户端、小程序、微信、微博、短视频、直播、B站等平台的特点和运营规律，深入分析自建平台和入驻平台的特点和规律；剖析融媒体商业运营的规律，介绍广告经营的策略和实践；介绍融媒体的技术支持体系，分析各种新技术应用的方法；介绍融媒体相关的行政法规和文件，避免版权和内容的各种纠纷。这两部书形成有机的整体，构建了完备的融媒体运营管理的知识架构。

  第三，这套书具有一定的系统性。这套书的编者既有新媒体的实践者，又有传统出版人和传统媒体人，他们以多年从事媒体工作的经验与心得，对融媒体工作所需要掌握的政策法规与专业知识做了比较系统的安排，比如内容审读、美术设计、版权管理、法律法规等篇章，这些法规与知识虽然不是专门对融媒体工作讲的，但对于从事新闻舆论工作、宣传思想工作者来说是必不可少的。全书自成体系，既有一定的理论的高度概括，也有实际应用的示范。

  技术发展日新月异，媒体融合发展是一个动态的过程，人们对媒体融合的认识也日益进步。希望课题组根据媒体融合发展的过程，不断更新、完善内容，真正成为各级各类融媒体中心和媒体工作者案头必备的工作手册，服务于一线的编辑和管理者，服务于融媒体中心建设工作。

2022年11月22日

出版说明

为助推构建以内容建设为根本、先进技术为支撑、创新管理为保障的全媒体传播体系，加快推动传统媒体和新兴媒体深度融合、一体发展，加快推进县级融媒体中心建设，加强全媒体人才培养，中国新闻出版研究院和中国信息技术教育杂志社共同承担了融媒体实用教程课题研究，组织相关领域的专家学者编写了《融媒体管理实用教程》和《融媒体编辑实用教程》，旨在探究如何创新利用媒体技术，实现传统媒体与新兴媒体的更好融合，探索媒体融合发展途径、重构方法、全流程编辑及管理，为传媒、教育、政府、企业等部门成立的融媒体中心管理者和从业人员提供理论指导、操作规范和工作指南。

《融媒体管理实用教程》各章节及编写人员如下：第一章"认识融媒体"和第二章"组织架构及团队建设"由中国通信工业协会副秘书长、硕士生导师彭铁元编写；第三章"生产流程"和第四章"自建平台运营"由中国人民大学博士赵东编写；第五章"播发合作平台运营"由深圳创新型城市促进会融媒体培训中心主任叶倩倩编写；第六章"融媒体商业运营"由中国传媒大学新媒体研究院院长赵子忠编写；第七章"技术支持体系"由青岛大学师范学院教育技术系主任、青岛市教育信息化应用专家委员会主任委员李国建编写；第八章"融媒体相关行政法规、规章及规范性文件"由深圳大学高等教育研究所副研究员李科浪与中国新闻出版研究院原业伟合写。

《融媒体编辑实用教程》各章节及编写人员如下：第一章"编辑的定位与职责"由同济大学艺术与传媒学院副教授梅明丽编写；第二章"内容策划"和第三章"素材采集与内容生产"由深圳大学教授级高工、新一代电子信息技术方向硕士生导师秦斌编写；第四章"融媒体制作"由内蒙古师范大学新闻传播学院教授乌琼芳与北京乐享云创科技有限公司总经理王志合写;第五章"融媒体的美术编辑"由《人民日报》《求是》杂志美术总监满都拉编写;第六章"审读"由人教数字出版公司质量总监许润松,北京悦库时光文化传媒有限公司尚婷婷,《自然资源学报》专职副主编、编辑部主任、中科院地理资源所学术期刊中心副主任朱晓华,中国测绘科学研究院副编审邓国臣合写;第七章"内容播发与运营"和第八章"传播效果"由南京师范大学博士朱飞虎、王君与硕士研究生钱帆帆、杨馨艺、刘昊、刘丽颖共同编写;第九章"版权管理"由学习强国学习平台有限责任公司法务部主任张凤杰编写;第十章"职业规范"由深圳大学高等教育研究所副研究员李科浪编写;附录"中国教育报刊社"由中国教育报总编室副主任王强编写。

中国社科院新媒体研究中心副主任兼秘书长黄楚新、中国新闻出版研究院传媒研究所常务副所长刘建华、浙江省安吉县融媒体中心主任祝青等专家,在审稿过程中提出了不少宝贵且中肯的修改建议。

在此,向以上各位专家学者以及支持、帮助和参与本项课题研究与教程编写工作的各位领导、专家和同人一并表示诚挚的谢意!

内容提要

融媒体是对传统媒体的突破与创新，是数字信息技术与媒体应用相互融合的时代产物。本书聚焦融媒体机构的管理，将融媒体定义为全媒体功能、传播手段乃至组织结构等核心要素的结合、汇聚和融合，是信息传输渠道多元化下的新型运作模式，分析了报纸和广电的发展简史，并梳理了向融媒体发展的全过程，梳理了融媒体的基本特征。

在融媒体的组织管理方面，本书梳理了融媒体的组织架构、融媒体工作职责分工、内容团队构成、生产流程、反馈、评价与考核机制；对于自建平台和入驻平台的选择进行了深入分析；对于产品经理、技术编辑、内容编辑和媒体营销经理的关系进行了梳理；对于网站、小程序、客户端的不同平台运营模式作了剖析。在融媒体商业运营方面，分析了资本运营面临的问题和发展趋势。本书还对融媒体相关行政法规、规章及规范性文件作了初步的梳理和分析。

关键词： 融媒体 策划 中央厨房 新闻 直播 自建平台 新闻网站 小程序

目录 contents

第一章 认识融媒体

第一节 背 景 ………………………………………………… 1
一、融媒体的定义 ……………………………………………… 1
二、融媒体与新媒体、自媒体和全媒体的区别 ……………… 2

第二节 发展历程 …………………………………………… 4
一、中国报纸发展历程 ………………………………………… 4
二、广电发展简史 ……………………………………………… 5

第三节 分 类 ……………………………………………… 10
一、按照传播平台划分 ………………………………………… 10
二、按照传播载体划分 ………………………………………… 10
三、按照传播功能划分 ………………………………………… 10
四、按照传播特性划分 ………………………………………… 10

第四节 融媒体的基本特征 ………………………………… 15
一、新闻信源与主体多元化 …………………………………… 15
二、新闻创作和传播方式多元化 ……………………………… 15
三、新闻信息开发与信息取向多元化 ………………………… 15
四、新闻移动服务方式多元化 ………………………………… 15
五、新闻职业技能多元化 ……………………………………… 15
六、新闻流程管理一元化 ……………………………………… 15

第五节 地位与作用 ………………………………………… 16
一、融媒体的地位 ……………………………………………… 16
二、融媒体的作用 ……………………………………………… 18

第二章 组织架构及团队建设

第一节 组织变革 ······ 21
一、媒体组织之历史溯源 ······ 22
二、融媒体组织的组成结构 ······ 23
三、融媒体组织作用 ······ 24

第二节 组织架构 ······ 26
一、融媒体工作职责分工 ······ 27
二、融媒体融合的六个层次诉求 ······ 32

第三节 内容团队构成 ······ 32
一、内容团队的工作能力构成 ······ 33
二、产品经理、技术编辑、内容编辑和媒体营销经理的关系 ······ 36

第四节 技术团队构成 ······ 42
一、县市级融媒体技术团队的组织架构 ······ 43
二、省、市级中型技术团队的组织架构 ······ 43
三、技术团队建构具体分工 ······ 44
四、融媒体技术团队工作原则 ······ 44

第三章 生产流程

第一节 融媒体策划 ······ 47
一、融媒体策划基本理念 ······ 47
二、融媒体策划关键因素 ······ 49
三、融媒体策划及报道形式 ······ 54
四、"中央厨房"统一策划 ······ 61

第二节 融媒体采访 ······ 62
一、融媒体采访的原则 ······ 62
二、融媒体新闻线索搜集 ······ 64
三、融媒体采访新模式 ······ 66
四、培养全能型媒体记者 ······ 71

第三节 融媒体编辑 ······ 74
一、融媒体编辑的能力要求 ······ 75

二、新闻内容的筛选与把关 …………………………………………… 76
　　三、新闻内容的分类与整合 …………………………………………… 77
　　四、建立完善的融媒体审读机制 ……………………………………… 78
　　五、融媒体编辑的思维革新 …………………………………………… 81
　第四节　融媒体播发 ……………………………………………………… 85
　　一、直　播 ……………………………………………………………… 85
　　二、多渠道分发 ………………………………………………………… 88
　第五节　融媒体反馈、评价与考核机制 ………………………………… 91
　　一、融媒体新闻的用户反馈 …………………………………………… 91
　　二、新闻机构内部的评价与考核 ……………………………………… 93
　　三、充分认识融媒体效果评估的复杂性 ……………………………… 94

第四章　自建平台运营

　第一节　自建平台和入驻平台的选择分析 ……………………………… 95
　　一、自建平台的优势与劣势 …………………………………………… 95
　　二、入驻平台的优势与不足 …………………………………………… 99
　　三、融媒体平台的选择策略 …………………………………………… 99
　　四、媒体自建平台的典型案例 ………………………………………… 101
　第二节　网　站 …………………………………………………………… 103
　　一、新闻网站的产生与兴起 …………………………………………… 103
　　二、融媒体时代新闻网站的转型发展 ………………………………… 104
　　三、新闻网站转型发展的典型案例 …………………………………… 105
　第三节　新闻客户端 ……………………………………………………… 106
　　一、媒体新闻客户端的建设情况 ……………………………………… 106
　　二、新闻客户端的未来发展方向 ……………………………………… 108
　　三、主流媒体建设新闻客户端的典型案例 …………………………… 111
　第四节　小程序 …………………………………………………………… 116
　　一、媒体建设小程序的实践和发展模式 ……………………………… 117
　　二、媒体搭建小程序的主要突破口 …………………………………… 118
　　三、媒体建设小程序的典型案例 ……………………………………… 120
　第五节　多平台联动 ……………………………………………………… 120

第五章 播发合作平台运营

第一节 社会化媒体 ······ 124
一、社会化媒体概述 ······ 124
二、社会化媒体发展史 ······ 124
三、社会化媒体的特点和分类 ······ 126
四、社会化媒体平台介绍——微信 ······ 127
五、社会化媒体平台介绍——微博 ······ 129
六、小　结 ······ 131

第二节 短视频、直播平台 ······ 131
一、短视频概述 ······ 131
二、直播概述 ······ 132
三、平台分析——抖音 ······ 136
四、平台分析——快手 ······ 139
五、平台分析——B站 ······ 141
六、小　结 ······ 143

第三节 移动新闻客户端平台 ······ 144
一、现状及特点 ······ 144
二、学习强国平台 ······ 146
三、今日头条新闻客户端平台分析 ······ 148

第六章 融媒体商业运营

第一节 融媒体资本运营 ······ 151
一、融媒体资本运营概念及其动因 ······ 151
二、融媒体资本运营的意义 ······ 151
三、融媒体资本运营方式 ······ 152
四、融媒体资本运营面临的问题 ······ 154
五、融媒体资本经营的趋势 ······ 156

第二节 融媒体广告营销 ······ 157
一、媒体广告经营现状 ······ 157
二、融媒体广告经营策略 ······ 158
三、融媒体广告经营实践 ······ 162
四、融媒体广告的挑战与机遇 ······ 164

第三节　传媒电子商务 ·············· 165
一、传媒电子商务概念及其发展动因 ·············· 165
二、传媒电子商务发展的意义 ·············· 166
三、传媒电子商务发展优势 ·············· 167
四、传媒电子商务发展路径 ·············· 167
五、传媒电子商务发展问题 ·············· 169
六、传媒电子商务发展建议 ·············· 170

第四节　融媒体技术输出 ·············· 171
一、媒体技术发展及其动因 ·············· 171
二、物质技术输出 ·············· 172
三、技术能力输出 ·············· 172
四、技术服务输出 ·············· 173

第五节　政府购买服务 ·············· 174
一、政府购买服务的概念和意义 ·············· 174
二、政府购买融媒服务的类别 ·············· 175
三、融媒体承接购买服务的优势 ·············· 176
四、存在的问题 ·············· 178
五、优化措施 ·············· 179

第七章　技术支持体系

第一节　融媒体技术基础架构 ·············· 181
一、融媒体概述 ·············· 181
二、主要技术基础 ·············· 183
三、融媒体平台架构 ·············· 185

第二节　主题策划、线索采集等流程相关技术 ·············· 189
一、融媒体主题策划流程及相关技术 ·············· 190
二、融媒体线索采集相关技术 ·············· 193

第三节　网络安全 ·············· 197
一、边界安全 ·············· 197
二、边界防护技术 ·············· 198

第四节　融媒体内容制作、采访相关技术 ·············· 200
一、融媒体内容制作技术 ·············· 200
二、采访技术 ·············· 207

第五节　融媒体流程支撑、审核、发布相关技术 ……………… 209
　一、融媒体流程和审核技术 ……………………………………… 209
　二、发布平台技术 ………………………………………………… 212
第六节　媒体素材数据存储与传播技术 ……………………… 216
　一、媒体数据存储技术 …………………………………………… 216
　二、媒体数据传播 ………………………………………………… 222
第七节　技术发展趋势 ………………………………………… 227
　一、互联网技术推动媒体深度融合 ……………………………… 227
　二、普适计算推动融媒体发展 …………………………………… 228
　三、人工智能技术引导融媒体发展 ……………………………… 229
　四、其他技术 ……………………………………………………… 229

第八章　融媒体相关行政法规、规章及规范性文件

第一节　融媒体相关的法律 …………………………………… 234
　一、《宪法》对新闻传播活动的规定 …………………………… 234
　二、《民法典》 …………………………………………………… 235
　三、《中华人民共和国刑法》 …………………………………… 235
　四、《中华人民共和国著作权法》 ……………………………… 235
　五、《中华人民共和国广告法》 ………………………………… 237
　六、《中华人民共和国网络安全法》 …………………………… 237
　七、《中华人民共和国专利法》 ………………………………… 238
　八、《中华人民共和国商标法》 ………………………………… 238
　九、《中华人民共和国反不正当竞争法》 ……………………… 238
　十、《中华人民共和国侵权责任法》 …………………………… 238
　十一、《中华人民共和国网络安全法》 ………………………… 238
　十二、《中华人民共和国保守国家秘密法》 …………………… 239
　十三、《中华人民共和国军事设施保护法》 …………………… 239
　十四、《中华人民共和国未成年人保护法》 …………………… 239
　十五、《中华人民共和国妇女权益保障法》 …………………… 240
　十六、《中华人民共和国残疾人保障法》 ……………………… 240
　十七、《中华人民共和国气象法》 ……………………………… 240
第二节　融媒体相关的行政法规 ……………………………… 241
　一、《中华人民共和国著作权法实施条例》 …………………… 241

二、《著作权集体管理条例》……241
三、《出版管理条例》……241
四、《信息网络传播权保护条例》……241
五、《中华人民共和国计算机软件保护条例》……242
六、《音像制品管理条例》……242
七、《广播电视管理条例》……242
八、《音像制品管理条例》……243
九、《电影管理条例》……243
十、《地图管理条例》……243

第三节 融媒体相关的规范要求……243

一、《县级融媒体中心省级技术平台规范要求》……243
二、《县级融媒体中心建设规范》……244
三、《互联网新闻信息服务管理规定》……244
四、《最高人民法院关于审理侵害信息网络传播权民事纠纷案件适用法律若干问题的规定》……245
五、《科学技术保密规定》……245
六、《网络信息内容生态治理规定》……245
七、《儿童个人信息网络保护规定》……246
八、《网络出版服务管理规定》……246
九、《电子出版物出版管理规定》……246
十、《电视剧内容管理规定》……247
十一、《互联网视听节目服务管理规定》……247
十二、《网络音视频信息服务管理规定》……247
十三、《网络安全审查办法》……247
十四、《广播电视视频点播业务管理办法》……247
十五、《关于做好个人信息保护利用大数据支撑联防联控工作的通知》……248
十六、《关于加强网络文学作品版权管理的通知》……248
十七、《新闻出版广播影视企业版权资产管理工作指引（试行）》……248
十八、《关于加强数字出版内容投送平台建设和管理的指导意见》……248
十九、《国家突发公共事件总体应急预案》……248
二十、《国家突发环境事件应急预案》……249

参考文献……250

第一章 认识融媒体

第一节 背 景

一、融媒体的定义

1978年，美国麻省理工学院的媒体实验室创始人尼古拉斯·尼葛洛庞帝提出融合（Convergence）的概念："所有的传播技术正在遭受联合变形之苦，只有把它们作为单个事物对待时，它们才能得到适当的理解。"尼古拉斯·尼葛洛庞帝指出了媒介融合是在计算机网络技术成熟的基础上用一种终端和网络来传输数字形态的信息，由此带来不同媒体之间的互换性和互联性。尼古拉斯·尼葛洛庞帝虽然是以预言的方式提出了融合的方向，但却开启了传播形态发展的研究新思路。

媒介融合概念的提出始于20世纪80年代的美国。美国马萨诸塞州理工大学（即麻省理工大学）媒体实验室教授L.浦尔认为，媒介融合就是指各种媒介呈现出多功能一体化的发展趋势。随着技术的日益精进和传播历史的演进，作为信息传递中重要一环的媒体，其所具有的传播符号逐渐丰富多样，在数字技术的支撑下，媒体作为人体的延伸已从以往单纯分离的视觉、听觉扩大整合到今日的全感官延伸，"全媒体"的时代即将到来。在媒介裂变与重组之间爆发出来的能量，足以将人类带入"媒介化社会"阶段。

美国新闻学会媒介研究中心主任Andrew Nachison将"融合媒介"定义为"印刷的、音频的、视频的、互动性数字媒体组织之间的战略的、操作的、文化的联盟"，他强调的"媒介融合"更多是指各个媒介之间的合作和联盟。

北京师范大学教授喻国明在《传媒经济学》中认为，媒介融合是指报刊、广播电视、互联网所依赖的技术越来越趋同，以信息技术为中介，以卫星、电缆、计算机技术等为传输手段，数字技术改变了获得数据、现象和语言三种基本信息的时间、空间及成本，各种信息在同一个平台上得到了整合，不同形式的媒介彼此之间的互换性与互联性得到了加强，媒介一体化的趋势日趋明显。

中国人民大学教授陈绚在《论媒体融合的功能》一文中认为，"融媒"的表现形态不仅仅是报纸和电视传播的融合或广播和报纸传播的融合，也不仅仅是以互联网的形式出现，还可包括一种传播方式的变化，如传统媒体是我写你读、我播你看，而现在有些数字媒体是互动的，等等，所以为了研究方便起见，我们将所有的数字方式传播媒体，统称为新媒体，也可称之为"融媒"。

《电视台融合媒体平台建设技术白皮书》中的定义为：融合媒体是全媒体功能、传播手段乃至组织结构等核心要素的结合、汇聚和融合，是信息传输渠道多元化下的新型运作模式。这一概念是随着信息技术和通信技术的发展、应用和普及从以前的"跨媒体"逐步衍生而成的。对"融媒体"目前的理解就是融合多种跨界媒体，其所指并不是一个个体概念，而是一个集合。

通过观察可以发现，所有融媒体的出现和发展，都基于三个物理平台：电信网、计算机网和广播网。点对点对称交换的电信网，点对面传播的广播网，以及多点对多点的数字化、网络化的计算机网络的交相融汇，形成了新媒体发展的技术基础，而且最为明显的趋势，就是IP技术的引入，使电信网和广播网都向互联网靠拢。

结合以上各种观点，我们将融媒体定义为：融媒体是全媒体功能、传播手段乃至组织结构等核心要素的结合、汇聚和融合，是信息传输渠道多元化下的新型运作模式。

二、融媒体与新媒体、自媒体和全媒体的区别

（一）新媒体

新媒体是新的技术支撑体系下出现的媒体形态，是相对于传统媒体（报刊、广播、电视等）而发展起来的一种新的媒体形态。新媒体包括数字杂志、数字报纸、数字广播、手机短信、移动电视、网络、桌面视窗、数字电视、数字电影、触摸媒体、手机网络等。相对于报刊、户外、广播、电视四大传统意义上的媒体，新媒体被形象地称为"第五媒体"。新媒体的发展将是未来媒体发展的新趋势，传统意义上的媒体是通过电视、广播、报刊、杂志等单一形式完成的对于信息的采集、编辑和传播，而新媒体是在传统意义的媒体基础上运用数字媒体技术开发创意完成的对于信息的传播加工以及新的诠释的一种新的媒体概念。一段时间过后，随着新技术的出现以及在媒体上的不断创新与应用，又会出现更新的媒体形态来代替现有媒体格局。

（二）自媒体

自媒体又称"公民媒体"或"个人媒体"，是指私人化、平民化、普泛化、自主化的传播者，以现代化、电子化的手段，向不特定的大多数或者特定的单个人传递规范性及非规范性信息的新媒体的总称。自媒体平台包括百度贴吧、博客、微博、微信、抖音等网络平台。自媒体通过"六度理论"和病毒式的传播，将信息的传递速度和规模无限地放大，如果网站的品牌和商品是正向的，让用户使用后心理价值感受超过其预期值，则通过用户自媒体的影响，自动会形成自媒体的口碑，有形地助推自媒体内容和品牌的传播。

（三）全媒体

全媒体是指媒介信息传播采用文字、声音、影像、动画、网页等多种媒体表现手段（多媒体），利用广播、电视、音像、电影、出版、报纸、杂志、网站等不同媒介形态（业务融合），通过融合的广电网络、电信网络以及互联网络进行传播（三网融合），最终实现用户以电视、电脑、手机等多种终端均可完成信息的融合接收（三屏合一），实现任何人、任何时间、任何地点，以任何终端获得任何想要的信息（5W）。全媒体具有以下几个特点。

（1）全媒体是人类现在掌握的信息流手段的最大化的集成者。从传播载体工具上可分为报纸、杂志、广播、电视、音像、电影、出版、网络、电信、卫星通信等；从传播内容所倚重的各类技术支持平台来看，除了传统的纸质、声像外，还可分为基于互联网络和电信的WAP、GSM、CDMA、GPRS、3G、4G及流媒体技术等。

（2）全媒体并不排斥传统媒体的单一表现形式，而且在整合运用各媒体表现形式的同时仍然很看重传统媒体的单一表现形式，并视单一形式为"全媒体"中"全"的重要组成。

（3）全媒体体现的不是"跨媒体"时代的媒体间的简单连接，而是全方位融合——网络媒体与传统媒体乃至通信的全面互动、网络媒体之间的全面互补、网络媒体自身的全面互融。总之，全媒体的覆盖面最全、技术手段最全、媒介载体最全、受众传播面最全。

（4）全媒体在传媒市场领域里的整体表现为大而全，而针对受众个体则表现为超细分服务。举例来说，对同一条信息，通过全媒体平台可以有各种纷繁的表现形式，但同时也根据不同个体受众的个性化需求以及信息表现的侧重点来对采用的媒体形式进行取舍和调整。如在对某一楼盘信息展示时，用图文来展示户型图和楼书中描述性的客观信息；利用音频和视频来展示更为直观的动态信息；同时，对于使用宽带网络或智能手机的受众则可用在线观看样板间的三维展示及参与互动性的在线虚拟装修小游戏等。全媒体不是大而全，而应根据需求和其经济性来结合运用各种表现形式和传播渠道。全媒体超越跨媒体的也就是在于其用更经济的眼光来看待媒体间的综合运用，以求投入最小、传播最优、效果最大。

（四）融媒体

融媒体是充分利用媒介载体，把广播、电视、报纸、手机、网络等既有共同点又存在互补性的不同媒体，在组织、人力、技术、内容、传播、渠道等方面进行全面整合，实现"资源通融、内容兼融、技术互用、渠道互通、利益共融"的新型媒体。融媒体对外是一个单位、一个声音、一个价格。广播、电视、网络同时变为共同为一个项目活动服务的三种形式、手段和方法，价格上也会比任何一个单媒体要高得多，客户对这种活动的认可度也大大提高。媒介的产业链不再仅局限于新闻生产、交换、消费等环节中，产业链的线条也会因新媒体的加入而有新的变化。

第二节 发展历程

在人类漫长的发展历程中，媒体与人类一直如影随行。随着人类进步和技术迭代，不同的时代会出现不同的新媒体。不同时代的新媒体形态带来不同的挑战和发展，不同时代的人带来不同的变化和不同的记忆，构成了人类文明的重要内容和形式。

农耕文明下的人类生活在一个个部落中，通过体态的非语言符号与语言符号进行信息沟通与意识交流。随着文化延续的需要，产生了文字。口语与语言两者形成社会约定俗成的礼俗关系，塑造情感联系的方式。

由于古登堡印刷术的发明，社会被重新形塑。沃尔特·翁在其著作《口语文化与书面文化》一书中认为书面文化改变了人们的表达方式与思维过程，印刷媒介扩大了知识传播，使得不同地域的人们不必聚集于某一部落，分离成一个个分散式群体。约束群体的准则不再是约定俗成的礼俗关系，而变成了集权政府的法度法规。

梅洛维茨在《消失的地域》一书中，论证了电子媒介改变了时间与空间对人类交往的意义。这种形态下的技术演变造就吉登斯笔下的"脱域"机制，促进"网络空间"的崛起，突破了人类交往的界限，社会走向了拟像仿真的时代，逐渐变成了本雅明所说的"电子媒介的发展使得当今世界已经被仿真的类像所占领，现实感逐渐丧失"，媒介构造的真实超越了客观真实，塑造我们的思想与行为。

网络媒介展示了时空分离的超真实社会。麦克卢汉著名论断"万事万物皆为媒介"正在逐步走向人们的日常生活。基于云计算、物联网、传感器设备、可穿戴设备、大数据等先进技术逐渐"武装"人类的感知方式和改变客观世界的物质形态，加强事物之间的联系，"小米家具""宜家家居"以及阿里巴巴人工智能发展等都在积极布局"万物互联"。这就是我们目前媒体融合的社会和技术背景。

可以断言，目前的融媒体形态仍然是人类历史中的一个过客，仍然会被更先进、更方便、更舒适的形态呈现迭代，为未来人类提供全方位的人工智能媒介服务。

现代传播媒体发展的历史可谓沧海一粟。现代传媒的进步来源于人类社会世世代代的不懈努力。

一、中国报纸发展历程

（一）中国古代报业

新闻出版业认为"邸报"是我国最早的报纸。"邸"本来是指古代朝觐京师的官员在京的住所，早在战国时就出现了，一说始于西汉。唐《开元杂报》是开元年间发行的邸报，该报系雕版印刷。本身原无报名，因其发行时的年号是在开元年间，后人便称其为《开元杂报》。"杂报"是邸报的别称。

宋代的报纸称谓很多，有"邸报""朝报""邸抄""进奏院状""状报"等，"邸报"是其中最通用的称呼。"邸报"的内容主要是皇帝的诏书、命令、起居言行，中央政府的法令、公报，官吏任免赏罚的消息和大臣的章奏文报。

"邸报"的发布要受中央政府的严密控制。宋朝的"邸报"大部分都是手抄版本。宋代周麟之著《海陵集·论禁小报》对此有相关描述。

明末，活字印刷术开始用于"邸报"印刷。清初顾炎武说过："忆昔时邸报，至崇祯十一年（1638年）才有活版。"

"邸报"普遍采用活字版印刷。因为用木活字印刷，印刷质量不佳，有的字体歪斜、墨色漫漶，校对也不够精确，错字较多。但因内容新颖，销量不错。西方印刷术传入后，我国遂改用铅字版印刷。

（二）中国近代报业

1815年，新加坡出版了第一份近代华文报刊（也是第一份宗教报刊）《察世俗每月统记传》。

1822年，澳门出版了葡萄牙文第一份国内现代报纸（也是第一份外文报刊）《蜜蜂华报》。

1827年，广州出版了第一份英文报纸《广州记录报（广东记事报）》。

1833年，广州出版了第一份中文报刊《东亚西洋考每月统记传》。

1857年，香港出版了第一份商业性报纸《香港船头货价纸》。

1858年，香港出现了第一份中文商业报纸《香港中外新报》。

1902年，天津设立总局全国发行了第一份官方报纸《北洋官报》。

二、广电发展简史

1923年，美国人奥斯邦创办的中国无线电公司与英文《大陆报》馆合作，开办"大陆报——中国无线电广播公司电台"，并于当年1月23日上海首次播音。

1926年10月1日，由我国早期的无线电专家刘瀚主持筹建的哈尔滨广播无线电台率先开始播音，成为中国人自办的第一座电台。

1927年3月，上海新新公司广播电台成立，这是中国人自办的第一座民营广播电台。

1928年8月1日，国民党在南京建立"中央广播电台"，简称"中央台"。1929年2月，国民党公布了广播条例，允许民间创办广播电台。到1937年6月，国民党的广播电台有23座，全国收音机总数约有20万台。这一时期发展最好的城市为上海，特点是私营电台多。但随着战争的爆发，被日本间接控制的就有50多座。

1939年2月6日，在重庆建成中央短波广播电台，对国外正式播音，1940年1月定名为国际广播电台（VOC——中国之声）。这是国民党创办的首个国际电台，对取得反法西斯的胜利具有促进作用。

1943年，国民革命军组建了军中播音总队。这是中国军队广播的开端。

1940年12月30日晚，延安新华广播电台开始播音，是人民广播的第一座电台，中国人民广播事业从此诞生。这一天被定为中国人民广播事业的诞生日。

1949年3月25日，陕北台随中央迁入北平播音，并改名为北平新华广播电台。9月27日，又改名为北京新华广播电台。

1949年6月5日，中共中央决定成立中央广播事业管理处，领导并管理全国广播事业。1949年10月1日，中央广播事业管理处改组为广播事业局。

1950年4月，中央人民政府新闻总署规定广播宣传的任务有三项：发布新闻和传达政令，社会教育，文化娱乐。

按技术划分，中国有线电视的发展经历了三个阶段：从1973年到1990年是共用天线时代；从20世纪90年代初期到1999年是有线电视大发展的时候；从2000年开始就进入有线数字电视时代。

1958年5月1日，北京电视台成立，是中国第一座电视台。这一年世界上已有67个国家开播了电视。1973年4月，彩色电视试验也成为技术发展的重点，北京台正式开始彩色电视的试播。虽然在之后的几年内全国只播出了《公社党委书记的女儿》和《神圣的职责》两部戏，但从技术上推动了电视剧艺术的发展。

（一）口播（图片）新闻阶段

1936年11月2日，英国广播公司（BBC）正式播送电视节目，被公认为是电视诞生的日子。伴随电视的诞生，电视新闻也当即出现。开播之初的电视新闻，由记者、编辑写稿，播音员播念，观众只闻其声不见其形，荧屏上出现的是与报道内容有关的图片；有时，为避免荧屏上出现空白，也插入一些无关的图片。严格地说，那时的电视新闻还没有跳出广播的摇篮，在形式上是单调、冗长、呆板的。从内容上看，它涉及的方面窄、信息容量少，社会影响自然也就小。

1939年，美国无线电公司在纽约世界博览会上展示电子产品，并当场实况播放了美国总统罗斯福出席博览会的讲话。这是最早的有线图像的电视新闻，还没有跳出口播新闻的框架。1940年，美国的电视新闻采用分割式播放，这是世界上最早出现的口播电视新闻，人们把这种方式叫"Lip Read"，即"撕下来念"。沿用的依然是广播新闻形式。

（二）影片新闻拍摄阶段

1947年，美国全国广播公司（NBC）和哥伦比亚广播公司（CBS）相继与电影广告商合作，生产专供拍摄电视新闻用的16毫米电影摄影机和胶片，从此开始了电视新闻以活动影像画面为特点的传播信息历史。

（三）电子新闻摄录阶段

电视新闻发展的根本性突破是电子新闻采摄设备（ENG）的运用。20世纪70年代初期，电子新闻采摄设备（ENG）在美国电视界率先运用，不久普及欧洲、日本等电视发达国家，进而迅速蔓延到几乎所有开办电视的国家。到20世纪80年代中期，它已经完全将16毫米电影摄影机取而代之，居于一统天下的地位。1971年，CBS首次使用ENG，采访美国国会会议。1977年后，美国三大广播公司逐渐用ENG代替摄影机和胶片。

1978年12月，我国中央电视台首次使用ENG。80年代初期，全国各省级电视台逐步用ENG采访新闻，以至80年代开始组建的电视台，没有经历影片新闻阶段而直接跨入电子新闻的摄录阶段。虽然在我国80年代初期ENG已被运用在电视新闻拍摄上，但一段时间以来，由于电视记者习惯于影片新闻的拍摄手法，没有充分认识、利用电视摄像机的声音部分，还把它当作摄影机来用，电视新闻还是画面加解说的影片模式。直到90年代，由于在全国电视系统进行了较系统、较深入、较普遍的学术研讨活动，强调广播带响、电视带声的传播理念。这种在理论上和实践上的导向，对电视新闻走向成熟无疑是一个促进。现场采访等具有电视特色的新闻传播报道手法得到重视，并逐步在电视新闻采访中被推广、运用。

ENG电视新闻采摄技术的进步，更新了电视新闻的报道方式，从而推动了电视新闻的发展。

（四）卫星传送（现场直播）阶段

卫星传送是科学技术对电视新闻的巨大推动。它从传播上为电视新闻提供了较之印刷媒介的报纸所无法比拟的优势。它极大地提高了电视新闻的报道时效，使重大新闻可以做到世界范围的同步报道。以至对沿用了半个世纪的新闻定义提出新的认识和更新：新闻是新近或正在发生的有价值的事实的报道。

20世纪后半叶，科学技术的发展速度远远超过了以往任何时代，卫星传播的发展更是这样。1958年，苏联成功地发射了一颗试验通信卫星，开始了通信卫星传送节目的实验。这是世界上第一颗通信卫星，由此突破了电视发送靠微波中继站接力传送和由电缆传送的局面。1962年7月10日，美国发射了世界上第一颗专门用于传送电视节目的卫星"电星一号"，开创了卫星传播电视的新时代。它把美国电视新闻节目传送到欧洲，极大地加快了电视新闻的报道时效。在这方面一个典型的例证是：1963年11月22日13时30分，美国总统肯尼迪遇刺身亡，20分钟以后，远在伦敦的英国广播公司即在电视中播送了这一令人震惊的新闻。1964年4

月,"国际卫星通信联合组织"成立。1965年4月,该组织将第一颗国际商用通信卫星"晨鸟"号送入大西洋上空的轨道,从此,世界各国开始租用卫星传送节目。1969年7月19日,通信卫星转播了人类第一次即"阿波罗"号宇航员登月的活动。全世界47个国家,约6亿观众观看克朗凯特主持的宇航员登月现场实况报道。它是一次电视技术大出风头、电视观众大饱眼福、电视报道大展风采、电视新闻大显作为确立地位的开创性壮举。1980年,狄唐纳开办世界上第一座24小时传送新闻的有线电缆电视网——美国有线电视网(CNN)。ABC、CBS、NBC、CNN成为美国四大电视广播公司,通过卫星向全世界传播新闻及其他节目。它使世界变成了"全球村"。电视新闻的卫星传播缩短了地区与地区、国家与国家的距离,使全球成为一个"村庄"。

我国最早运用通信卫星传送电视新闻节目,是在1972年对尼克松访华事件进行报道。中美双方商定,在上海建立一座袖珍地面接收站,通过卫星传送,使美国观众也能及时看到中、美两国元首会谈等重要新闻。根据资料统计,在1972年2月21日—2月28日尼克松访华的一周内,通过太平洋上空的卫星,美国三大广播公司共播出52个小时的电视新闻报道。

1984年,我国成功地发射通信卫星,掀开了用卫星向边远地区传送节目的历史第一页。1990年9月,我国通过卫星成功地向世界各国传播了在北京举办的第11届亚洲运动会的实况,向全世界展示了我国承办国际性运动会和报道、传送大型国际体育赛事的能力。当今,用卫星传送大型国际性体育比赛已成为电视节目的重要内容。1994年,在我国除原有的边远省份、自治区节目用卫星传送外,山东、浙江、四川等内地和沿海部分省电视台的节目,也开始用卫星传送。到20世纪末的前两年,在国家广播电视等部门的统筹安排下,中央台的八套节目和各省、区、市的卫视节目,全部上了卫星,名曰主要是为了覆盖各省,实际上都把电视落地的目光盯在了北京和全国。卫星传送节目、卫星节目落地,使中国电视新闻展开了新一轮的全面竞争,在客观上促进了电视事业的发展和节目质量的提高。

ENG普及和电视转播车普遍使用后,电视新闻借助微波中继的配合,将"零时间"传送成为现实,传播范围波及同城或异地,有力地扩展了覆盖地域。通信卫星上天后,又为现场直播创造了最基础也是最重要的物质、技术条件,电视新闻不仅可以实现重大新闻的现场直播,而且可以跨洋过海,把信号(传播内容)传播到地球各地。世界各国电视媒介正是用现场直播的方式将重大政治事件、高端政要活动、国际性的体育赛事、自然界的突发灾难等人们关注的新闻,通过通信卫星,覆盖到传播目的地。电视新闻异军突起,已成为时效最快、权威性最强、观众最多、最具影响力的新闻媒介。

20世纪20年代,随着广播的出现而预言报纸的消亡;40年代,随着电视的崛起而预言广播的消亡；90年代，因为网络的兴起而预言传统媒介的消亡。从现在来看，这样的论断都为时过早，太过偏激。

我国媒介融合始于20世纪90年代，媒介融合经历了三次浪潮。第一次浪潮是通过对主流媒体的直接收购与大规模兼并实现的跨媒体所有权的集团化。这一浪潮并没有对政治经济方面造成根本性挑战。第二波浪潮是关于媒介的数字化改造，这从根本上挑战了传媒业，受到了传统政治经济学的青睐，同时也对文化研究产生了影响。第三波浪潮是内容流。穆雷博士指出，在传媒业中用"内容流"来描述一个平台向另一个平台的内容迁移，即通过互联网实现音频或视频内容的传递。

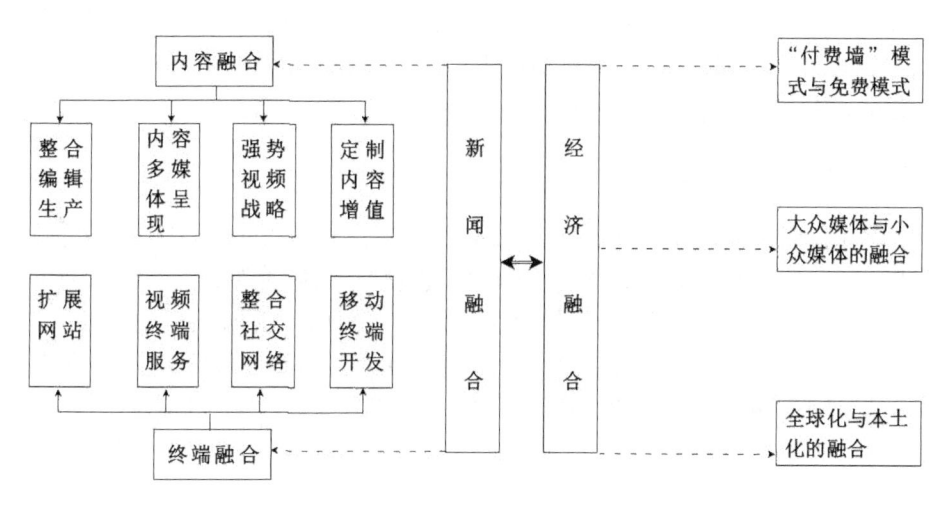

我国媒介融合的三次浪潮

我国媒介融合大致经历了三个阶段，即报纸（广电）上网阶段、网络报纸（广电）阶段、全媒体阶段（后期全媒体与融媒体概念并行使用），目前正处于融媒体阶段。

据统计，在2013年前100大热点事件的传播中，由网络大V等首发或主导的占了近一半，传统平面媒体首发或主导的不足三成。新媒体在内容生产和信息发布方面的表现更为抢眼。据统计，目前传统媒体新闻信息的首发率已经不到三成，七成左右为新媒体首发。

受众的时间投入从传统媒体转移到了新媒体，广告商的金钱投入亦从传统媒体转移到新媒体，这直接导致传统媒体的萎缩和关张。2015年，美国纸质媒体的广告收入较2014年降低了8%，平均工作日的报纸发行量（纸质与网络相加）下降了7%，新闻编辑室的数量减少了10%，纸媒的全职雇员比20年前减少了2万人；在中国，2015年，传统报业发行量、广告量都呈现两位数的速度持续下滑，其中都市报类零售总量下滑幅度最大，达到50.8%。未来，随着新媒体技术的发展，媒介融合产品愈加丰富，受众的时间投入将持续被转移至新兴媒体渠道，不适应市场需求的传统媒体会继续退出历史舞台。

第三节 分 类

一、按照传播平台划分

融媒体按照传播平台划分，可以分为三类：点对点对称交换的电信网平台；点对面传播的广播网平台；多点对多点的数字化、网络化融汇的互联网平台。随着IP技术发展趋势，电信网平台和广播网正向互联网平台融合。

二、按照传播载体划分

融媒体按照传播载体划分，可以分为三十多类：数字电视、卫星直播电视、移动电视、IPTV、网络电视（Web TV）、温暖触媒（Red Taction）、列车电视、楼宇视屏（各种大屏幕）；移动多媒体（手机短信、手机彩信、手机游戏、手机电视、手机电台、手机报纸等）；电话线上网（ISDN、ADSL）、专线宽带网、无线上网；网上有即时通信群组、对话链（Chatwords）、虚拟社区、博客（blog）、播客、搜索引擎、简易聚合（RSS）、电子邮箱、门户网站等。

三、按照传播功能划分

按照传播功能划分，可分为六类：报道新闻、传播信息；表达意见、沟通情况；宣传政策、引导舆论；服务社会、指导生活；传播知识、普及教育；提供娱乐、裨益身心。

四、按照传播特性划分

按照传播特性划分，可分为五类：人际传播、群体传播、组织传播、网络传播、大众传播等。

（一）人际传播

人际传播指个人与个人之间的信息交流，也是由两个个体系统相互连接组成新的信息传播系统。人际传播的形式可以是两个人面对面的直接传播，也可以是以媒体为中介的间接传播。前者主要以语言表达信息，或用表情、姿势来强化、补充、修正语言的不足，它可以使传者与受者直接沟通，及时反馈信息，并共聚一堂，促膝交流，产生亲切感，从而增强传播的效果。

人际传播是通过某种人际关系运转起来的传播方式，同大众传播相比较，它具有自己的特点。

(1) 感官参与度高。在直接性的人际传播活动中，由于是面对面的交往，人体全部感觉器官都可能参与进来，接收信息和传递信息。即使是间接性的人际传播活动，人体器官参与度也相对较高。

(2) 信息反馈量大和速度快。在面对面的CI信息传播中，我们可以迅速获悉对方的信息反馈，随时修正传播的偏差。传播对象也会为你的情感所打动，主动提供反馈意见。如果有了传播媒体的中介作用，信息反馈的数量和速度都将受到限制，因为冷冰冰的媒体可能会使传播对象不愿参与反馈意见。

(3) 信息传播的符号系统多。人际传播可以使用语言和大量的非语言符号，如表情、姿势、语气、语调等。许多信息都是通过非语言符号获得的。大众传播所使用的非语言符号相对较少。

(4) 传递和接收信息的渠道多，方法灵活。受到客观制约较少，传播和接收方式较多。

人际传播作用如下：寻求关于生产、生活和社会的有用信息从而进行环境适应决策；建立社会协作关系；自我认知和相互认知；满足人的精神和心理需求。

(二) 群体传播

群体指的是由共同的利益、观念、目标、关心等因素相互联结，存在着相互影响作用关系的个人的社会集合体。群体传播是群体成员之间发生的信息传播行为，表现为一定数量的人按照一定的聚合方式，在一定的场所进行信息交流。群体传播在形成群体意识和群体结构方面起着重要的作用，而这种意识和结构一旦形成，又反过来成为群体活动的框架，对个人的态度和行为产生制约，以保障群体的共同性。因此，群体传播是群生存和发展的一条基本的生命线。

群体传播的特点如下：

(1) 信息传播在小群体成员之间进行，是一种双向性的直接传播。

(2) 群体传播在群体意识的形成中起重要作用。群体意识越强，群体的凝聚力就越强，越有利于群体目标的实现。

(3) 在群体交流中形成的一致性意见会产生一种群体倾向，这种群体压力能够改变群体中个别人的不同意见，从而产生从众行为。

(4) 群体中的"舆论领袖"对人们的认知和行为改变具有引导作用，往往是开展健康传播的切入点。

(三) 组织传播

组织传播是指组织所从事的信息活动，组织传播既是保障组织内部正常运行的信息纽带，也是组织作为一个整体与外部环境保持互动的信息桥梁。

组织传播也称团体传播，是指组织成员之间或组织与组织之间的信息交流行为。组织传播的目的就在于稳定、密切组织成员之间的关系，协调行动，减少摩擦，维持和发展组织的生命力，疏通组织内外渠道，应付外部环境的变化。

1. 组织传播的特点

传播者以组织或团体的名义讲话；信息大多是指令性、教导性和劝服性的内容；具体活动是在有组织有领导的情况下进行的；传播活动有一定的规模。

2. 组织传播的作用

（1）内部协调。组织中的各部门、各岗位都由一定的信息渠道相连接，每个部门和岗位同时也都执行着一定的信息处理职能，是组织传播的一个环节。这些环节通过信息的传达和反馈相互衔接，使各部门和岗位成为既各司其职，又在同一目标下协同作业的整体。

（2）指挥管理。组织目标和组织任务的实施需要进行指挥管理。在一个组织中，从具体任务指令的下达、实施、监督、检查、总结，到组织活动规章制度的贯彻和日常管理，一定的信息活动，都是在一定的信息互动机制下进行的。

（3）决策应变。组织是一个永远处于运动和变化之中的有机体，它不断面临组织内部和外部出现的新情况和新问题。适应新情况、解决新问题的过程就是决策应变的过程，这个过程本身就是建立在信息的收集、整理、分析、判断的基础之上的。

（4）形成共识。一个组织要保持高度的凝聚力和战斗力，必须围绕一系列重要问题如组织目标和宗旨、组织规划、组织方针和政策等，在组织成员中形成普遍的共识。共识的形成本身就是一个组织内的传播互动过程，必然伴随着围绕特定问题的信息传达、说明、解释、讨论等各种形式的传播活动。

综上所述，传播是组织的一个基本属性。组织的任何活动都伴随着信息传播，以至于我们很难说出一种与传播无关的组织活动。考察组织传播，也就是考察组织本身。

（四）网络传播

网络传播就是指通过计算机网络的人类信息（包括新闻、知识等信息）传播活动。在网络传播中的信息，以数字形式存贮在光、磁等存贮介质上，通过计算机网络高速传播，并通过计算机或类似设备阅读使用。网络传播以计算机通信网络为基础，进行信息传递、交流和利用，从而达到其社会文化传播的目的。网络传播的读者人数巨大，可以通过互联网高速传播。

1. 网络传播的优势

（1）信息多元化。网络信息中运用了flash、视频、音频等多媒体技术，这些技术不像网络上单一的flash、视频、音频等形式那样，而是通过组合的应用配以精彩的内容给读者带来了强烈的感官刺激和互动参与的欲望，这是单一的技术表现形式所不能比拟的，也是网络信息对读者的吸引力所在。而正是基于此，网络聚集了庞大的用户群体，让用户在阅读内容中感受网络的感官刺激。网络信息涉及游戏、时尚、服饰、汽车、音乐、体育、影视等多个行业，给受众带来强烈的冲击。网上不仅可以平等地发布信息，还可以平等地开展讨论与争论。

（2）表现形式立体化。网络新闻以互联网为基础，借助先进的传输技术，在新闻传播内容、形式、结构及便于阅读等方面，都很好地发挥了新闻宣传的舆论导向作用，收到了较强的立体化的新闻传播效果。与传统新闻传播相比，网络新闻为读者提供了更为广阔的新闻信息量及阅读空间，它一方面通过内容安排、结构选择等方式，使新闻报道达到了"最佳状态"，便于读者获得立体认识，更清晰更深刻地了解新闻；另一方面，读者的意见或态度可及时反馈给传播者，读者与传播者之间形成了一种互动关系，从而使新闻的立体传播效果，在网络传播的环境下，得到了更为深刻的演绎。

（3）传播互动化。信息传播的双向互动，是网络传播的本质特征和社会意义的集中所在。报纸、广播、电视作为20世纪内的主体传媒，恰恰在这方面相形见绌。双向互动式传播具有三个重要特征：信息的传者不再享有信息特权，与受众一道成为真正意义上的平等交流伙伴；网络用户不仅可以平等地发布信息，还可以平等地开展讨论与争论；舆论监督功能在网络振荡中不断放大，具有无比的威慑力量。互动式传播内含着天然的民主亲和力与自由召唤力，从而构成了对现有传媒的致命冲击，构成了对传统意识的日趋迫切的反叛与否定。互动内容也成为传播的组成部分。

2. 网络传播的劣势

网上的信息良莠不齐，经常上网获取那些零散和不系统的知识，利用网络给手机发送短信息已经成为当下网络一族的时尚。内容丰富的节日问候、脉脉情话、开心笑话以及开机画面往往让接受者心情愉快。然而围绕网络短信的兴起也出现不少问题，一些内容低俗不堪的网络短信和新的恶作剧方式随之产生。

（1）网络传播充斥虚假信息。网络传播者处于一个极端隐蔽的地位，仅靠个人手段是无法在整个庞大的网络世界中找到恶意传播者，恶化了网络传播在人们心目中的形象。

（2）网络传播效率低下。互动随心所欲，回复时间不确定、回复内容不确定。

（3）网络传播容易使人沉迷于电脑的虚幻世界，甚至对于现实世界产生了一种厌恶感。

（4）即时交流工具是网络传播的一个重要途径，其重要功能就是"群分"功能，陷入有同一话题或者志同道合的人们形成的小团体不能自拔。

（五）大众传播

大众传播是指一群人经由一定的大众传播工具（报纸、电台、电视、电影等）向社会大众传送信息的过程。大众沟通的传送者通常是庞大的组织体，沟通的工具大都是最先进的科技结晶体，而收受人则是不知名的及不定量的大众。大众传播一般有五个要素，即：传播者、传播工具、接受人、内容及效果。对上述各个沟通要素的研究，分别称为控制分析、媒介分析、接收人分析、内容分析及效果分析。

大众传播的功能如下：

（1）赋予人们、事件和社会活动以一定的社会地位。美国社会学家P.F.拉扎斯菲尔德和R.K.默顿认为，大众传播可使社会事件和人合法化，树立威望，获得突出的地位，相反也可使他们失去威望。

（2）社会控制的中介作用。大众传播是上层社会控制与广大会员之间的中介领域。它可以宣传和澄清某些公共道德和社会规范，获得广泛的知识和社会认可，也可以使腐败受到社会舆论的谴责。

（3）模拟社会环境。李普曼认为报纸提供的新闻和知识，即"头脑中的图像"，在人们的生活中起到环境作用。20世纪60年代末以来，以电视为主体的大众传媒对生活的冲击和渗透，使人们提出了信息环境及其现代人性特征的变化问题。

（4）监视环境，守望社会。大众传播媒体拥有非常发达的科技手段，是社会的公器，应为最广大人民的利益服务，采集新闻素材，进行新闻报道，关注的就是新事实、新问题、新变化、新动向、新兆头、新端倪。

（六）按照ITU-TI.374定义划分

根据国际电信联盟（International Telecommunication Union，ITU）电信标准部推出的ITU-TI.374建议的定义，可以将媒体划分为感觉媒体、表示媒体、表现媒体、存储媒体、传输媒体五类。

（1）感觉媒体指的是能直接作用于人们的感觉器官，从而能使人产生直接感觉的媒体，如文字、数据、声音、图形、图像等。

（2）表示媒体指的是为了传输感觉媒体而人为研究出来的媒体，借助于此种媒体，能有效地存储感觉媒体或将感觉媒体从一个地方传送到另一个地方，如语言编码、电报码、条形码等。

（3）表现媒体指的是用于通信中使电信号和感觉媒体之间产生转换用的媒体，如输入输出设备，包括键盘、鼠标、显示器、打印机等。

（4）存储媒体指的是用于存放表示媒体的媒体，如纸张、磁带、磁盘、光盘等。

（5）传输媒体指的是用于传输某种媒体的物理媒体，如双绞线、电缆、光纤等。

第四节 融媒体的基本特征

一、新闻信源与主体多元化

融媒体平台必须实现新闻内容和服务与受众共创、共享融合。传统媒体新闻信源：政府机构、社会团体、企业组织；新闻工作者、新闻通讯员；全民记者、全民受众、全民发布一体化。

二、新闻创作和传播方式多元化

融媒体平台必须实现技术组合内容、推陈出新，形成新旧产品体系，实现传统新闻产品、融媒体新闻产品与技术表达、传播的融合。单向道传播、单一性载体、宣传式表达；心灵互动式分享、移动智能式工具、游戏娱乐式传播。

三、新闻信息开发与信息取向多元化

融媒体平台必须完善和打通融媒体价值链和产业链，逐步完成信息分发功能到信息服务功能到智库集群系统服务转型，向提升用户活跃度与忠诚度方面努力。

四、新闻移动服务方式多元化

融媒体平台必须坚持用户思维，突出对新闻用户体验的最看重的便利性、互动性、与融媒体之间更强的联系（强关系）。

五、新闻职业技能多元化

融媒体工作者必须复合型发展，适应媒体发展要求。第一类是融媒体平台的主管党政领导人才；第二类是懂新闻、懂技术、懂管理、懂运营的全媒体运营师人才；第三类是技术全面的新闻工作者，摄像机、照相机、编辑机，各种图表、动漫、配音、配乐等都会熟练运用的"背包记者"。

六、新闻流程管理一元化

融媒体平台对新闻业务流程再造、目标倒逼、结果主导，体制改革要跨区域、跨媒体、跨资源，如采访权、出版权、管理权等，实现新闻组织融合。

第五节 地位与作用

融媒体也是媒体，与传统媒体具有同样的地位和作用。

2019年1月25日，中共中央政治局在人民日报社就全媒体时代和媒体融合发展举行第十二次学习。习近平、李克强、栗战书、汪洋、王沪宁、赵乐际、韩正等在人民日报新媒体中心听取报社微博、微信公众号、客户端建设情况汇报，并观看新媒体产品展示。

习近平总书记在主持学习时指出："传统媒体和新兴媒体不是取代关系，而是迭代关系；不是谁主谁次，而是此长彼长；不是谁强谁弱，而是优势互补。从目前情况看，我国媒体融合发展整体优势还没有充分发挥出来。要坚持一体化发展方向，加快从相加阶段迈向相融阶段，通过流程优化、平台再造，实现各种媒介资源、生产要素有效整合，实现信息内容、技术应用、平台终端、管理手段共融互通，催化融合质变，放大一体效能，打造一批具有强大影响力、竞争力的新型主流媒体。"

习近平总书记指出："媒体融合发展不仅仅是新闻单位的事，要把我们掌握的社会思想文化公共资源、社会治理大数据、政策制定权的制度优势转化为巩固壮大主流思想舆论的综合优势。要抓紧做好顶层设计，打造新型传播平台，建成新型主流媒体，扩大主流价值影响力版图，让党的声音传得更开、传得更广、传得更深入。"

网络空间已经成为人们生产生活的新空间，也应该成为我们融媒体凝聚共识的新空间。移动互联网已经成为信息传播主渠道。随着5G、大数据、云计算、物联网、人工智能等技术不断发展，移动媒体将进入加速发展新阶段。要坚持移动优先、短视频优先策略，建设好自己的移动传播平台，重点发展短视频技术和内容融合，管好用好商业化、社会化的互联网平台，让主流媒体借助移动传播，牢牢占据舆论引导、思想引领、文化传承、服务人民的传播制高点。

一、融媒体的地位

当今社会网络应用迅猛发展，5G、大数据、云计算、物联网、区块链、人工智能等信息技术革命成果不断引领、驱动融媒体全面进步，融媒体的价值和作用不断凸显。在实际工作过程中，融媒体的媒体属性不仅没有减少，相反在不断增加。我们要更加明确党中央对媒体深度融合发展的总体要求，深刻认识全媒体时代推进这项工作的重要性、紧迫性，坚持正能量是总要求、管得住是硬道理、用得好是真本事，坚持正确方向，坚持一体发展，坚持移动优先，坚持科学布局，坚持改革创新，推动传统媒体和新兴媒体在体制机制、政策措施、流程管理、人才技术等方面加快融合步伐，尽快建成一批具有强大影响力和竞争力的新型主流媒体，逐步构建网上网下一体、内宣外宣联动的主流舆论格局，建立以内容建设为根本、先进技术为支撑、创新管理为保障的全媒体传播体系。

（一）融媒体是治国理政体系的重要组成部分

党的十九届四中全会聚焦社会主义国家治理的主题，通过了《中共中央关于坚持和完善中国特色社会主义制度、推进国家治理体系和治理能力现代化若干重大问题的决定》，阐述了中国特色社会主义制度和国家治理体系发展的历史性成就和显著优势，提出了新时代坚持和完善中国特色社会主义制度推进国家治理体系和治理能力现代化的总体要求，对推进国家治理体系和治理能力现代化作出了具体工作部署，具有重大的理论意义、现实意义和深远的历史意义。

作为国家治理的重要工具和不可或缺的重要力量，新闻媒体特别是融媒体要充分认识自身在推进国家治理体系和治理能力现代化中的使命任务，主动对标对表，做好自我调适，在推进社会主义国家治理中创新实干、奋发进取，争创新业绩、展现新作为。作为媒体方阵中最具创新精神、最具技术含量、最具传播力、最具吸引力的融媒体当然当仁不让站在时代前列，主动在治国理政体系中担负神圣的传播生力军和领头羊的重任。

（二）融媒体是治国理政能力的重要体现

"全面建设社会主义现代化国家"目标和"世界百年未有之大变局"，使党治国理政所面临的形势任务、问题和挑战前所未有。立足坚持和发展中国特色社会主义，不断完善国家治理体系和提高国家治理能力，成为新时代党治国理政的必然选择。着眼于以上目标要求，当前需要着力强化治国理政能力的建设：①坚持强化领导核心作用，提高党总揽全局与协调各方的能力，提高国家治理效能，以完善国家治理制度体系为基础，以改进治理方式为手段，以提升制度执行力为保障，以实现"善治"为根本，满足人民不断发展的诉求。②坚持增强制度自信，提高党建构中国政治话语权的能力，满足人民参与国内国际事务的诉求。一个主权国家的政治话语体系建构和传播，既是这个国家政治秩序和政治自信的重要表征，也是其参与国际政治对话与博弈，以及定位其国际地位的重要象征。③坚持增强驾驭社会主义市场经济的能力，把实现人民利益放在首位。治国理政的能力核心就是为人民服务，为人民服务要落实在实现好、维护好、发展好最广大人民根本利益作为治国理政能力建设的出发点和落脚点。④坚持提高构建社会主义和谐社会的能力，坚持总体国家安全观，实施国家安全战略，防范化解重大国家和社会安全风险、及时应对处置各类突发事件，保障人民群众生命财产安全。

（三）融媒体是数字政府建设的重要节点

数字政府建设立足于将数字政府视为一个不断发展的数字生态系统，它由若干个数字安全生态系统、数字交换生态系统、信息技术生态系统等小型生态系统构成。对数字生态系统进行治理，既包括对整个生态系统进行综合性维护，也包括对其中出现的数据安全问题、隐私问题、虚假信息等问题进行有针对性的治理。作为信息技术生态系统建设中不可或缺的融媒体在治理过程中坚持"立足大局，着眼小处"的协同治理，数字信息采集及信息数字化传播，与数字政府实行即时联动，达到"你中有我、我中有你"，共同发展。

"互联网+"时代，数字政府建设已成为当前互联网环境下政府转型的必然趋势。例如，苏州市围绕一体在线、整体联动、业务协同、精准智慧的数字政府建设目标，以APP"苏周到"为抓手，以"一件事""一码通"为牵引，推进信息资源整合共享、业务流程优化重构、服务感知一体融合，打造横向多维协同、纵向五级联动、深向垂直贯通的苏州数字政府发展新格局。集"技术开发、平台运维、资讯发布"为一体的苏州城市生活服务总入口APP"苏周到"于2020年上线发布。作为"苏周到"APP项目承建单位和主要运维单位，苏州广播电视总台以探索"新闻+政务服务商务"为引领，与市政府大数据管理局合作，塑造数字政府服务的创新实践，形成全面深度融合的苏州模式和苏州经验。经过半年多时间的建设、运维，到2021年中"苏周到"累计下载4573287次，累计注册用户3443020位，平均日活50多万，已对接江苏政务服务网办事指南3696项，接入35个部门近300个业务系统，发布在线可办理、可预约、可提醒、可查询的政务服务和公共服务235项，接入县级市（区）"十全十美"特色服务功能44个，覆盖社会保障、交通出行、医疗健康、旅游休闲、文体教育、政务办事、民生服务等重点领域。作为"有效传播+精准服务"的新平台，"苏周到"有效提升了公共服务的效率与质量，也极大提升了公众的满意度，类似的新媒体平台模式已在各城市中推广。

二、融媒体的作用

（一）融媒体的国家使命

健全国家舆论治理体系、提升国家舆论治理能力，毋庸讳言是媒体的主要责任。随着世界格局的变迁和中国改革开放的推进，国际国内两个舆论场的边界日趋模糊。各种风险正在跨越国界，如经济危机、恐怖主义、传染病疫情等迅速传遍全球，国内外舆论不断碰撞、相互影响。中国转型期社会的内部结构调整和利益重组、深层次社会矛盾的累积、负面社会情绪聚集，多元因素在互联网舆论的助推下发酵、蔓延。面对如此舆情态势，融媒体要挺身而出，争当国家舆论治理的先锋。

中国融媒体在世界媒体发展格局中具有强烈的中国特色，是政策驱动的国家行为，是党和政府主导、媒体积极参加并担任主角的大事。中国融媒体从出现到发展壮大，就成为中国治国理政体系和治国理政能力的不可分割的重要组成部分，融媒体肩负的国家使命是与生俱来的担当。

为更好地承担国家舆论治理中的媒体使命，融媒体应不负重托、不辱使命、锐意创新、开拓进取，以建设形态多样、手段先进、具有竞争力的新型主流媒体为方向，以打造推进国家治理体系和治理能力现代化的传媒主力军为任务，全力推进媒体战略升级发展。要以新理念打造新平台，坚持一体化发展方向，创新体制机制，优化流程、再造平台、有效整合、共融共通，努力打造成全程媒体、全息媒体、全员媒体、全效媒体，推动媒体融合发展；要以新策划扩大新影响，不断创新内容、方法、手段，持续做大做强做优重大主题宣传，加快构建全媒体舆论引导新模型，实现全媒体报道的常态化，以全媒体传播实现传播的多领域拓展，实现主流媒体的全方位覆盖、全天候延伸，占领更广阔的舆论场；要以新作为构筑新优势，努力提升新闻工作的传播力、引导力、影响力、公信力，扩大新型主流媒体的影响力版图，让中国的声音响彻全球！

（二）融媒体的国际使命

根据"民族语"网站的最新数据，截至2019年，全世界正在使用的语言有711种，英语的使用人口居首位，为11.32亿，中文11.7亿，印度语6.15亿，西班牙语5.34亿。在互联网用户数上，根据2019年度《互联网趋势报告》，2018年全球约有51%的人即38亿人是互联网用户，中国的网民数量居全球第一，印度居第二，美国居第三。在信息内容上，全球互联网信息中有54.4%的内容是用英语发布的，6.7%是俄语，5.3%是德语，4.9%是西班牙语，仅有1.6%用中文发布，可见中文信息量与英语信息量存在巨大落差，而且与俄语、德语、西班牙语、法语等语种也存在差距。中国声音存在着先天不足。在信息流量上，美国居于网络中心，然后是澳大利亚、英国、中国和日本，中国已成为一个网络中心的节点。对欧美和新兴经济体国家媒体间的互引关系进行分析，发现当前世界信息体系日益"去中心化"，西方媒体面临难以垄断消息源的困境，美英媒体在"去中心化"的格局中仍占据优势，中国媒体开始走出边缘渐趋中心，但在"有影响力的媒体"上仍显不足。

这些数据表明，虽然中文信息在全球互联网舆论生态中的总量不足，但随着中国成为世界第二大经济体，中国正在成为全球互联网舆论生态中的重要力量。伴随着中国推进改革开放的进程，中国的国家身份定位不断演变，从"韬光养晦"到国际事务的"一般参与者""重点建设者"再到"负责任大国"，中国在全球互联网舆论生态中的声音也从"失语"和"话语稀缺"，到发出"中国声音"，再到"参与和引领互联网全球治理"。中国声音正在从政府主导走向多元共治，来自政府媒体、智库、企业、民间社会等各层面的声音共同汇聚成互联网舆论生态。

近年来，伴随着经济发展，中国主流媒体已经走出"边缘"渐趋中心，《人民日报》《中国日报》等中国媒体已居于国际媒体互引网络的中心位置，与其他媒体节点的距离不断拉近，这表明中国媒体已接入世界的各个角落。与此同时，中国融媒体快速崛起，微博、微信、贴吧、抖音、在线游戏、位置性媒介等融媒体不断涌现，"国际新闻"与"国内新闻"的界限变得模糊，微博微信已成为外媒涉华报道的重要消息源。中国融媒体主动作为，不仅全方位塑造中国形象，而且当国际重大涉华事件发生时，大量言论在社交媒体平台聚集，其中不仅有官方声音，更多的是普通民众的观点，同样具有影响力。中国的强大需要更好的新闻服务，融媒体任重道远。

（三）融媒体的社会使命

近年来，一些融媒体为了吸引眼球不惜发布虚假新闻、传播低俗信息，片面追求时效性，丧失了媒体应该承担的责任。

新闻媒体社会责任的思想最早出现于20世纪20年代的美国，美国报纸主编协会制定了《报业法规》，提出了报纸的责任问题。简单来说，就是主张限制新闻自由，承认政府对新闻业干预和控制，同时，新闻媒体在实行自己职能的时候，不要忘记自己的社会使命。

2009年11月28日，习近平总书记在参加世界媒体峰会时发表的重要讲话指出："新闻媒体要切实承担社会责任，促进新闻媒体信息真实、准确、全面、客观传播。"习近平同志还指出：对各类媒体来说，树立和秉持高度的社会责任感比以往任何时候都重要。

积极倡导社会主义核心价值观，引导社会正确的价值取向，融媒体应该积极担负起这种社会使命：以互联网思维优化资源配置，把更多优质内容、先进技术、专业人才、项目资金向互联网主阵地汇集、向移动端倾斜，让分散在网下的力量尽快进军网上、深入网上，做大做强网络平台，占领新兴传播阵地，打造全媒体传播格局，讲好中国故事，传播中华文化。

第二章 组织架构及团队建设

第一节 组织变革

　　组织是为了达到某些特定目标，经由分工与合作及不同层次的权力和责任制度而构成的人的集合。任何组织都是在一定的环境下生存与发展，组织与它的环境发生相互作用。组织依靠环境来获得资源以及某些必要的机会，环境给予组织活动某些限制而且决定是否接受组织的产出。融媒体机构也不例外。融媒体组织环境的主要要素为融媒体发展的顶层设计政策和各地紧密配套的支持体系，具有正能量意识和媒体技术的人力资源，能够支撑和引导媒体快速进入市场的技术积累，具有互联网消费观念和能力的广大用户等。

　　"通过研究作为一个整体的传播系统，我们将看到新媒介并不是自发和独立地产生的——他们从旧媒介的形态变化中逐渐产生，当比较新的媒介形式出现时，比较旧的形式通常不会死亡，它们会继续演进和适应。"（罗杰·菲德勒《媒介形态变化认识新媒介》，明安香译，华夏出版社，2000年1月第19页）

　　媒体融合是一个历史进程，这个历史进程是渐变式的替代过程。媒体的消费者并没有因为媒体的改变而感觉不适。结果恰恰相反，媒体的消费者对新媒体的出现反而感觉更加方便、更加容易。而媒体内部却是名副其实的一场革命。因为，媒体发展首先就决定了经营生产的机制、制度、资源分配的方式开始巨变。原来的机制、制度、资源、生产、发布、传播、分配方式都完全不适用了，相关的所有生产关系都不会从天而降。媒体人必须改变自己，必须改变传统的一切而适应媒体的发展，否则就会毫不留情地被历史淘汰。而我国媒体承担的政治与知识传播任务就会历史地落在融媒体的肩上。改变传统媒体进入融合媒体的时空隧道，就成为媒体人的不二选择。尽管我们并不知道发展融合媒体的标准答案，但可以确定的是"媒体融合"肯定不是权宜之计。也许融合媒体的体制内研究还在延续传统媒体发展的思路。

　　融媒体是技术和社会发展的产物。媒体的发展严重依赖于技术的发展和社会的需求，融媒体也不例外。实际上媒介的每一次发展都是融媒体的技术和载体形式。

一、媒体组织之历史溯源

媒介作为承载、传递知识的载体，在传播学意义上是指利用媒质存储和传播信息的物质工具。"结绳记事"是远古时代人类摆脱时空限制增强记忆、记录事实、进行传播的手段之一，"结绳记事"是中国最古老的媒体。《春秋左传集解》云："古者无文字，其有约誓之事，事大大其绳，事小小其绳，结之多少，随物众寡，各执以相考，亦足以相治也。"由此可见，"结绳记事"作为远古时期的媒体，一方面不仅起着记录的作用，亦是一种信息承载的呈现。

媒体的发展与改变是随着文字的产生及封建王朝的交替更迭而进行的。文字的产生可以看作是技术的进步，封建王朝的交替当然是社会发生的巨大变化，这两个变化也带来了媒体的巨变。在纸张发明前，媒体介质经历了多次转变，先后分别是甲骨、青铜、竹简、帛书、麻纸、纸。由此可以证明，发挥着信息承载、记录、传播作用的媒体会随着技术和社会的变化而变化。在某种程度上，它是封建王权及社会生产力的地位象征，亦是科学技术的映射体现，同时也是一种新的融合媒体。

学者余效诚指出，河南省安阳市殷墟出土的甲骨文、台北故宫博物院收藏的散氏盘及毛公鼎、湖北省博物馆收藏的曾侯乙墓竹简、湖南省博物馆收藏的帛书等，是我国媒介发展传播的强力佐证，虽然在不同的历史时期，媒介的表现形式不同，但究其根本，媒体传播是以人为基础的，它是以人的迁徙或者流动为依据的。媒介虽然是承载、传递知识的载体，但由于王朝制度的封建性，促使媒体成了阶级制度的象征，而媒体传播则在一定程度上成了政治教化、寓教于乐、宣扬权威的手段。

远古及封建时代之媒体及媒体传播相较于当今社会而言，亦如天壤之别，不论其生产设备、方法渠道、传播方式，还是其承载媒介、影响范围及媒体组织等皆不可相提并论。古人传递信息主要用飞鸽、烽火、快马、暗号、手语、书信、旗帜等方法，传播渠道主要有飞鸟传（飞鸽传书）、驿传（快马加鞭）、灯光传（孔明灯）等。但随着现今社会科学技术的不断发展，媒体开始打破时间及空间限制，相较于古代媒体承载及传递知识的功用，其功能及作用亦有着进一步程度的加深，同时在传播渠道、传播方式及影响范围上更为深远，媒体开始打破阶级禁锢，趋向于大众，大众媒体因此应运而生。媒体组织也从少数精英或封建王朝垄断的政权机构或军事设施逐步发展成为一种社会化的组织，到现在就成为一个行业。

传统媒体的组织结构是直线职能型——总编辑→编辑主任→编辑，三点一线，具有执行力强、职权集中等特点，有利于自上而下推进新闻采访、编辑、发布任务，对于改革开放初期新闻传播通道单一、传播内容单一、新闻作品供小于求的传播状况非常有效。随着改革开放的不断推进，大众的新闻需要也越来越趋于多样化、时效化，内容单调、生产效率低下的新闻媒体很快处于面临被市场淘汰的不利状况。简单金字塔型组织结构对直线型组织结构的取代应运而生。

这一阶段的新闻媒体在日常运营上进行新闻生产和经营的分离，不同的业务单元由总编辑和总经理分别负责，再由社长统一协调管理。这样的组织结构类型，既在主观上帮助新闻媒体兼顾了新闻宣传和市场经营两大任务，又在客观上帮助新闻媒体提升了处理复杂决策、协调内外部资源的能力。这在一定程度上帮助新闻媒体有效适应了当时的传播环境、推动了业务发展，各个新闻媒体之间的经营效率也由此拉开。许多小报一跃成为具有全国影响力的报业集团，快速抢占市场份额（毕月，《融媒体环境下新闻媒体组织结构演进探讨》）。

二、融媒体组织的组成结构

融媒体是充分利用媒介载体，把广播、电视、报纸、网络等既有共同点，又存在互补性的不同媒体，在人力、内容、宣传等方面进行全面整合，实现"资源通融、内容兼融、传播互融、利益共融"的新型媒体。融合媒体是全媒体功能、传播手段乃至组织结构等核心要素的结合、汇聚和融合，是信息传输渠道多元化下的新型运作模式。在媒体融合态势下，传统媒体将与互联网、移动互联网等新兴媒体传播渠道有效地结合，实现资源共享、集中处理，能衍生出多种形式的信息产品，多渠道广泛地传播给受众。

融媒体是对传统媒体的突破与创新，是数字信息技术与媒体应用相互融合的时代产物。融媒体发展已经成为我国治国理政体系中不可或缺的重要组成部分。在国家利益、人民需求、社会思潮与新技术共同作用下的媒体融合，不仅关乎传媒业的转型发展，也直接关系到国家治理体系和治理能力的现代化。

（一）印刷类大众传播媒介

印刷类大众传播媒介主要包括报纸和杂志。报纸作为普及范围最大的印刷类大众传播媒介，是公众以及企业较为偏爱的媒介形式之一，它具有信息详细性、信息内容可选性、信息可保留性以及成本廉价性的特点。报纸主要是以刊载新闻和时事评论为主的定期向公众发行的印刷出版物，是大众传播的重要载体，具有反映和引导社会舆论的功能。"杂志"的形成来源于工人罢工、学生罢课或战争宣传中的小册子，这种注重时效性的宣传册页，具有一定的人群针对性，同时拥有更为精准的评述，从其性质上可以分为不同的种类，相较于报纸而言，其信息更加详尽明晰，内容亦更加专业精准，具有相对专业的人群定位分析，其发行量和受众量较报纸而言要少。

（二）电子类大众传播媒介

电子类大众传播媒介主要包括广播、电视、互联网。

（1）广播是指通过无线电波或导线传送声音的新闻传播工具，分为有线及无线两种类型。广播作为电子类大众传播媒介的形式之一，具有多点投递的优势，即能够通过点与点之间的联系，完成信息共享及播报。其优势是收听观众范围较为广泛，传播速度迅速，功能多种多样且具有一定的感染力。广播亦存在一定的缺陷，由于点对点播报的局限性，广播存在一定的时效性、不可逆性及无法选择性。

（2）电视，即电视接收机，作为科学技术及生产力发展的实体呈现，指利用电子技术以及设备传送活动的图像画面和音频信号，也是重要的广播和视频通信工具。电视具有准确性、及时性、普及性的特点，它能够依靠科学技术，通过特有的频率输出，实播、转播或者重播呈现出具体的图像及内容，实现信息的广泛共享，同时能够通过依靠现代科技，实现网络互动，是大众传播媒介的重要传播手段，但相较于印刷类大众传播媒介而言，其耗费成本较高。

（3）互联网的诞生是人类通信技术以及媒介传播的一大革命，随着科学技术的不断发展以及当今世界主题的转变，互联网现有的功能已经远远超出军事和技术目的，开始偏向于人类交流和媒介传播。互联网打破了时间和空间限制，可以不囿于时空的限制来进行信息交换和传播交流，其使用成本相对较为廉价，能够满足公众对于媒介的个性化需求，且在进行信息共享和传播的同时，能够以图像、音频、视频等形式表现出来，更好地呈现了信息的表现形式，受众范围广泛。

（三）媒体在变，功能也在变

无论是古代媒介还是大众传播媒介，都是在特有的历史时间内所产生的利于文化传播和信息共享的重要载体，在媒介传播的发展史上起着不可磨灭的历史作用，相较于远古和封建时期的古代媒介所具有的承载传递知识的功能而言，大众传播媒介不仅仅在内容和信息上有进一步的发展，在功能作用上亦有一定程度的扩充和延伸。现今的大众传播媒介具有宣传、新闻传播、舆论监督、实用以及文化积累等功能，而互联网在新的背景知识的构建下亦发挥着更为广阔的作用。

三、融媒体组织作用

融媒体在融合印刷类媒体和电子类媒体之后形成的新机构承担的工作责任没有发生太大变化，但工作条件、工作对象、技术平台等工作要求却发生了翻天覆地的变化。作为融媒体组成部分的传统媒体已经流失了大量用户，有的已经名存实亡，有的朝不保夕。传统媒体昔日的荣光一去不返。传统媒体的运作机制到了历史的尽头。

具体而言，这两类媒体融合之后的新机构就是现在的融媒体中心、新媒体中心或全媒体中心。融媒体可以有各种名词，但融媒体中心的组织架构、业务流程、运行机制与管理体制要与承担的工作任务和工作条件相适应。融媒体中心的组织架构设计既是工作体制也是工作流程的保证。融媒体的组织架构的设计很关键，是传统媒体的物理集中还是融合后产生良好的化学反应，融媒体组织架构是否有效、高效运转就需要在实际运转中不断检验和完善。从现实情况看，仍然有一些县级融媒体中心和市级融媒体中心还是把传统媒体与网络媒体物理组合到一起，放在一个楼里办公，仍然没有做到按融媒体的组织架构和产品服务的业务流程去重新配置。这样融媒体中心建设从顶层设计开始，就流于形式，就会失去上级领导和媒体发展留给我们宝贵的发展窗口期。以后即使纠正，也会增加巨大的人工成本和时间成本。所以，我们就要彻底地打破原来的传统媒体运行格局。

在融媒体机构大量挂牌建立之后，融媒体也理所当然地建立了组织机构，大致可归为两类，一类是成立独立的互联网运营公司或者事业部，在原有的金字塔型组织结构下面继续拓宽增加；另外一类则继续升级，如"中央厨房"，在金字塔型组织结构的基础上进行业务流程改造。前一种是借鉴传统媒体的组织模式后做加法，业务流程在体外循环，再与传统媒体组织进行业务对接；后一种是不打破原来的组织结构，让业务流程体内循环。

业务流程体外循环的模式是在原有的金字塔型组织结构基础上平行增加新的互联网模块，可以帮助传统新闻媒体或融媒体实现在互联网渠道中进行新闻传播活动。这种从无到有的改变，帮助新闻媒体与新技术亲密接触，让适应了互联网的用户也能够继续享受新闻服务，不至于因为技术发展、业务流程发生改变而被淘汰出局。但这也反映出采用这类组织结构的新闻媒体在战略层面、企业文化层面对互联网对新闻业务带来的冲击认识不足，不能在新闻传播的全流程中通盘考虑、合理规划，无法打破各个事业部或部门之间的壁垒，特别是无法顺利实现跨单位、跨技术、跨渠道的业务流程，以实现自身优势资源聚合和经营模式重塑。

业务流程体内循环的典型做法就是利用"中央厨房"对新闻业务流程进行了重塑，以"中央厨房"为枢纽，对接传统媒体业务流程系统内各个环节和部门，将他们采访传回的新闻素材进行加工和改造，以便同一新闻在不同类型媒体中发布和传播，快速覆盖更多的受众群体。对于业务流程来说，这种组织结构在客观上打破了金字塔型组织结构同层级之间的壁垒，压缩了组织层级，加快新闻响应速度，快速批量生产出适合各种渠道的新闻作品。"中央厨房"成为一些融媒体的标配之后，运行情况却远远没有达到预期。对于互联网巨大流量和亿万用户来说，从传统媒体过来的融媒体记者采访数量、品种和质量就很难达到"中央厨房"的使用要求，加上新闻投放渠道的限制、新闻产品种类偏少等原因，"中央厨房"的新闻信息产品就出现供不应求的局面，其投入、产出严重失衡，融媒体的影响力直线下降，经济收入也不断下滑。这说明，业务流程体内循环的"中央厨房"模式并没有实现质的突破。

第二节 组织架构

融媒体作为一个特定的社会经济组织，首先就必须有特定的架构，为其资源、信息的流动提供流动的方向、动力和程序约束。这不仅是因为形成融媒体目标体系的社会分工，同时也是这个团体组织特定的岗位角色来集体完成。根据融媒体的岗位职能，把履行职能的任务分解到融媒体组织架构的不同层次、不同方面，让不同的岗位角色去完成，这就是融媒体组织应该发挥的作用。这组织本身就是一种资源、信息流动的程序约定，更是一个事先达成的组织成员之间相互关系清楚、工作责任明确、活动步调协调的工作体系。

结合目前各地融媒体建设与发展现状，构建了如下（见图2-1）融媒体的组织架构（Organizational Structure）。这个融媒体组织对于融媒体工作任务进行了具体分工、分组和协调合作，表明了融媒体各部分排列顺序、空间位置、聚散状态、联系合作以及各要素之间的相互关系，是整个融媒体运行和管理系统的"框架"，其本质是为实现融媒体中心战略目标而采取的一种分工协作体系。这种架构保证全局稳定，局部微调，纠错机制自始至终监督，并可按照监测数据结果进行提醒、纠错，确保整体机制良好运行。融媒体的组织架构是根据"因事设事""因时设事"而全面考虑、构建的工作体系，确保不折不扣地完成习近平总书记提出的党的新闻舆论工作的职责和使命：高举旗帜、引领导向，围绕中心、服务大局，团结人民、鼓舞士气，成风化人、凝心聚力，澄清谬误、明辨是非，连接中外、沟通世界。

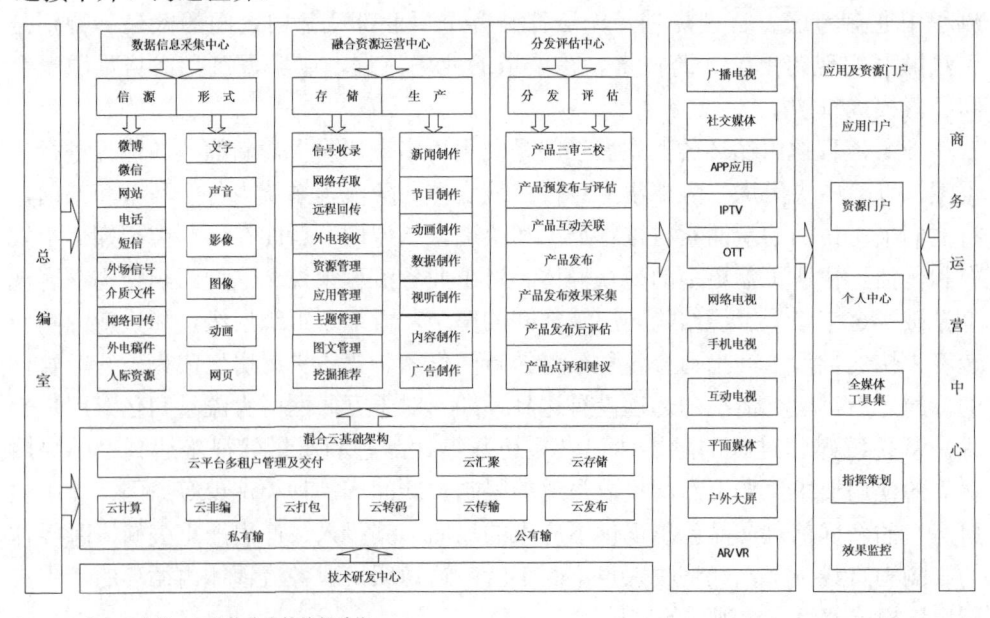

注：云非编：云架构非线性编辑系统

图2-1 融媒体组织架构图

一、融媒体工作职责分工

（一）总编室

融媒体组织架构的核心是总编室，在整个融媒体中起到灵魂作用，全面负责融媒体新闻策划、经营管理、协调资源、组织工作、行政管理、综合服务、落实督查、外联发展、版权保护等，由融媒体负责人正职或副职担任。

（二）数据信息采集中心

该部门类似于传统媒体的记者部、编辑部和技术部的主要工作，又有区别。这几个部门是根据采访要求确定采访对象后，对采访对象的各种资料进行采集、编辑和整合，然后作为新闻作品安排发布。而数据信息采集中心除了以上工作以外，还需要做好如下几项工作：①同步做好音频、视频和文字资料的采集与整理；②对采访对象的微信、微博、朋友圈以及购物信息进行采集，分门别类进行整理及留存；③对采访对象的各种报道，微信、微博阅读量、转发量、点赞量进行采集、整理及留存；④对采访对象的来往人群行为轨迹进行采集、整理及留存；⑤对采访对象的成长轨迹进行环境分析、数据分析、内容分析、行为分析、人际网络分析等提供调查研究依据；⑥形成融媒体作品发布所需要的所有全媒体数据信息。

由此可以知道，融媒体的数据信息采集中心是为了实现融媒体报道而负责采集所有有关数据信息的部门。融媒体报道方式包括但不限于文字新闻、图片新闻、视频新闻、数据新闻、动漫新闻、AR、VR等。喻国明教授认为，智能媒体通过作用于人在感官系统与认知逻辑的双重体验，使人类对信息的认知体验发生变化。由此说明，调动人的视觉、听觉等感官系统仍是现在与未来融合媒体传播的切入点和增量入口，这也是融媒体数据信息采集中心工作的出发点和归属点，而且需要随着5G时代技术的发展而不断与时俱进，调整我们的技术和目标的一致性，紧紧抓住全媒体时代带来的发展机遇，做大做强融媒体。

此外，数据信息采集中心必须创设一个24小时值班机制。本地一旦有突发或重大新闻事件发生，中心人员第一时间就能够获取即时相关数据信息，第一时间向全社会报道，而不能依赖其他媒体信息做转发，从源头杜绝信息失真、失联、失信。本地重要信息如果需要转发，社会对融媒体的信任度就会垂直下降一次。

（三）融合资源运营中心

该部门与数据信息采集中心一样是高科技部门，需要对数据信息采集中心的所有资源，按照总编室和商务运营中心的产品化要求进行制作与保存。该部门承担了大数据分析挖掘与处理，所用到的移动开发与架构、软件开发、云计算等前沿技术相结合的"互联网+"几乎全部为专业技术。该部门工作人员需要具备全媒体新闻知识、互联网产品知识和政务服务知识外，还必须具备系统数据管理及数据挖掘方法，精通大数据分析处理、数据仓库管理、大数据平台综合部署、大数据平台应用软件开发和数据产品的可视化展现与分析技术，才能够将以前各媒体的库存数据信息、数据信息采集中心变成全媒体信息产品和政务服务产品以及其他服务产品，"传播转型应充分体现传媒政治、社会、经济的三种属性，充分利用市场合力、政治引力、社会协力，延伸媒介产业的价值链，构建理性对话空间，打造国际传播话语体系，实现传播价值的嬗变"（李华君、涂文佳，华中科技大学新闻与信息传播学院，《新华文摘》2020年第13期）。

融合资源运营中心是承担融媒体的新闻产品、政务服务产品、商务产品、社交产品、智库产品、大数据库产品等所有产品的产品设计、制作、运维、使用及售后服务的部门。这些产品既要求能够主动引导市场，又能够创造社会与经济价值的双重属性，还要能够自动回收服务信息与主动修改信息，为产品迭代与互动打下坚实基础。这些产品不仅能满足社会需求，还能够挖掘、开发社会预期和心理潜意识的诉求，激发社会良性互动，引导社会良知与正义，增加融媒体的黏性与社会的依存度。

（四）分发评估中心

该部门可以视作融媒体的用户终端服务部门，是距离用户最近的融媒体部门。该部门负责把融媒体所有信息产品和服务产品与用户零距离对接，传递数据信息服务的同时，传递融媒体的政治、社会和经济诉求，传递正能量的友善与美好，同时带回用户对所有数据信息服务的用户数据，从而周而复始改进产品和服务。

分发评估中心主要工作包括信息分发、用户运营、培训用户、数据分析、产品迭代。

1. 信息分发

信息分发是指融媒体实现对用户信息服务从生产者到达用户手中使用的一个环节。常见的信息分发方式有如下四种：编辑分发、个性化分发、社交分发和加权分发。其中，编辑分发和加权分发存在分发主体，而社交分发和个性化分发则呈现去主体态势。编辑分发是传统媒体的通行做法，呈现在读者面前的信息是经过编辑筛选加工后的拟态信息。社交分发则是朋友圈的运行机制，只有朋友分享的文章或信息才能出现其中。加权分发是指信息的传播度会随着阅览人的点赞、评论等行为而被推荐给更多的读者，个性化分发则指信息会依据阅览人的喜好进行推送。随着互联网的到来，媒介资源获得极大的扩张，原先为传统媒体所独有的分发权逐渐下放到门户网站和社交平台手中。其中，门户网站演变出了个性化分发的方式，而社交平台则以社交分发作为根基。

2. 用户运营

用户运营就是了解用户的操作行为。以用户为中心，遵循用户的需求设置运营活动与规则，制定运营战略与运营目标，严格控制实施过程与结果，以达到预期所设置的运营目标与任务。以用户为中心，通过对用户的需求调查，了解用户结构与分层需求，来制定运营机制，达到引入新用户、留住老用户、保持用户活跃及付费转化的目标——这就是用户运营的核心。当收集到足够多的数据（即用户信息）并且从多个维度分析，运营人员就能通过分析结果来采取针对性的运营策略，选取恰当的运营工具以及策划运营活动等，来达到目的，即拉新、留存、促活、（付费）转化。用户运营的具体内容和任务如下：①增长：促进用户增长、留存、活跃；②社群：搭建微信群、QQ群，维持社群活跃度；③活动：制定活动方案，分析活动的最终效果并提出改进优化计划；④促活：搭建用户成长体系、活跃体系，制定各种激励政策；⑤产品：收集并分析产品数据，迭代优化产品；⑥内容：基于用户输出符合公司调性的内容（网站上呈现出来的各种信息）。

3. 培训用户

找到最简单的办法让用户能够理解并学会使用产品。

4. 数据分析

了解所有数据以及它们的变动所代表的意义，提出并执行解决方案。

5. 产品迭代

迭代是重复产品使用反馈过程的活动，其目的通常是逼近用户需求功能的目标或结果。每一次对过程的重复称为一次"迭代"，而每一次迭代得到的结果会作为下一次迭代的初始值。在对用户需求分析、框架设计、代码、测试等基础上，进一步改进产品，在功能上、质量上都能够逐渐逼近客户的需求。

（五）技术研发中心

融媒体技术研发中心是融媒体中心的技术中心。根据融媒体发展的需要，技术研发中心负责研究制定融媒体技术中长期规划及资金预算；及时提出研究开发方向和研究课题，并负责对提出的研究开发方向或课题组织评审，保证课题具有前瞻性、可操作性和现实性；负责融媒体中心技术管理和市场调研与产品跟踪工作，组织编制、修订、完善产品工艺、进料、加工品、成品的技术检验标准、工艺图册、检验、操作规程等技术文件，并下发相关部门监督贯彻执行；根据融媒体发展及市场需要对现有产品、技术进行改进，开发、设计新产品；负责开发、研制的新产品投产后的技术、工艺、质量的验证工作；负责做好各类技术信息和资料收集、整理、分析、研究汇总、归档保管工作，为逐步实现融媒体的销售目标，提供可靠的指导依据；协助融媒体中心进行员工整体技术培训、考核工作；负责公司专利申报、成果鉴定、论文发表等工作；研发中心实验室负责对车间生产产品进行检验，并在规定范围内反馈检验结果等。

融媒体技术是指用于融媒体内容采集、存储、制作播出、分发、传输、接收等各环节各种技术的统称，涉及计算机应用技术、通信技术、信息与网络技术等，其技术体系错综复杂，因其应用于媒体，故其与媒体的传播属性、业务流程息息相关。融媒体技术整合了云计算、大数据、互联网等新信息技术应用于传统媒体，加快了传统媒体生产流程再造，促进了媒体生产的集约化、数字化和智能化。（温怀疆等：《融媒体技术》，清华大学出版社）。

从媒介发展历程看，文字—印刷—电子传播的历史就是人类利用技术优势不断突破、挑战时间与空间障碍的历史，而技术就是突破这种障碍的最主要的工具和手段。没有技术的进步，就没有媒介的进步。技术部门承担的任务不仅仅是要完成当下媒体发展的技术全面支撑，还要建构媒体的未来。

如今，智能传播技术使媒介时空发生了变革，构建起无序化、碎片化、延伸性的时间，以及流动化、场景化、无限度的空间，人的时间标记、空间刻度观念也随之发生了根本变化。技术部门如何建构技术支撑体系，以适应当前融媒体发展的变化，就是摆在技术部门面前的当务之急。

（六）商务运营中心

顾名思义，商务运营中心就是融媒体的商业运营的部门，具体负责融媒体的经济建设、商业化产品营销任务。融媒体的商务运营与企业运营存在相似之处，就是对融媒体这个单位所有产品进行产品定位、管理分类、开发规划、运营策划、产品管控、数据分析、分析执行及跟进等。但其执行对象有别于实体产品。融媒体的商务运营的对象是根据融媒体的需要所开发、设计、建设的融媒体平台的附属宣传推广产品，具体包括用户运营、产品运营、活动运营、新媒体运营等，细分可分为渠道运营、社群运营等。

以用户行为数据为基础，以用户激励与奖励为手段，不断提高用户体验，促进用户行为转化，延长用户生命周期价值的运营就是"用户运营"。用户规模与转化指标主要包括产品下载量、用户独立访问量（UV）、每日活跃用户数（DAU）、新增注册用户数、消费转化用户数、用户平均收入（ARPU）、各个环节转化率、留存率、活跃率等。转化率（针对用户使用某产品或参与某页面活动进行分析）主要指标包括产品/活动页启动次数、活动参与用户数、页面停留时长（TP）、A/Btest各自转化率等。用户渠道分析（针对不同渠道人数、金额、趋势等变化）主要指标有渠道数量、渠道流量、各渠道转化率、各渠道投资回报率（ROI）等。功能分析（针对用户在APP使用过程中转化情况）主要指标有各页面按钮点击量（UV）、页面访问量（PV）、页面流失率等。用户画像分析（针对用户行为及其基本属性建立用户画像）也是融媒体运营基础数据的基本条件，主要指标有用户性别、用户年龄、用户所在地分布、学历、信用级别、消费行为习惯等，都是必须采集的数据信息体系组成内容。我们要做好商务运营，就必须了解商务运营的规律和方法。

1. 商务运营的两种思维模式

商务运营的思维模式简单分为两种：用户化运营与数据化运营。

（1）用户化运营：偏向站在用户角度考虑，更多时候会以用户角色代入消费场景，不论是换位思考或问卷调查。例如，融媒体做了很多的活动，提供抽奖与各种福利以吸引用户，促进用户发起指定动作，提高用户活跃度与件单价等。用户化运营的好处是能更加贴近用户的想法，以用户感知为主导，一来口碑较高，二来用户忠诚度较好。不过在产品前期比较有效，中后期此运营思维模式将遇到很多问题。

（2）数据化运营：不论是传统行业，更或者是互联网运营都离不开数据分析。在产品的前期，流量较少、用户较少的情况下，用户化运营可能比较简单有效，做个活动，流量暴增，好评如潮。但是当产品逐渐成熟，用户逐渐稳定，那么数据化运营则体现出它的重要性。

通过数据分析，我们可以更精准地划分用户，不仅仅是用户的年龄、地域分布、活跃度，可以更深入地区分用户的渠道场景、行为习惯、消费喜好等。我们无法强迫普通用户转化为付费用户，但是我们可以通过更加有吸引力、对症下药的手段，刺激用户加大、加快转化。

2. 内容运营是商务运营的成败关键

内容生产是融媒体的核心竞争力，大量高质量的内容由于内容运营策划、技术转化和产品包装能力缺乏，而不能发挥经济效益。内容运营指的是运营者利用融媒体渠道，用文字、图片、视频、AR、VR等各种形式将数据信息友好地呈现在用户面前，并激发用户参与、分享、传播的完整运营过程。这需要内容运营者学识渊博、市场熟悉、了解技术能力。而产品运营、活动运营、社群运营、渠道运营等，都是商务运营所必须使用的模式。通过运营场景——"产品""活动""社群""内容"，通过活动，基于社群，编辑内容促使产品引流、拉新、促活、留存。这样社会和经济效益就能够保证。

3. 商务运营中心主任工作职责

①负责融媒体营销体系的战略分析、战略定位、业务架构、运营模式、竞争战略、实施规划等方面的管理工作；②融媒体策略制定、效果研究及实施管理；③根据融媒体的发展需求和运营模式，洽谈其他渠道的推广合作；④负责对本部门人员进行培训、指导和监督。

4. 商务运营团队工作内容

①负责融媒体广告招商业务，对年度销售指标负责；②负责广告客户开发和老客户维护工作；③负责融媒体市场项目洽商，开拓融媒体与商业的跨界合作项目；④负责融媒体资源的租赁业务。

二、融媒体融合的六个层次诉求

美国西北大学学者Rich Gordon将新闻传播学视角下的"媒介融合"划分为六个层次：媒体科技融合（convergence in media technology）；媒体所有权合并（convergence of ownership）；媒体战术性联合（convergence of media tactics）；媒体组织结构性融合（structural convergence of media organization）；新闻信息获取融合（convergence of information gathering）；新闻报道的融合（convergence of news storytelling）（原载于2011年第5期，《国际新闻界》）。我们不难发现，目前我们的这个架构不仅仅充分体现了这六个层次的融合，而且还充分体现了中国融媒体的特性与发展趋势，在以后的融媒体实际工作中，还有待于继续完善和加强。

第三节　内容团队构成

融媒体的内容团队现在是一分为三，共三个板块：数据信息采集中心、融合资源运营中心和分发评估中心。数据信息采集中心依托全媒体综合信息监测采集平台，把不同来源的线索经过抽取实现数据采集→数据存储→数据处理→数据展现（可视化，报表和监控）等程序，对数据进行提取、转换、加载，最终挖掘数据的潜在价值。这些数据按照不同的主题作为一个个独立的元数据储存起来，并进行相应的数据处理。数据处理包括采集、查重、主题划分、类型筛选、格式检查等，根据事件发生时间的先后次序，在平台门户上自动展现给内容团队。

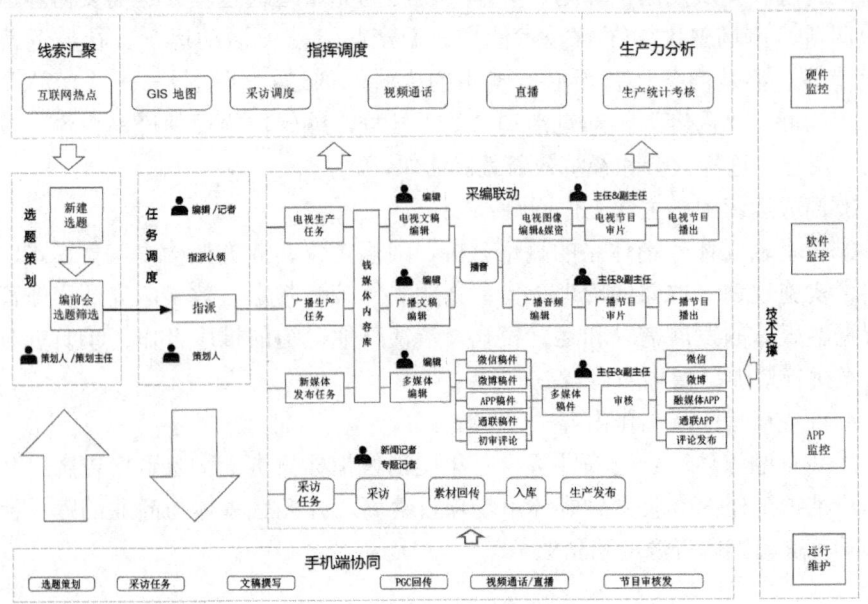

图2-2　融媒体工作流程图

一、内容团队的工作能力构成

（一）具有对全媒体综合信息监测、采集、汇聚内容的能力

通过网页、微博、微信、视频、短信、彩信、邮件、热线电话等抓取各种需要的特定数据信息。这些数据信息都是内容团队加工成各种新闻、服务产品的取之不尽、用之不竭的"原材料"。

在大数据背景下，云计算、云存储技术使得海量的用户轨迹信息的采集、挖掘与利用也成为可能。这些数据信息中包含了广大用户的日常行为习惯、用户地理位置、阅读习惯、内容偏好、作息时间等各种信息，这些都成为数据信息采集中心的基础数据，也是融媒体更好地利用技术手段做好内容、做好信息服务的决策依据。这类数据信息也是用户了解自己及周边人群的工作、生活习惯的来源之一。

当然，只有以上数据信息去完成全面服务用户是远远不够的。我们还需要充分发挥新闻工作者的主观能动性，从用户行为轨迹中挖掘用户精准的数据信息需要，安排人员去人工采集、编辑、发布，做好相关服务工作。

综上所述，内容团队需要具备两个平台的工作能力，一个是依托现代化的全媒体综合信息监测采集平台完成所有新闻、服务内容产品所需要的文字、声音、影像、图像、动画、网页等形式的信息的采集、汇总、分类分析的能力；一个是能够做到全天候"背包记者"的能力：每人一台笔记本电脑，移动、联通两种无线上网卡，一台照相机，一台摄像机，一部智能手机，可以同时完成满足手机报、网站、电子纸移动报、纸媒文字图片需求以及网站、户外视屏的视频需求的现场采访能力。这还只是新闻信息和服务产品的"采购"任务，后面还有产品生产和发布两个环节。三个部门合作完成一次新闻信息产品流程才能是一篇新闻作品的完成。

（二）具有把新闻信息产品数据化、智能化的开发能力

融媒体最具优势的就是内容生产能力，大量的新闻作品一经发表就永远处于休眠状态。一篇新闻作品凝聚了内容团队的大量心血，大部分新闻作品却只能廉价地使用一次。如何唤醒这些经年累月的"沉淀资产"，如何利用现在每天互联网产生的大量有用数据信息，如何让这些经济上的"不良资产"重新发挥作用，就是内容团队的"必修课"。内容团队要坚持"一次采集、永远共享、全面利用"的数据信息运营理念，做好数据信息的存储、开发、利用，把所有数据信息的价值运营到极致，取得最大社会和经济价值。融媒体大数据媒体案例库就是一个绝佳的战略方向。

案例就是人们在生产生活当中所经历的典型的富有多种意义的事件陈述。案例，又有个例、实例、个案等说法。案例是含有问题或疑难情境在内的真实发生的典型性事件，案例库是指人们对已经发生过的典型事件捕捉的记述。媒体案例库将这些案例整合，通过报道或者数字化存储的方式展示给受众。媒体未来应通过将案例库转化为智库来打造融媒体旗舰产品。

当前，大数据媒体案例库利用大数据技术影响社会变革主要体现在以下几个方面：一是受众在互联网和移动互联网进行消费、社交活动所产生的数据，大数据库可从这些新闻信息数据中发现或洞察社会趋势；二是企业或各领域在运行过程中产生的数据，大数据库可帮助企业进行仿真预测，或者帮助经济机构用于宏观经济仿真预测；三是机器和传感器提供的流水作业和监测记录的数据，这些数据是大数据库型媒体建设智能楼宇、智能交通等的感知素材；四是经过人为加工、被称为知识文化成果的各种结构化数据，这些数据可帮助有关部门进行更好的决策。用大数据技术打造案例库，除了有利于提高媒体自身的服务水平之外，也是这个时代技术进步的再体现，大数据技术是融媒体技术基地的重要组成部分。

媒体案例库是通过大数据思维大规模集成整合国内、国际政府管理信息资源，利用大数据技术采集、分析、研究、呈现，以中国政府与世界各国政府、中央政府和地方政府、历史和现实、理论和实践相结合的维度，全面聚焦政府的宏观、中观和微观管理，政府管理的方式方法，政府管理生态以及全球化条件下的政府管理面临的机遇与挑战，总结梳理政府管理的新思维、新路径、新经验、新方法，甚至是教训和挫折，尤其关注各级政府在政务活动中最具典型意义和标本价值的治理模式与决策案例，为各级政府政务决策提供实时科学的管理与决策参考，为各级党政科研机关、大专院校及企事业单位领导提供领导力学习平台与决策参考。

大数据媒体案例库的建设主要围绕以下几个方面。

第一，媒体案例库不仅有责任解读和传播中国特色社会主义制度体系的理念、内涵、价值、体系等，成为坚定的中国特色社会主义制度的守望者，更有义务发挥专业所长，围绕国家治理体系的结构层次、内在逻辑、影响因素、系统构建等开展前瞻性研究，夯实国家治理体系的理论基础，成为完善国家治理体系的推动者、国家传播战略的执行者。

第二，媒体案例库不仅要成为指导中国经济改革和发展的案例数据库，须根据中国经济改革发展的需要不断创新发展，更有义务构建中国特色社会主义政治经济学的案例理论体系，塑造政治经济学对中国特色社会主义经济建设的解释力、前瞻力和影响力。构建中国特色社会主义政治经济学的案例理论体系，首先要以马克思主义政治经济学为基础，对现有的案例学术名称和概念进行全面梳理和阐释，构建一套中国特色社会主义政治经济学的案例学术话语体系；其次对基于中国特色社会主义实践的理论创新成果进行全面总结、梳理、提炼，形成贯穿中国案例建设始终的重要任务；我们还要构建中国治理实践的案例体系和案例理论体系，包括案例建设对象和方法、基本范畴、基本理论等，形成中国特色社会主义案例研究和传播的重要体系和能力。

第三，媒体案例库不仅要向全世界开发、开放中国经济、社会的数据、样本、案例、统计、调查与分析，尽量为教学与研究提供更多方便；重视外教、外研、外国访学、跨国教学、跨国访问学习，更要吸引越来越多的中外经济学家、政府官员和国际国内智库给中国经济把脉问诊、梳理解读。习近平总书记说过："解决好民族性问题，就有更强能力去解决世界性问题；把中国实践总结好，就有更强能力为解决世界性问题提供思路和办法。"实践是理论形成的活水源泉，实践也是检验理论的标准。马克思指出："理论在一个国家的实践程度，决定于理论满足于这个国家的需要的程度。"要构建具有"中国立场、中国智慧、中国价值"的中国政府管理案例体系，聚焦中国行政改革实践是我们唯一的选择。我们要建设一个中国经济治理、政治治理、文化治理、社会治理、生态治理和党的建设等各方面完整的中国案例体系，竭力避免对中国政治经济发展研判的盲人摸象、各说各话的现象，以丰富的案例库提供给学界以加快中国经济发展学术理论建设，为早日实现中国经济学术理论体系的问世做出应有的贡献。

第四，媒体案例库的建设与发展不仅要做好自己的话语体系、学术体系、价值体系、功能体系等各方面建设，更要做好一个知识服务智库的发展定位。知识服务型智库概念界定主要集中在四个视角：一是价值维度，满足公众需求、赢得公众认同是服务型智库定位的价值取向和合法性基础；二是关系维度，主要从政民关系视角强调服务型智库定位的核心是公民权利本位和政府义务本位，重视政民互动、公民参与；三是职能维度，认为服务型智库定位的关键在于实现知识服务职能转变，核心职能由市场走向公益，经济效益走向社会服务；四是功能维度，认为服务型定位就是为社会提供基本而有保障的公共知识产品和有效的公共知识服务。

第五，媒体案例库不仅要用案例讲好"中国的故事"，更要欣赏"外国的月亮"。善于捕捉世界各国案例中的亮点为我借鉴，善于捕捉海外受众关注的国际问题中的热点和焦点，形成积极的良好互动，也是媒体案例库取信世界的态度，更是让中国的故事传播得更远、更久、更能深入人心的必由之路。

目前，中国的崛起在世界眼中首先是一个经济成功的故事，但是中国在国家治理、社会发展、人权改善和制度建设等方面的成功，还没有得到充分讲述，中国案例要做的事情还只是刚刚开始。我们要充分利用西方案例建设经验和话语方式，建构以中国实践为基础的中国案例叙事模式，讲好中国的故事，增强在国际上的话语权，逐步实现国家传播战略的目标。

大数据的发展带来了大数据库的诞生，案例库的建设对推动智库的发展有着积极帮助。在推动媒体融合发展中，求是杂志社、光明日报社、经济日报社、中国日报社以及中央人民广播电台和中国国际广播电台等中央和地方主流媒体认真贯彻落实中央要求，深化内部体制机制改革，培养锻炼全媒体人才，打造"现象级"融媒体产品。其实，智库型媒体建设在国际上已经出现许多成功的先例。英国《经济学人》2013年的收入为3.46亿英镑，广告收入只占三成，智库服务、政府咨询等服务业务占了七成。在我国，瞭望智库作为新华社国家高端智库的公共政策研究中心，是国家高端智库建设的重要组成部分。政策以及宏观社会发展是瞭望的重要内容。《财经国家周刊》是《瞭望》品牌时事政经期刊集群系列刊物之一。每个季度国家统计数据发布后，《财经国家周刊》都会和国家统计局合办"中国宏观经济形势季度分析会"，该会是一个典型的智库型媒体产品，最直接的是推出具有风向标意义的封面报道，既加强了与国家统计局、中国社科院、北京大学等权威研究机构的常规化合作，也达成了与多个参会机构的课题合作意向，为其他高端论坛活动积累了人脉和品牌。

二、产品经理、技术编辑、内容编辑和媒体营销经理的关系

（一）产品经理

一般来说，是负责并保证高质量的产品设计、生产到保质保量完成和发布的专职设计、管理人员。产品经理的任务包括倾听用户需求，负责产品功能的定义、规划和设计，做各种复杂决策，保证团队顺利开展工作及跟踪程序、纠正错误等。另外，产品经理还要认真搜集用户的新需求、竞争产品的资料，并进行需求分析、竞品分析以及研究产品的发展趋势等，对产品进行完善、迭代，不断适应市场的新趋势。

产品经理的职责就是做好产品，一般来说，产品经理需要完成以下工作：①需求文档：进行用户调查，以用户的反馈、客观的数据反馈作为设计、制作产品的依据；②产品策划：规划产品性能，规划产品施工时间；③与开发人员协调产品进度：什么时候开始做，什么时候做什么，什么时候完成，什么时候试用，什么时候验收等；④画出产品图：时空位置、功能布局、图片效果、按钮感应等。

产品经理领导产品项目组，指导产品从概念设计到市场接受，保证实现设计、收益、市场份额和利润目标，解决项目组的冲突；同时，产品经理还应该管理项目，制定项目的计划和预算，确定和管理参与项目的人员和资源，同职能部门之间协调，跟踪与引领项目进展；产品经理还要负责与管理层进行沟通，提供项目进展状况的报告，准备并且确定状态评审点，提供对项目组成员的工作绩效评审的输入材料。

在互联网思维与互联网工作条件下，产品经理通常最关注用户价值、用户体验，以及与用户体验相关的所有事情，以上都需要产品经理发起和督导。产品的商业模型和财务部分的核算也由产品经理负责完成。产品经理在融媒体团队里属于创造性的行业领军人物。产品经理的水平决定了融媒体产品的高度，对融媒体社会效益和经济效益起到举足轻重的关键作用。

（二）技术编辑

技术编辑是指对出版物的形式质量全面负责的技术编辑人员，一般分为技术编辑和责任技术编辑，是融媒体团队不可或缺的核心岗位。技术编辑主要有三个方面的含义：一是指从事技术编辑的主体，即技术编辑工作人员；二是指出版专业技术资格，即中级职称的一种；三是指技术编辑行为，即技术编辑工作。在融媒体中主要是指技术编辑人员。

责任技术编辑负责该项工作的领导责任，技术编辑在责任技术编辑领导下工作。技术编辑的主要职责：①根据责任编辑或责任技术编辑提出的出版物的整体设计要求，选择确定书刊的开本、装订样式、结构部件和印刷纸张的质地等，并进行版式设计。②对图书生产成本的监控和管理，只有对出版后期制作的各道工序和工艺流程了如指掌，熟悉印装技术发展的新动向，才能在印装成本中准确地判断每本图书工价计算的合理程度。③技术编辑还负责与制作单位联系，选择合适的生产加工工艺，保证出版物的物质生产符合整体设计方案和工艺艺术要求。④负责图书的后期印制。技术编辑要注意文字印刷的差错率，还要检查片子的密度、清晰度。特别是彩色图书，要检查四色版套合的精度；查看图片的位置是否准确，四色版重叠时有无龟纹现象，网点是否均匀；检查接版图有无错位；留心出血版的出血尺寸是否够用，图像主体是否处在被剪裁的范围之内等。检查的目的是把图书在印制过程出现的差错率减少到最低。⑤技术编辑需要运用信息技术将已经结构化的文字、图片、音频、视频等内容素材，按选题设计方案进行组合，形成数字出版物产品。

（三）内容编辑

内容编辑是指从事出版物的内容选题、组织、编辑、更新、审核、推送以及运营的专业人员。对于融媒体来说，内容编辑就是新媒体运营岗位。融媒体的内容编辑的工作基本上就是内容的授权、转载、编辑、文章推送等一些内容基本工作。如果内容编辑水平高，就会根据社会和运营需求对存量内容进行再创作，一个基本内容会生产出一批各种角度、各种技术呈现的内容作品。这样的作品既满足了社会新闻信息的需求，提升了融媒体的影响力，同时也可以为融媒体商务运营起到引流、变现的带动作用。

内容运营与内容编辑的本质区别：内容编辑做产品，内容运营卖产品。内容编辑是以受众为中心，运营是以客户为中心。对于内容运营来说，内容编辑的工作全会，而且还能够用内容紧密衔接受众与客户的消费共同点，使社会新闻信息产品成为商务产品的"公益广告"。比如，人民日报社评论部把《人民日报》新中国成立以来所有的社论、各种评论栏目的文章多次、反复结集出版，其印刷产品和数字产品都获得了市场追捧，创造了良好社会效益的同时，经济效益也非常惊人，这也是内容运营销售自己生产内容的经典案例。

　　内容运营主要负责创造、激发、分享和营销内容。这里的内容需要用互联网思维去统筹和运营。内容运营不仅仅运营、销售自己生产的内容，还要运营、销售全社会所有能够销售的内容。例如，今日头条为社会提供的内容服务没有一篇文章是自己生产的，新浪微博博主生产天文数字的内容，也不是新浪的付费内容，但都给内容运营者带来了巨额财富。这些销售免费的用户内容经典案例也充分证明了内容运营的重要性和巨大魅力。

　　内容运营如何策划、销售内容呢？内容运营需要根据市场搭建一个分类框架，然后进行融合布局。这一分类框架界定了以下四种主要的媒体类型：付费媒体、自有媒体、赢得媒体和分享媒体（POSE）（张亮，《从零开始做运营》，中信出版社，2015年）。

　　付费媒体（Paid Media）——营销者付费才能使用的促销渠道，包括传统媒体（如电视、广播、平面或户外广告）、网络和数字媒体（付费搜索广告、网页及社交媒体展示广告、移动广告或电子邮件营销）等。

　　自有媒体（Owned Media）——由公司自己所有并管理的促销渠道，包括公司网站、博客、官方社交媒体账号、品牌社群、营销人员、促销活动等。

　　赢得媒体（Earned Media）——公共关系媒体渠道，如电视、报纸、博客、视频网站等，不需要营销者直接付费或控制，但因为观众、读者或用户感兴趣而加入的内容。

　　分享媒体（Shared Media）——在消费者之间传播的媒体，如社交媒体、博客、移动媒体、病毒渠道，以及传统的消费者口碑。

　　内容运营核心工作：①持续制作、编辑及推荐用户有价值的内容，保证用户可以在产品中获取这些信息。②根据KPI的设计，降低或者提高用户获取内容的成本。③协助网站（产品）获利。

（四）媒体运营经理

　　媒体运营经理是指以受众需求和体验为核心，负责研发、推广产品和服务活动，使所在实体利益最大化的运营者。

　　我国互联网走过了二十多年发展历程，互联网时代的媒体运营早已变成了新媒体运营，主要是新媒体实体组织在互联网商业生态环境中为追求自身生存和发展的利益最大化诉求，以用户需求和体验为核心，研发具有用户价值的互联网应用产品和服务并促进其用户规模最大化，通过用户黏性运营策略实现用户规模的活跃化，最终获取海量活跃用户基础之上的各种变现收入的过程。

　　简而言之，互联网时期的媒体运营经理就是指新媒体实体组织为自身生存和发展需求而进行的市场化商业运营活动的负责人。

新媒体运营有着两大亘古不变的核心主体：一是新媒体实体组织；二是互联网用户。新媒体实体组织，是主观为追求自身利益最大化的生存和发展诉求而客观为他人（用户）进行一系列互联网运营理念、技术、产品与服务等应用乃至商业模式创新的主体，即"用户驱动型互联网运营主体"。作为满足互联网时代新媒体生存与发展的利益诉求而不断创新的新媒体实体组织，这一主体是构成新媒体运营的直接主观原动力互联网用户群体，是新媒体个性化产品（内容、信息或其他互联网应用性产品或服务）的使用者、传播者、参与者甚至生产者，尤其是进入移动互联网时代，用户既可主动接受某一互联网产品的使用（安装、注册），也可随时随地不使用（卸载）。用户有主动消费甚至主动生产的倾向，用户把控信息流的话语权、主动权和决策权。一条信息触及用户后，用户有没有反应，有没有行动，显而易见。在统计分析上，因大数据存储、分析能力的提升，每个用户的画像都清晰而明确。在互联网产品或服务的生产、营销传播和广告学上，用户更凸显了精准定位、目标传播、个性消费的意义（刘友芝，《新媒体运营》第39页，中国人民大学出版社，2018年第1版）。

传统媒体的受众是媒介霸权下的标准化信息接受者，受众不掌握信息传播的话语权。传统媒体产品（报纸、杂志、广播、电视）的"受众"是读者、听众、观众。用户之所以能替代非互联网时代的"受众"或"客户"的"客体"身份而转化为互联网时代新媒体运营的另一"主体"身份，不仅是因为互联网平等话语权的产生，更是由于用户直接掌握着新媒体实体组织信息传播或服务的主导权。也就是说，媒体不再是体制的专利和附属品，在互联网时代每个人都是媒体，每个实体都可以拥有自己的专属媒体。在互联网时代，尤其是移动互联网时代、大数据智能互联网时代，用户的需求和体验要求已发展为新媒体实体组织的主要运营方向，用户是新媒体实现自身利益诉求的源头、"发动机"和终极目标的重要主体，用户群体这一主体是在客观上引领新媒体实体组织不断进行互联网终端、应用、收入模式和发展模式创新的客观原动力主体。

互联网时代的新媒体运营，简言之是新媒体公司创造用户价值继而实现最大化商业变现的过程。这一过程除了新媒体实体组织和用户这两大核心主体之外，还必须具备三大客体要素：基于用户导向的终端、应用和收入模式。这是媒体运营经理工作的主战场。

1. 终端：媒体运营接入互联网用户的第一入口

得终端者得天下。在新媒体运营过程中，终端对于新媒体运营而言，意味着"用户在哪儿"。终端，即用户接入互联网的硬件设备，如台式电脑、手机、笔记本电脑、平板电脑以及互联网电视和其他可以上网的智能物联网硬件设备。这些可以联网的上网设备，已成为目前网民用户的主要接触终端。需要注意的是，不是所有的接入互联网设备都能成为互联网运营的终端，只有具有"用户意义"的终端才是真正的互联网终端。可以联网的设备成为终端必须满足两个条件：一是用户要长时间接触；二是用户有操作和互动行为。从这个意义上讲，一些户外和公共设备虽然可以联网，但用户很少停留和操作，故不能成为具有"用户意义"的网络终端。伴随互联网市场化应用服务的多元化甚至同质化竞争的不断白热化，用户上网终端的重要性极大地凸显出来，因为终端是互联网用户使用频率最高的互联网应用产品，因而成为用户接入互联网的第一现实入口，抢占用户上网的源头渠道——用户长时间接触的互联网接入设备，已成为如今新媒体公司参与互联网商业生态竞争的最有效的法宝。终端成为新媒体公司在互联网运营中抢占用户资源的第一客体要素。

中国互联网络信息中心发布《中国互联网络发展状况统计报告》（以下称《报告》），截至2020年3月，中国网民规模达9.04亿，较2018年底增长7508万，互联网普及率达64.5%，较2018年底提升4.9个百分点。

《报告》称，手机网民规模达8.97亿，较2018年底增长7992万，网民使用手机上网的比例达99.3%，较2018年底提升0.7个百分点。使用电视上网的比例为32.0%；使用台式电脑上网、笔记本电脑上网、平板电脑上网的比例分别为42.7%、35.1%和29.0%。

《报告》显示，截至2020年3月，中国网民的人均每周上网时长为30.8个小时，较2018年底增加3.2个小时。受年初新冠肺炎疫情的影响，网民上网时长有明显增长。

《报告》介绍，2019年12月，手机网民经常使用的各类APP中，即时通信类APP的使用时间最长，占比为14.8%；网络视频（不含短视频）、短视频、网络音频、网络音乐和网络文学类应用的使用时长占比分列第二到六位，依次为13.9%、11.0%、9.0%、8.9%和7.2%。短视频应用使用时长占比同比增加2.8个百分点，增长明显。

网络视频（含短视频）用户增最多。《报告》分析，2020年初，受新冠肺炎疫情影响，网络视频应用的用户规模、使用时长均有较大幅度提升。

《报告》显示，截至2020年3月，中国即时通信用户规模达8.96亿，较2018年底增长1.04亿，占网民整体的99.2%。网络视频（含短视频）用户规模达8.50亿，较2018年底增长1.26亿，占网民整体的94.1%。其中短视频用户规模为7.73亿，较2018年底增长1.25亿，占网民整体的85.6%。在线教育用户增速超110%。

随着连入互联网和5G的设备增多，不同新终端将会陆续出现，手机将成为"核心终端"。手机像用户的身体器官一样，与各种上网设备及新终端互联，而手机将成为终端的中心。在新媒体运营中，上网终端设备对于新媒体实体组织的意义不仅在于其是获取用户的第一入口，而且互联网终端的网速和上网资费直接制约和影响着互联网新媒体公司开拓满足用户需求的具体应用产品和服务的层次性。

2. 应用：新媒体运营从用户需求出发

接入用户互联网终端设备之中的网络服务或产品，是继互联网终端设备之后接入互联网用户的下一个入口。尽管终端是新媒体公司通往用户的第一入口，但不同互联网时代，优秀新媒体公司从用户的时代需求出发，应用产品和服务会产生"病毒式增长"，如腾讯公司开发和不断更迭的QQ和微信已是跨终端的用户第一入口，是获取海量用户的最终通行证。对于新媒体公司而言，好的互联网应用产品和服务是吸引新用户和留住老用户的最终落地方式，是最好的服务形式。

需要关注的是，技术和社会的进步，并没有改变用户的"四大基本需求"：娱乐休闲、沟通交流、获取信息和实用服务。也就是说，我们在一个时期内，都要把工作重点放在这四大需求里面去不断开发满足用户潜在需求的应用产品和服务。

3. 收入模式：新媒体运营必须拥有海量用户才有收入

为用户提供应用服务或产品，目的在于以此获取用户规模并转化为可以变现的各类营业收入，以保障其可持续的生存和发展。互联网发展二十多年来，新媒体广告、游戏和电商、会员（佣金）等增值服务是主要收入变现方式。其他方式的收入的份额也在逐步增加，如政务服务等。

新媒体运营与传统媒体运营所不同的是，在互联网竞争环境下，获取收入（广告收入和增值收入）的用户规模门槛大为提高，互联网应用产品获取收入的月度用户和日度用户规模门槛在千万级以上，获取较高的收入动辄需要以亿计算的用户规模。而传统报纸在20世纪90年代至21世纪初期的黄金年代，获取广告收入的读者规模门槛仅为几十万，如此广告收入就有保障，超过百万读者的报纸，可获取上亿的广告收入。而新媒体实体组织，如阿里、腾讯、百度、网易、京东、搜狐等通过优秀的互联网应用产品或服务，满足用户的时代需求，获取大量用户，以好的用户体验增加用户停留时间与黏度，增强用户价值，以获取广告、电商以及游戏、会员（佣金）等增值服务收入，其强大的收入和盈利能力是建立在其海量用户规模基础之上的（如图2-3），遵循互联网经济特有的梅特卡夫法则，即网络价值以用户数量的平方为速度增长。

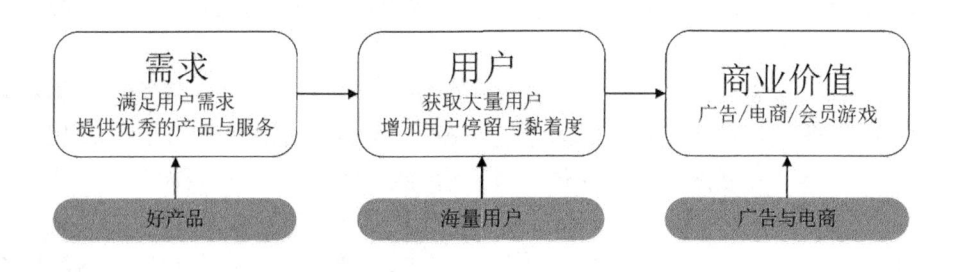

图2-3 拥有海量用户才有收入

要特别注意的是，无论是产品经理、内容编辑、技术编辑，还是内容运营、媒体营销经理，对于融媒体来说，最基础也是最核心的是"工作思路"和"工作效率"必须与工作目标保持一致。工作思路是指在工作开展之前理顺完成工作的顺序、工作中可能出现的问题以及相应解决办法，并且随着工作开展不断更新的思维活动。遇到不断出现的新问题、新障碍，必须不断找到解决办法而不改变方向。工作效率是指单位时间内完成工作任务的进度。互联网时代的工作需要各部门的各位同事的各种配合，才能够完成工作目标。这样，工作思路和工作效率就显得特别重要，不能因为个别部门和个别人拖后腿，使整个工作目标延期实现或不能完成。

（五）产品经理、内容编辑、技术编辑和媒体运营经理的异同

目标一致，这是工作思路和工作节奏一致的基础；工作内容一致，都是整体产品生产链中的重要一环；工作场合一致，都是一个实现目标的整体。

但产品经理是为开发、研制、销售一个产品、一个服务品牌或几个产品、几个服务品牌的负责人；媒体运营经理却是整个媒体所有产品、所有服务品牌、整体形象运营的负责人。内容编辑是负责内容创造的岗位，而技术编辑则是构建内容的物质载体形式的责任人。这四个岗位都是融媒体团队的重要组成部分，也是整个工作流程的不同阶段的实施者，同时也是各个阶段的相互验证者。这几个岗位对互联网意识和网络工作能力都有较高要求。

第四节 技术团队构成

融媒体技术团队由融媒体运营技术的工作人员组成，负责所有产品和品牌建设的技术规划、搭建和技术生产。融媒体技术是指用于融媒体内容采集、存储、制作、播出、分发、传输、接收等各环节各种技术的统称，涉及计算机应用技术、通信技术、信息与网络技术等，其技术体系错综复杂，因其应用于媒体，故其与媒体的传播属性、业务流程息息相关（温怀疆等主编《融媒体技术》，清华大学出版社，2019年10月第5次印刷）。融媒体技术整合了云计算、大数据、互联网等新信息技术应用于传统媒体，加快了传统媒体生产流程再造，促进了媒体生产的集约化、数字化和智能化。

融媒体是全媒体功能、传播手段乃至组织结构等核心要素的结合、汇聚和融合，是信息传输渠道多元化下的新型运作模式。在媒体融合势态下，传统媒体将与互联网、移动互联网等新兴媒体传播渠道有效地结合，实现资源共享、集中处理，能衍生出多种形式的信息产品，多渠道广泛地传播给受众。

技术团队工作内容主要侧重融媒体工作的逻辑性、系统性和概念内涵的准确性、权威性，以视频节目的采集、制作、存储、播发、管理、传输、覆盖、

监测、接收与重现为主线,在熟练掌握传统广播电视传媒技术的基础上,融入了媒体融合方面的新技术和新方案,用于开拓读者视野,如因特网、云计算、大数据、虚拟现实、在线包装技术、基于内容的检索技术、TVOS、NGB云平台、NGB-W、DCAS、OTT、云技术、移动多媒体覆盖、同步数字广播、裸眼3D电视技术、大屏显示技术以及无人机航拍等。

融媒体技术包括5大板块——采集与编辑、制作与播发、存储与检索、传输与覆盖以及融合与创新,技术团队需要从这五个模块工作要求出发组建和完善。技术团队从融媒体概念、电声基础、电视基础开始,沿着广播电视的制作、生产和传输发射流程对现代广播电视传媒技术展开,技术工作要求涉及音频和视频的主要特性制作,数字音频和视频的主要压缩技术;广播电视中心概况;音频和视频主要设备;电视节目的制作技术与方式;电视播控技术;媒体存储、管理、检索技术;音频广播的发射覆盖;数字音频广播的发射与覆盖;电视广播的传输与覆盖以及一些融合媒体技术的新理论与新实践等。

一、县市级融媒体技术团队的组织架构

县市融媒体技术团队可以根据基本工作需要建立一个小型技术团队,组织架构也相对简单,以30人规模为宜,可根据运营规模和产品生产必要性增加或减少。

(1)人员配比。1个技术负责人,21个开发人员,3个测试人员,3个产品设计人员,1个用户体验设计人员,1个系统运维人员。

(2)岗位必要性。软件开发、产品设计、视频、音频等岗位必不可少,需要满足融媒体5大技术板块工作需要。而测试可以采用开发人员交叉测试,系统运维也可酌情考虑。

(3)岗位交叉性。技术人员既要有自己的独家绝活技术水平,还能够兼职1—2个技术职能。否则,技术人员数量就要成倍增加。开发人员分组与交叉兼职,一专多能搭配,20几个开发人员可以分成2—3组,每组除了2—3个主力开发,其他人员都可以根据任务任意调配,提高人力利用率。技术负责人要有比较宽的技术视野和丰富的管理经验。

二、省、市级中型技术团队的组织架构

中型技术团队可以有100—300人的规模。

为了更好地进行IT治理,需要增加综合项目管理、基础架构、QA、运维部。综合项目管理,主要负责项目管理工作、技术部公共事宜等。基础架构,主要负责搭建公用技术中间件、搭建开发框架、制定开发规范、新技术调研和储备。QA,主要负责制定和优化流程,发现和纠正违规行为。运维部,主要负责IT支持、服务器和网络维护、程序发布等。把开发人员分成相对独立的n个子开发部,

把软件测试、产品设计按一定比例分配到各个子开发部,其他的综合项目管理、基础架构、QA、运维都是共享资源。

三、技术团队建构具体分工

(一)采集与编辑技术团队

采集与编辑技术团队主要负责网络信息搜索与采集和编辑整理。

计算机软件技术、web信息采集技术;网络编辑基本技术(多媒体基本技术、网页制作与发布、信息发布技术);网络编辑应用(网络内容编辑、网络专题策划与制作和网络时评)。

(二)视频制作与播放技术团队

视频制作与播放技术主要是使用数字技术来完成视频制作和播放。

音频系统技术;视频系统技术;控制室和周边系统;编辑制作技术(线性编辑、非线性编辑、数字视频特技);电子新闻节目采集系统技术;在线图文包装技术;播控系统技术;全台网技术。

(三)存储与检索技术团队

网络存储技术;图像检索技术;视频检索技术;音频检索技术;数据库检索技术。

(四)传输与覆盖

地面广播电视系统技术;有线电视广播传输系统;卫星广播电视传输系统;网络传输与覆盖技术;同步广播技术。

(五)融合与创新技术团队

应急广播技术;网络运营管理与信息安全技术;NGB-W技术;超高清视频技术;大屏显示技术;无人机航拍技术;研究拓展其他先进技术。

四、融媒体技术团队工作原则

(一)融媒体技术需要快速反应、整体联动

这要求IT团队消除技能壁垒,培养多面手,根据计划的变动,弹性地调整任务,达到各岗位和流程之间的平衡。这对于融媒体小团队尤其重要,这也是融媒体工作流程管理所需要的。大团队每个角色和岗位都会设置若干人,通过人数的优势达到了均衡生产。对于小团队,某个岗位可能只有一个人力,如果这个人工作受到影响,整个团队的链条就都要受到很大的影响。打破岗位的界限,最大限度地一专多能就会使工作流程更加顺畅。

(二)融媒体技术需要去中心化,以任务驱动型实行开放、协作、分享以改进和完善产品、服务

互联网本身就是一种无中心化组织,是一种扁平化网状工作模型,没有决策

中心，一切顺着态势发展而顺应做出决定，这大大加快了互联网每一个连接单元的反应速度。互联网单位的组织架构不能有过多的层级化和固化，因为外界环境变化太快，现场管理和临机决断的事宜太多，所以必须缩短决策半径，组织必须扁平化。

扁平化的每个工作组织单元，都是一个基础的作战单元，这其实对内部人员的能力要求很高，团队成员之间的分工模糊化，每个人都能承担多种角色，有重大任务需要时可以组合成全新的工作组，完全是一种任务驱动式的协作方式。

（三）UGC的上浮与优化

UGC，即用户贡献内容，它是融媒体时代新闻的重要组成部分，越来越多的内容来自UGC：论坛、博客、社区、电子商务、视频分享。它使用户的创造性得到了充分的释放。UGC的生产渠道也越来越丰富，除了有线互联之外，在无线互联领域，流行的客户端软件是很好的UG平台。国内有几家大型互联网企业都是靠此成功地赢得了市场，并稳固地、不断地获取巨大的社会价值和经济价值，如新浪微博、今日头条、抖音、快手等。

融媒体机构在利用GC时要注意以下几方面。首先，要确立一个重要理念，GC更强调的是"UG"（用户生产），而不是"content"（内容），就是说，如何通过UG模式"创制"且"运营"用户是UGC最为重要的一面，其次才是对其内容进行筛选与优化。用户贡献的内容一般质量低、格式杂，缺乏清晰的分类，因此必须对UGC进行组织和整理、结构化、聚类以及数据挖掘，使这部分内容成为可利用的优质内容。其次，融媒体机构还要通过UGC增强体验感与媒体黏度。UGC之所以能带来媒体黏度，是因为其内容生产、分类、筛选、排序都由用户产生和决定，完全自动，从而使用户有种"当家做主"的感觉。以豆瓣网为例，它通过这种UGC内容，创制了一个建立在"趣缘"基础之上的新型社会关系，这种伴随着内容关系形成的人际关系，更加富有黏性，更加牢固。

第三章 生产流程

一般认为，新闻是一个社会、经济和政治机构及其实践的产物，是由新闻工作者与"泛新闻工作者"互动的结果，不仅报道现实，还可以在新闻生产过程中建构现实。新闻生产本身就是一个复杂的社会化的生产过程，其发展与变革受到各项社会因素、新闻生产主客体以及在三者联系过程中承担桥梁作用的媒介的影响。所谓新闻生产流程，是指新闻在社会化过程中所经历的完整的行为过程。

在过去，报纸、广播、电视等传统媒体进行新闻生产时多条块分割，按照各自的流程单独地进行采编，互相之间缺乏合作。在新闻生产流程层面，传统编辑部中新闻生产被认为是新闻机构及从业者对新闻的选择、加工与传播的单向的链条，由生产主体、生产客体以及所形成的生产关系构成。但随着技术的发展，新闻生产单链条逐渐被打破，互联网促使新闻信息的分布方式由单点放射式向链状网络式发展。

在传统媒体时代经常可以看到这样一种景象：置身于报道现场的报纸、广播、电视等不同媒体的记者蜂拥进行采访，报社记者主要记录文字信息，广播记者侧重收集音频内容，电视记者则侧重在拍摄视频画面。后续在新闻编发过程中，不同媒介类型的媒体根据记者所获得的新闻单一素材进行编辑加工。存在的一个问题是，不同媒体各自所获得的新闻素材都是单一的，或文字，或图片，或视频，三者很难同时具备，难以完整地呈现新闻事件的全貌。而在融媒体环境下，过去传统媒体机构内部"各自为政"的运作模式被打破。媒体内部的总编调度中心和采编联动平台通过建立和运作，有效地将采访、编辑和分发等力量进行统筹管理，打通不同媒介平台之间的壁垒，实现了"一次采集、多元生成、多渠道传播"的协作方式。这一改变不是各媒介平台简单的"相加"，也不是追求报纸、广播、电视、网站、"两微一端"的全媒体集团，而是强化内部媒体之间新闻产品的共享和联通，着力于打破平台界限，在媒介信息、分发平台、技术资源、人才流动、组织架构等各方面实现深度"相融"。

在人工智能与新闻生产循环上升、互相依存的关系中，首先改变的就是在新闻信息选择过程中丰富采集方式，扩展获取范围，发掘深层内涵。推动新闻采编分发架构从"相加"走向"相融"的关键一步就是对整个新闻生产流程进行再造。虽然在融媒体环境下，新闻生产流程依然绕不开策划、采访、编辑、播发和考评几个阶段，但在新的媒介环境和新的传播技术下，每个阶段中记者和编辑的主要任务和工作方式都发生了新的变化，形成了跨部门、跨媒体、跨地域和跨专业的"四跨"组合。因此，融媒体生产流程也应当顺势而变，充分整合媒介资源，主动适应新的新闻生产和传播方式。

第一节　融媒体策划

新闻策划是做好新闻的前提和基础，在融媒体不断发展的背景下，新闻策划的作用越来越凸显。要想发挥融媒体新闻报道的传播效果，就需要通过符合实际的新闻策划，制作有针对性的新闻报道内容，采取有针对性的传播方式，满足受众需求，以正确的舆论导向，构建稳定和谐的社会环境。媒体从业者应按照时代特点，注重新闻策划，提升报道层次，发挥新闻报道实际作用。不同于传统的新闻策划流程，融媒体策划并不局限在单一部门内部，而是需要整合不同部门的媒介资源，共同商讨、制订报道方案，包括确定新闻选题、明确线索来源、布置采编任务、设计宣传和传播方式等工作。精心筹划的新闻策划是新闻报道的指导纲领，可以说新闻策划是影响新闻产品传播力和生命力的关键一步。在融媒体转向的过程中，重构采编发网络、再造采编发流程，是媒体深度融合最需要突破的难点，是建设新型主流媒体必须攻克的"腊子口"。因此，如何实现采编流程的再造，成为决定媒体融合成败的关键所在。

一、融媒体策划基本理念

融媒体是基于互联网的一种新型媒体运作模式，它将传统媒体与新兴媒体的优势进行了充分整合，融媒体时代新闻领域的生态发生了很大的变化，展现出了许多之前没有的特点。在新形势下，新闻策划工作者应具备新的素质，积极地融入到媒体融合的浪潮之中，不断地提升自己的专业素养，创造出更多有温度、有深度的新闻报道内容，以满足时代的要求，更好地服务受众。策划的本质就是要明确事物的因果关系，提供操作实施的流程框架，为决策者提供决策依据。新闻编辑策划的目的就是为新闻报道提供服务，通过有效的策划，做好新闻采编和分发的安排，从而赢得更多受众和用户的青睐。

目前，随着互联网尤其是移动互联网的不断发展，信息传播方式、用户信息消费方式都发生了深刻变化，这一方面给网络新闻业的创新发展带来了机遇，另一方面也给传统新闻信息发展带来了很大的冲击。传统媒体的后期编辑就是新闻编辑的核心，这在一定程度上造成了对新闻的前期组织和策划工作的忽视。在融媒体时代，既要面对媒体转型的新环境，又要面对不断加剧的媒体竞争，这种竞争不仅来自传统媒体之间，还来自新兴的网络媒体。因此，要想提升自身的市场竞争力，就要认真地审视自己，清楚自身的位置，承担好自身的责任，并不断地创新、突破，革新新闻策划的理念。

融媒体策划应牢牢把握正确的政治方向、舆论导向和价值取向。互联网尤其是移动互联网的发展，极大地降低了信息生产的门槛，打破了传统媒体和专业媒体对传播格局的垄断。在"人人都有麦克风"的新媒体时代，用户的表达权得到了充分的尊重，同时也极大地改变了传统的媒体格局和舆论生态。在"众生喧哗"的舆论环境中，虚假新闻和谣言泛滥、社会舆论事件失焦、网民集体情绪极化等现象层出不穷，极大地危及了社会民心的稳定。因此，在这样的媒介环境下，主流媒体在进行融媒体策划时尤其要坚持正确的新闻传播政治方向，推进"四个全面"，树牢"四个意识"，坚定"四个自信"，做到"两个维护"，积极弘扬主旋律，使传统媒体与新兴媒体得到良好的融合，体现出政治性、时代性、内容性、技术性的特点，不断巩固宣传思想文化阵地，壮大主流思想舆论。这就要求在融媒体队伍的建设上，要以提高政治能力为根本，以增强专业本领为关键，以锐意创新创造为紧要，以培养一支业务能力出众、思想政治意识较强的新闻人才队伍。

融媒体新闻策划不能忘记人民群众，应将党性与人民性相统一，更好地服务群众文化生活的需要，关注人民群众的根本利益，反映人民呼声。习近平总书记在十九大报告中提出"以人民为中心"的思想，强调要始终把人民的利益放在首要位置。新闻工作者在大力发展融媒体的时候，也应当以"服务人民"为中心，与人民进行深层次融合，更好地为人民服务，要把人民群众作为新闻工作的出发点和落脚点。习近平总书记在主持人民日报社就全媒体时代和媒体融合发展举行的集体学习时说，"受众在哪里、读者在哪里、用户在哪里，我们的工作重点就在哪里"。这里的受众、读者、用户就是指广大的人民群众，"以人民为中心"是融媒体新闻生产中必须始终坚持的导向。融媒体作为一种新的媒介形态，也应当发挥作为党和人民的喉舌的作用，传播好党的政策和声音，切实感受百姓的所需所想。因此，融媒体新闻策划要努力抓准群众所关心的热点难点，聚焦社会关切的问题，挖掘出基层群众身上真实动人的新闻故事，传达出他们的利益诉求和心声，推动解决与其密切相关的民生问题。

融媒体策划时还应树立以用户需求为导向的理念，把握媒体平台的核心用户群特征，重视用户体验。习近平总书记曾指出，"伴随着信息社会不断发展，新兴媒体影响越来越大……以前是'人找信息'，现在是'信息找人'"。在以报纸、电视、广播等传统媒体为主导的时代，新闻的生产权牢牢掌握在专业媒体机构手中，新闻和信息相对于人们的需求而言是稀缺的，人们没有自由选择新闻的权利，只能被动地消费着媒体提供的有限信息。而转向新媒体时代之后，人们拥有了新闻消费的自主权，不再局限于传统媒体所提供的新闻产品，新闻信息的形式和数量，都呈现出爆炸式的增长，甚至已远远超过了人们的需求。同时，在海量信息的包围下，人们的信息消费需求也越来越细化，延伸到不同的垂直领域中。在这一背景下，新闻工作者在进行融媒体策划时，要以用户为中心，理解用户的"口味"，把握用户的新闻信息偏好，策划和生产人民群众"喜闻乐见"的新闻。在"流量为王"的时代，好的新闻策划，就是要把握好"用户思维"，满足用户的需求，这是新闻策划的指向标和方向盘。

融媒体策划还应顺应新时代媒体发展的技术潮流。大数据、云计算、人工智能等技术的快速发展，对新闻传播的创新发展产生了革命性影响，不断推动传播向精准化、个性化、智能化方向发展。习近平总书记也曾指出，"媒体智能化进入快速发展阶段。我们要增强紧迫感和使命感，推动关键核心技术自主创新不断实现突破，探索将人工智能运用在新闻采集、生产、分发、接收、反馈中，用主流价值导向驾驭'算法'，全面提高舆论引导能力"。移动互联网迅速普及，使手机成为新闻工作者与用户之间无时不在的互动通道。例如，随着技术的不断进步和用户量的不断增长，个性化新闻推荐（Personalized News Recommendation）已经成为新闻服务的主要形式，今日头条、Flipboard等国内外聚合新闻类产品自推出后快速成长，取得了较高的市场占有率。个性化新闻推荐对传统的新闻生产带来冲击和变革，将新闻生产从"内容本位"转变为"受众本位"，进而重塑了新闻业务链。因此，在全新的技术环境下，融媒体策划需要充分考虑移动互联网技术、感知和推荐技术、大数据和云计算等技术的发展趋势，充分适应新趋势下受众获取信息的规律，更好地满足用户客观信息需求。

二、融媒体策划关键因素

融媒体新闻策划影响的不只是新闻生产流程中的某一个环节，而是整个新闻过程，包括采编是否顺利、稿件质量能否保证、是否可以收到好的传播效果等。相比传统媒体时代的新闻策划，融媒体新闻策划除了要考虑新闻选题、采编流程等问题，还要适应网络时代多元化采访、报道和传播方式等，努力实现一体规划、多种生成、全媒传播，能够根据不同的媒体平台特点生成不同的新闻产品，形成层次化、复合型的传播力。融媒体时代的新闻策划，要综合考虑多种关键因素，加强对融媒体新闻生产和传播的理解，努力运用新的媒介技术工具，做好新闻策划。

（一）明确选题内容

新闻选题策划要有目的、有重点、有特色、有思路，明确选题内容包含以下几个层面的意思。

一是要坚持党中央和政府的基本方针，与国家宣传主基调、主旋律保持一致。新闻媒体要坚持"党媒姓党"，新闻报道要能够体现党和国家的政治舆论导向，遵循党的方针路线政策等，不能踩踏新闻报道的"红线"和"底线"。

二是要找准社会热点问题，主动回应社会舆论关切。可以通过意见反馈、社会反响、舆情监测、大数据分析等方法实时掌握社会的最新关切问题，人民群众关心的问题往往就是好的新闻报道选题，能充分体现新闻的社会价值。

三是要有针对性地生产特色新闻产品。这里所说的特色，一方面是主题创新、技术创新、形式创新的新闻，让新闻"活"起来，另一方面是要做具有自身平台特色或者本地特色的新闻，既可以增强媒体的品牌识别度，也可以与本地特色结合。创新性、差异化的特色新闻是构成媒体和新闻竞争力的核心元素之一。

四是明确不同的新闻体裁和报道形式。对于同一个新闻线索，是使用消息、评论还是特写、人物访谈等，抑或是做深度调查报道，这些问题都需要在新闻策划阶段进行明确。

（二）把握时间节奏

时间节点的准确把握是新闻策划的重要因素，特别是在融媒体时代下，更要摸准时间节点的轮替次序，让现实时间里的新闻进入媒介时间的议程之中。这里所说的时间节奏，主要包括两个方面。

第一，新闻报道的时间表。首先，新闻策划要统筹好每周要做什么重要新闻，每天要采写哪些稿件，为一个时间段的新闻报道做好统一安排，只有这样才能让新闻生产有序进行。既有重点报道又可覆盖所有新闻事件，这一点不管是在传统媒体时代，还是在融媒体时代，都是应当把握的原则之一。其次，是一些重要时间节点的新闻报道安排。比如全国"两会报道"，大型媒体机构都会组建专门的两会报道团队负责这一报道，从报道团队的选择、技术装备的采购、报道分工和稿件安排等方面进行大量的前期筹划和准备工作；再比如节日报道，如中秋节、国庆节、春节等，既要安排相关节日主题内容的报道，比如赴某地进行采访，挖掘节日相关风俗习惯等，也要有对节日人们出行、景区旅游状况的报道等，这一系列的报道都是组合式的报道安排。最后，是对灾难性、突发性的重大事件的报道，要能够调动平台尽可能多的报道资源，尽快组建主题报道团队，包括前方记者、栏目安排、新闻版面、访谈专家等，都要能够第一时间部署。

第二，新闻报道的时效性。在新媒体时代，信息传播速度极大加快，这对新闻的生产速度也提出了新的要求。传统意义上对新闻的定义是新近发生的新闻，而在新媒体时代，新闻是现在发生的新闻。当某个新闻事件发生的时候，要能够在第一时间获取新闻线索，采写新闻稿件，并在第一时间推送到用户手中。面对越来越激烈的竞争环境，每个媒体都在努力地抢新闻，这种"抢"已经进入了一种白热化的竞争状态。新闻本身就是与时间赛跑，"旧闻"就失去了新闻本身的意义，也很难获得读者的注意力。要想第一时间获取并报道新闻必须在以下两方面做到快速反应：一方面是策划和编辑端。新闻策划要有这种速度和效率意识，面对突发新闻要能够迅速做出反应，安排采写发的规划。新闻编辑要能够筛选出时效性强的新闻，优先进行发布和推送，并且选择最快的平台如微博与客户端等进行发布。另一方面是采编端。要建立获取第一时间新闻的机制，包括实时追踪网络信息热点，建立发达的"新闻线人"网络，利用好新闻热线和报料平台等。比如江门市广播电视台全媒体中心，将全市各部门各行业进行分线划片，责任到人，由专门的编辑、记者跟进此部门行业的相关新闻，跟对方宣传人员建立良好的联系，确保对方在有新闻时能第一时间传给本台。还要求记者要培养广泛阅读的习惯，对所负责板块新闻保持高度敏感，时刻关注其他部门的动态。江门台全媒体新闻中心不仅设有24小时的报料电话，而且根据全媒体的发展变化，在江门邑网通移动客户端、各微信公众号、微博等平台上都设有报料板块，方便收取市民报料。江门市还建立了广东首家消防全媒体中心，除自身采编报道外，在重要节点和灾害预警期，邀请媒体派驻记者到全媒体中心驻守报道。这些措施都保证了媒体能够第一时间获取新闻。

除此之外，在融媒体时代，尤其是要重视社交网络信息和新技术的运用，这是能够抢抓最新新闻的关键因素。

图3-1 江门消防全媒体工作中心用一线救援素材讲好消防故事

（三）契合平台属性

融媒体时代的特点之一就是媒介平台和形式的多元化，也就是说融媒体时代平台更加丰富了，这给新闻的分发和传播提供了更多的可能性。但这并不意味着，所有新闻都适合在某个特定的平台上传播，也不意味着所有的新闻都要投放到所有的平台上，不加区分一股脑儿硬塞进去。因此，新闻策划人员要增强对不同平台的把握和理解，认真选择恰当的平台报道恰当的新闻内容，实现新闻类型和形式与平台属性相契合。例如，江苏省泰兴市融媒体中心在新闻策划、传播过程中，坚持全流程打通、全内容共享、全资源协同、全媒体发布的理念，确立了网台并重、先网后台、移动优先的报道策略和流程，并且根据不同的平台特点安排不同的新闻发布，取得了良好的新闻效果。

在2019年11月24日泰兴国际半程马拉松赛的新闻报道中，新闻部和新媒体部一体规划、提前策划，将新媒体、电视、报纸平台的编辑记者分成文字、图片、视频、访谈和直播五个工作组，明确各自职责和分工，按照现场报道总指挥的统一调度，在指定的时间，把文字、图片、视频、访谈这四种新闻要素材通过网络传送到网络现场直播工作平台，新媒体编辑、报纸编辑、视频编辑按照报道计划，后期变前期，监制现场审查核发。马拉松报道的第一条新闻在活动开始后15分钟通过移动客户端发出，接着发出了活动现场的短视频，活动结束后半小时，完整的包含图片、文字、短视频在内的新媒体作品《欣赏长江生态美、竞跑筑梦新时代，2019泰兴国际半程马拉松赛圆满举办》在多个平台上进行播发。在这次新闻报道中，泰兴融媒体中心通过不同媒体平台之间的协作，实现了新闻的实时传播、及时传播以及定时传播，使得新闻传播矩阵的复合效应得到了很好地发挥。

（四）运用高新技术

媒体融合是一场由新媒介技术革命带来的媒体转型，媒介技术的不断发生丰富拓展了新闻信息生产和传播的方式。正是5G、云计算、大数据、物联网、人工智能等新技术的迅猛发展，催生了全程媒体、全息媒体、全员媒体、全效媒体，赋予了媒体新的时代内涵和发展空间。例如，2017年两会期间，浙江广电集团融媒体记者团配备了30套融媒体记者包，iPhone手机、自拍杆、osmo云台稳定器、无线话筒、充电宝等装备一应俱全。在"两会"现场，湖北广电融媒体的"长江云"直播平台甚至成了"网红"，被称为超级"八爪鱼"直播神器。在技术手段创新上，一站式深度融合的"中央厨房"更是将编辑手段发挥到极致，前方记者采购来的"新闻素材"一到，录入、编辑、修改、校对都要在这个大平台上完成，并根据不同传播渠道迅捷"搭配调味"，第一时间火速发送。采编手段的再造，有力地确保了重要新闻、直播报道在新媒体的首发、快发。以往需要多个记者、多道"工序"才能完成的事情，现在只要一套设备就能搞定，同时只要在手机上开启软件，融媒体新闻中心的指挥大屏上就会显示前方记者实时位置，以及直播或回传的视频、图文。原本只拿话筒的浙江之声、交通之声记者，在"两会"上，多次使用融媒体记者的"神器"，单独完成视频直播，每次在线观看人数都超过20万。

图3-2 湖北广电融媒体"长江云"的超级"八爪鱼"直播神器引记者围观

在新闻的呈现形式上，传统新闻报道一般为文字稿件、录音报道、图像新闻、现场直播等。融媒体的表现形式在原有的基础上更加灵动多样，如照片、图表、海报、VR全景、GIF动图、H5微场景等。浙江广电集团融媒体新闻中心在"两会"上推出了VR全景、GIF动图、H5微场景报道，视角可达720度，画面可以拉近、推远、俯仰，让新闻用户感受到身临其境的两会新闻体验。融媒体新闻中心"中央厨房"的核心重器虚拟演播室也在"两会"报道中展现出了新技术的实力，它清晰、明快、时尚，背景丰富，空间跨度大，虚拟模块组合顺畅，画面饱满立体。主持人一会儿出现在北京璀璨的夜景中，一会儿又出现在人民大会堂前，一会儿又与处在不同地方的代表委员对话。同时，虚拟演播室还引进了人工智能机器人小聪，实现人机互动，机器人小聪的智能语音播报、唱歌跳舞给观众留下了深刻的印象。在浙江广电融媒体中心的新闻实践中，这些播报技术与方式也是随之迅速推广。新媒介技术的运用使得新闻报道更具有科技范儿，也收到了更好的传播效果，这些播报技术与方式也随之迅速推广。

（五）匹配用户终端

融媒体新闻中心"中央厨房"的多平台分发实际上是对传统的传播渠道进行重构，用户接收信息的途径、方式和工具等都发生了巨大的变化。以往用户看新闻可以买报纸阅读纸质新闻，也可以通过广播和电视收听收看音频、视频新闻。而融媒体时代的新闻传播渠道被极大地拓展了，出现了各种网络新闻的形式，用户可以通过各种网络渠道获取新闻，包括访问新闻网站、搜索引擎以及新闻客户端等。用户接收新闻的终端也发生了变化，出现了大屏、小屏、移动屏，特别是移动屏，由于智能手机的普及，可以开发出无数个收听收看的新媒体平台，而这些传播渠道最大的特点就是传播迅速，不限地理范围，新闻信息传播打破了时空的限制，而且变单向传播为双向传播，受众除了接收信息还可以参与实时评论、互动反馈。

用户接收新闻信息终端的变化为新闻信息传播提供了便利，但也对新闻信息发布者提出了新的要求，即在新闻信息发布时要考虑用户不同的新闻接收终端，既要考虑是PC端还是移动端，又要考虑屏幕的尺寸、操作系统的不同。例如，对于一张新闻信息图，在不同的尺寸的手机屏幕上显示的效果就可能不一样，PC端和手机端的显示也可能出现一些Bug。手机型号的新旧也可能会影响新闻的呈现，有的手机分辨率不够，或者是无法安装新闻客户端的更新等。除了新闻呈现和技术上的匹配问题，还要关注不同终端之间内容排版和风格的问题，主要是关注PC端和移动端的不同。同样一条新闻，如果投放在PC端，可以包含更加丰富的呈现形式，并且可以链接到其他相关新闻。而对于手机上的新闻客户端，就无法进行更多链接，微信公众号上也不能承载丰富的可视化形式。在行文结构和文字风格上，也应当考虑不同终端之间的区别，切忌"一稿多投"，将同一个风格的稿件投放在不同终端上。

三、融媒体策划及报道形式

在新媒体时代，常见的报道平台除了报纸、广播、电视台之外，还包括新闻网站、"两微一端一抖"等。每个平台都有自己独特的信息呈现方式和传播规律，不同平台之间存在着明显的差异，因此要将合适的报道运用在相匹配的平台之上。新闻报道策划常见的形式有消息、通讯、特写、人物专访以及新闻评论等。在确定新闻报道形式时要考虑以下几个问题：一是报道的篇幅与体裁是否合适；二是新闻体裁与刊载版面、页面形式是否适应；三是报道的内容与平台的内容定位是否相符。

新闻报道有多种形式，并且还在不断发展。传统媒体时代有报纸新闻、广播新闻、电视新闻之分，分别对应的主体是文字新闻、音频新闻、视频新闻。而在新媒体时代，则出现了图片新闻、直播新闻、短视频新闻、H5新闻、图表新闻等新的新闻报道形式。下面介绍几种常见的报道形式与对应平台。

（一）文字报道

文字报道是最基本的新闻报道形式，但是在不同的媒介平台上也有不同。例如，报纸上的文字新闻注重权威性、规范性，新闻体裁相对固定，版面的设计、排版等已经形成了成熟的模式。如今的一个变化是，在报纸的文字报道末尾，还可以增加二维码，以链接到更丰富的内容上去。

微博上的文字报道则要简明扼要，用最少的文字传达最多的信息。微博是一种碎片化的信息传播方式，用户的阅读习惯是"太长不阅"。因此，要想吸引读者的注意力，就需要文字高度凝练，同时也要适应微博的语言风格，不能"打官腔"。另外，在微博上发布文字报道时，还可以带上#话题#标签，参与话题的设置和讨论，这种方式可以极大提高报道的阅读量，增强新闻的传播范围和传播效果。

微信公众号现在已经成为中文世界最大的信息和创作平台，几乎每个媒体都开通了微信订阅号。相较于微博，微信公众号文章可以承载的信息量要大很多，不仅可以发布短消息速报，还可以完整呈现不同篇幅、不同类型的各类新闻报道。但是要注意的是，微信公众号的文章，绝不是把报纸和网站上的新闻报道进行简单的复制粘贴，而要重新进行编辑。其中除了要对文字风格、行文安排重新整理，使其适应网络文章的阅读方式外，还要提升微信文章排版的能力，包括确立一套固定的排版风格，增加辨识度，用好第三方排版工具，增加排版的美感，使文章更利于读者阅读。

（二）图片报道

图3-3 美国《时代周刊》两款社交媒体的区别

美国《时代周刊》曾分别在Twitter以及Instagram两款社交媒体APP上发布了一则相同的日全食新闻。二者最大的区别就是图片所占据的视觉空间比例（参见图3-3），在Ins上完全是以图片为主体，结果推特点赞数仅为67次，而Ins的播放量超过21万。同样一则新闻，在不同属性（读字、读图）的两款社交媒体上，有如此巨大的差异，这实际上传递的是一种信号：大众已经开始抛弃文本形式阅读，读图时代已经来临。在信息快速迭代、信息过载的时代，人们的阅读方式变得碎片化，已经没有太多耐心去阅读文字。相比之下，图片比文字更受用户的欢迎，它能让用户轻松、快速地获取信息。

这也就是说，在新闻报道时要充分利用好图片的优势。在不同平台上都可以使用图片，如微博可以配九宫格图，不仅是简单的9张图，还可以9张图共同组成特殊的图案；微信公众号上一是要做好推送消息头图的选择，这可以吸引读者兴趣，增加图文的打开率，二是要在正文中选择合适的配图，与文字相辅相成。如今的报纸也越来越重视视觉化设计，不仅在排版格式上逐渐改进，还可以配上精心选择的新闻图片，使得报纸的版面更加美观，一张好的新闻图片的意义不亚于一千个文字的力量。在新闻网站上，可以设置图片新闻专栏，如凤凰新闻网站，专门设置了"图片""图片专刊"（https://photo.ifeng.com/）两个图片新闻栏目，可见其对图片新闻的重视。

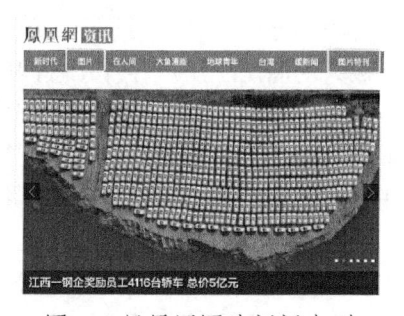

图3-4 凤凰网图片新闻专刊

(三)短视频

近年来,传统媒体逐渐向新媒体转向,纸质媒体、电视媒体逐渐转变为网络媒体。在最近两年的新媒体矩阵中,"两微一端"一直是传统媒体转型新媒体的标配,但是随着短视频这一新的媒介内容形式的出现,媒体的标配大有转变为"两微一抖"的趋势。这其中的"抖"即为短视频平台抖音,众多媒体都在抖音平台上开设了官方账号。相比于文字、图片以及长视频,短视频既可以承载更丰富的内容,还降低了视频制作的门槛,并且兼具趣味性、可读性,吸引了众多网络用户的兴趣。中国互联网络信息中心发布的《第46次中国互联网络发展状况统计报告》显示,全国短视频用户已经达到了8.88亿人,用户渗透率高达94.5%。可见,短视频已经变成了日常化的APP应用,新闻媒体应当利用好这一平台。

图3-5 "四川观察"抖音账号主页,粉丝超过3400万

相比传统新闻报道,短视频新闻具有几项明显的优势:一是角度独特,可以打破传统新闻报道的"大而全",能够利用最短的视频内容,选择独特的视角切入,抓住新闻中最引人注目的部分;二是开门见山,放弃渲染气氛的空镜头,直奔主题;三是短小精悍,极大地满足了用户碎片化时间的观看需求,并且随着用户内容获取的移动化趋势,也更适合用户任意内容接收场景。短视频已经成为一种新型的"新闻语言",为新闻传播提供了一个全新的舞台。在媒介融合大背景下,传统新闻媒体应抓住机会,充分利用短视频新闻,拓宽报道渠道,创新报道方式,实现新闻从文字、图片到视频的全面升级。在这方面,很多传统媒体已经做了大量的尝试,如新华社、《人民日报》、《光明日报》、《南方都市报》、《新京报》等目前均设有专业团队负责视频拍摄与采编,并在重大会议及新闻事

件中，利用秒拍、微博等平台传播新闻短视频，带领读者感受第一现场。深耕短视频领域的传统媒体如《新京报》，旗下"动新闻""我们视频"利用现场拍摄、视频剪辑、3D动画等多种方式，提供直击现场、情景还原或数据可视化等效果，满足新闻视频用户的多元化需求。2020年8月，"人民日报"抖音账号实现了破亿的目标，甚至登上了热搜。另外一个引人关注的抖音账号是"四川观察"，曾在一个月内涨粉近1100万，目前粉丝数超过了3400万，累积发布了5100条短视频，吸引了大量的注意力，可谓试水短视频成功的典型案例之一。

（四）直播

新闻直播如今已经超出了电视新闻直播的范围，网络新闻直播越来越多地应用于新闻直播实践当中。网络新闻直播相比电视直播有诸多优势，可以24小时不间断直播，可以多机位同时直播，不受节目、频道的限制，而且直播过程中还可以与观众进行实时互动。2016年以来，多个媒体平台都选用了网络直播作为新的新闻传输渠道。如人民日报社新媒体中心与新浪微博、一直播合作建设了"人民直播"，用于人民日报旗下各类媒体的网络新闻直播，目前已有百余家媒体机构、知名自媒体等首批加入人民直播平台。"看看新闻"24小时持续更新的视频新闻流"Knews24"，包括了常态化的新闻资讯播报、重大事件和突发事件直播、深度调查报道、新闻解读和评论等特色内容。直播也是澎湃新闻中非常重要的内容，其直播品牌"上直播"将直播和视频合二为一，通过尝试各种题材与方式不断矫正，使直播内容更加精细化，致力于做最快的新闻事件直播。

图3-6 "人民直播"正在直播"国庆71周年音乐会"

对于不同的融媒体平台来说，选择直播平台主要有两种方式：一是自建直播平台，如人民直播等，但这需要较大的资金投入和较强的技术能力、人才储备等；二是可以直接入驻人民直播这类媒体直播平台，或者在第三方商业直播平台上开设直播账号。这两种方式基本上是免费使用的，对于中小媒体来说较为友好。新闻直播一般也可以放在平台所属的新闻网站、客户端上进行，或者在微博上发布直播链接。对于微信公众平台等来说，则不适合使用新闻直播。

关于直播的内容，一般来说会议新闻，如"两会""互联网大会"等重要会议，典型典礼，如阅兵仪式、授勋仪式、表彰仪式等，综艺晚会，如春晚、秋晚等，以及灾难新闻、突发新闻，如长江洪水、公交坠江等，这些都可以采用直播的形式。通过网络直播，能够给用户创造出更直接的新闻体验。随着新技术的进步，目前还出现了无人机直播的方式，这种方式适用于大型仪式，为观众提供不一样的视角，也可用于森林火灾、爆炸事件等摄像记者难以进入的场景，第一时间为观众呈现新闻现场。

除了电视直播、网络视频直播之外，还有一种直播形式，即图文直播，它是将文字报道和图片报道融合在一起的一种直播形式。相比视频直播，它可以提供文字解读，也可以提供图片的视觉呈现，并且文字和图片的静态特征方便读者回顾新闻过程。如2015年"天津大爆炸"事件中，澎湃新闻就在其新闻网站上开设了图文新闻直播栏目。

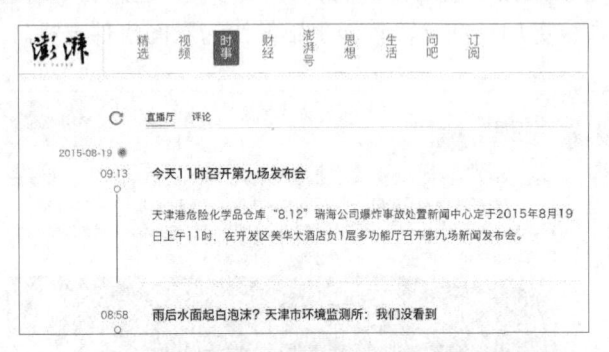

图3-7 澎湃新闻的"天津爆炸"图文直播

（五）H5

H5新闻最大的特点就是支持视频、音频、图像、动画以及与设备的交互，且极大地改变了新闻的创新方式。H5的呈现形式可谓多种多样，"换脸照""微信场景模拟""虚拟场馆""录制语音""活动抽奖""投票""测试问答""自定义生成""双屏互动"等均是常见的H5形式。H5新闻适用的场景包括图片、视频、音频、地图、导航、产品链接等，它可以通过二维码或者转发链接方便地扩散和传播，并且具有十分强的互动性。如《人民日报》制作的H5新闻《快看呐！这是我的军装照》，它能将个人照片合成历史上不同时期的"军装照"。一时间朋友圈被各种"美哭了"的合成"军装照"刷屏。这一H5小游戏取得了巨大成功，页面总浏览量达8.2亿次。

图3-8 《人民日报》H5新闻游戏《快看呐！这是我的军装照》

H5新闻实际上也可以理解为图片新闻的升级版，或者是视频新闻的简化版，具有图片化元素，但又具有交互、动态等更多的特征和功能，可以是小游戏的方式，也可以是可视化信息的展示。它一般可以运用在微信（朋友圈、微信群转发）和客户端上，利用社交关系网络实现病毒式传播效果。由于H5的技术形态特征不适合在新闻网站、微博、直播等平台上进行展示，所以在做新闻策划时，要避免将H5新闻选错平台。

（六）动新闻

"动新闻"是指以三维视频（动画）方式呈现突发新闻、焦点新闻的一种全新产品，它主要以网络、电视为传播载体，以3D新闻模拟场景为主体，融合现场照片、动画、旁白、音效等多媒体元素，模拟再现整个新闻事件过程或关键点。动新闻是在视频新闻的基础上发展出来的一种新的内容形式，虽然属于短时视频新闻，但由于采用动画形式，兼具趣味性和艺术性，其内容表现极具张力。在动新闻的生产实践中，《新京报》动新闻是比较成功的。

图3-9 《新京报》动新闻展示美国大法官提名仪式或致新冠"超级传播"事件

"新京报动新闻"的视频栏目主要有五种：动画、3D、实拍、现场和调查。"动画"是专业制作的三维动画，运用卡通的形式讲述新闻，使其在视觉上变得有趣，用户能产生新奇感并且接受。比如2018年8月25日的一则动新闻《动画揭"20岁女孩顺风车遇害"细节：车牌系伪造 家人称索要司机信息被拒》，用动画的形式将女孩遇害的过程还原出来，让用户能较为清晰地了解。"3D"则是用3D技术模拟现场，制作的常常是一些没有现场画面但观众却有需求的新闻。通过将文字、图文、视频、音频、动画等多种形式融合的手段，"新京报动新闻"实现了新闻产品由静态到动态、由一维到多维的过渡和转变。

（七）新闻专题

新闻专题是指与某一新闻事件或新闻话题相关的新闻集合，具有新闻的时效性，又具有专题的翔实和深度，一般用来报道突发或者具有重要社会影响的新闻事件，通过深入挖掘，全方位地解读事件。新闻专题往往会跟踪报道，具有延续性，常用于报纸、网络或者电视媒体。尤其是在融媒体时代，新闻专题的应用变得更加丰富和灵活。在报纸新闻时代，新闻专题的制作方式是开辟专门的版面，将同一主题的稿件放在专版上，电视新闻专题报道则是开辟专门的新闻栏目。而融媒体时代网络新闻专题的"超文本结构"颠覆了传统报道中相对单调的新闻表现形式，除文字新闻报道之外，图片、音频、视频、图表、漫画、flash动画等多媒体元素的利用可更为直观地发表新闻内容，扩充专题的丰富度，并增加专题的活跃度与可读性。

图3-10 中国网"2020全国两会融媒体报道"新闻专题

人民网荣获第二十五届中国新闻奖一等奖的专题《学习路上》（http://cpc.people.com.cn/xuexi/），就是运用网民特别是年轻网民喜闻乐见的数据化、可视化等表现形式，巧用"网言网语"和图表、音视频等多媒体手段，制作了《习近平的两会时间》《习近平引用的古典名句》《习近平谈新媒体》等一系列高清图集、图解、视频作品,使总书记报道更加接地气。中国网在2020全国两会期间,开辟了"2020中国两会融媒体报道"(http://www.china.com.cn/lianghui/news/node_8018124.shtml)新闻专题主页,设置"新闻现场""两会观察""独家策划"三个大的栏目,包含了"要闻""直播""中国3分钟""两会述评""习观""30秒""数据"等多种内容类型和形式,媒体矩阵协同作战,使两会报道亮点频现,在强化、优化视觉传播上取得新的突破。在荣获第二十四届中国新闻奖一等奖的专题《制度创新——中国(上海)自由贸易试验区特别专题》(http://sh.eastday.com/shzmq/)中,东方网首次加入漫画元素,以12个关键词、72幅画面组成的漫画报道集《东东"漫"游自贸区》,用通俗易懂的情景、对话,向网民更直观、更明了地解读自贸区政策,得到网友的高度肯定。

上面介绍了融媒体新闻策划和报道的一些常见形式,这些形式都是借助融媒体技术的发展而发展出来的新闻形式。每一种报道形式都有各自的特点,在进行新闻策划的时候,要在不同平台对不同新闻报道形式之间进行合理匹配。也就是,要避免"穿错了鞋",比如H5新闻一般不会放在微博上,微博上也不适合做新闻专题报道,它们匹配度更高的是微信、客户端和新闻网站。同时,不管选择哪种策划和报道形式,也都要注意新闻伦理问题,注意人文关怀,比如灾难、事故的血腥图片就不宜进入直播新闻的画面,也不宜传播相关图片、短视频等信息。

四、"中央厨房"统一策划

经过几年的大力发展,融媒体已经建立了一套相对成熟的新闻生产和分发的运作模式,传统意义上的采编人员被重新定义为指挥员、信息员、采集员、加工员、技术员等岗位。指挥员负责新闻选题的策划与指导,其他各"员"进行有效的分工合作。通常情况下,融媒体中央厨房的组织架构中都设有中央调度指挥中心,统一负责新闻选题策划、提供新闻线索等工作。如果说"中央厨房"是融媒体的大脑,那么中央调度指挥中心则是中央厨房的中枢神经系统,是控制融媒体平台联动的核心构件。

作为融媒体的指挥中枢,中央调度指挥中心通常以编前会、总编会等方式召集各部门记者编辑,分析媒体舆情基本情况、讨论社会热点事件、统筹规划报道任务、策划报道内容、提供新闻线索等。中央指挥调度中心不仅可以应用于常规报道,在突发事件报道中的调度指挥作用更加突出。当突发火灾、爆炸、社会安全等重大新闻事件时,中央调度指挥中心可以调动所属的各个采编部门对新闻报道进行全媒体策划,迅速制订报道方案,分配报道团队和技术人员,瞬间就可以投入大量的采编资源对事件进行全方位的报道。对于专题报道同样可以发挥资源整合与协同的作用,例如在央视新闻对"天舟一号"发射的VR直播报道中,由于火箭发射现场情况十分复杂，直播团队提前一个半月去现场进行了前采和勘测，并制定技术方案。该报道的顺利实现，离不开中央指挥中心前期的报道策划和协调准备，以及提供的技术支持和媒介资源。

以《人民日报》为例，中央厨房设立了总编调度中心负责宣传任务统筹、重大选题策划、采访力量指挥等。总编调度中心利用互联网平台，与各采编团队无缝连接，随时发布调度指令，并通过建立总编协调会制度、采前会制度、新闻线索通报制度，将报、网、端、微的内容生产全流程进行深度融合。每周召开一次总编协调会，由总编辑主持，部署当周重要的宣传任务，讨论重大报道选题，点评一周传播效果及协调采编对接联动。同时，建立采前会制度，由当天值班的副总编辑主持，每天上午召开，召集采访中心、编辑中心、技术中心以及报社采访部门的负责人参加，汇报选题策划，通报新闻线索，研究当日舆情，确定重点稿件，布置采编对接。

与《人民日报》类似，《广州日报》建立了中央编辑部编前会制度负责报业集团新闻报道的统筹规划。每天报业集团的总编辑或值班总编主持中央编辑部编前会，召集纸媒编辑团队、各新媒体编辑团队和采访、摄影、视频、设计、技术、运营团队的负责人共同开会讨论，采访团队负责提供选新闻选题、线索、报道思路等，各端口的编辑团队提出报道项目的策划和需求，摄影、视频、设计、技术、运营等团队则共同围绕新闻线索、策划、需求展开讨论。通过各团队直接对接并提供重点支持，实现新闻报道的联合策划。

第二节 融媒体采访

如果说新闻策划确立了新闻大餐的烹饪风格和菜谱样色，那么融媒体采访则是材料下锅的直接加工。

一、融媒体采访的原则

融媒体采访是对过去传统媒体进行新闻采访的一种延伸，新闻采访的基本原则依然不能丢掉，保持新闻采访的真实性、客观性和时效性的原则。新闻报道有三方面基本要求，一是公开、公正、公平，二是速度、广度、深度，三是真实、真相、真情。李良荣教授认为，在融媒体时代，除了需要坚守这三方面以外，还有新时代所赋予的新要求，表现在供给对象方面有大众、小众、个体等不同面向群体，在新闻发布方面有零时差、零距离等严峻挑战，在表达手段方面有单一、融合、多连接等多种方式。尤其是在当前融媒体背景下，已经进入到了一个信息大爆炸的时代，人人可生产信息，"人人都有麦克风"，这也带来了诸多问题，比如信息质量参差不齐、鱼龙混杂，网络谣言、虚假信息泛滥，不仅给用户信息消费带来了困难，也对记者获取新闻线索、寻找新闻素材造成了干扰。正是在这种信息失序的状态里，融媒体时代的新闻采访面临着更多的挑战，对新闻的时效性和真实性也有了更高的要求。因此，融媒体记者在进行新闻采访时，要始终坚守采访的基本原则，在做到时效性的同时，保持新闻的真实性和客观性。

真实性、客观性是新闻的本质属性，是新闻记者应当坚守的基本原则，也是传统媒体公信力和权威性的主要来源。到了融媒体时代，其重要性更是有增无减，采编队伍业务训练有素、坚持新闻专业主义精神仍然是做好融媒体时代新闻采访的坚实基础。随着社交媒体时代的到来，整个社会日益关系化、网络化，赋予了每个人平等的表达权，提供了意见的自由市场，打破了传统的信息单向传播模式。社交媒体给新闻业也带来了巨大冲击：一是社交媒体即时性、碎片化的特点，使得人们每天都要接触海量的信息，形成了一种"浅阅读、浅思考"的信息消费习惯，很难对新闻事件有整体性、全面性的认识；二是社交媒体UGC的内容生产模式，使得新闻事件的信源无法保证，缺乏客观性和权威性。也就是说，社交媒体在时效性上占据巨大优势，但也在一定程度上消解了新闻的真实性与客观性，这也导致社交平台上虚假信息泛滥、谣言肆虐等诸多问题。甚至有不少自媒体和商业媒体热衷于追逐热点、制造噱头，利用煽情手段故意夸大、歪曲、捏造事实，导致假新闻、反转新闻现象反复出现，极大地破坏了社会和网络舆论环境。不少新闻媒体也被这股"歪风邪气"所裹挟，缺乏实地采访、深入挖掘的耐心，对不少社交媒体新闻源不进行核查，而是直接采用了相关新闻信息，极大损害了媒体的公信力。在这一新的媒介生态环境下，融媒体记者尤其需要将真实性和客观性牢记于心，守护好真实、权威、客观的"金字招牌"。

当然，强调真实性和客观性并非意味着时效性就不重要，在重视新闻的真实性与客观性的同时也要重视新闻的时效性。新闻即是指新近发生的事，具有时效性才能称为新闻，不管是在传统媒体时代还是在融媒体时代，都对时效性有着严格要求。尤其是在融媒体时代，信息传播速度急剧加快，新闻的速度也在不断加快。融媒体记者在进行新闻报道时，在确保真实性与客观性的基础上，要能够抢在第一时间采集新闻素材，及时发回后方编辑部。报纸、广播和电视等传统媒体时代，新闻报道通常是当天采访，隔天见报或播出，但在移动互联网时代，新闻生产和传播的速度大大加快，人们对新闻速度的期待也发生了变化，新闻一定要是即时性的，只有第一时间的新闻才能留住读者。尤其是随着移动社交平台、网络视频直播、短视频等新媒介形式的出现，新闻已经逐渐从对新近发生的事件的报道，转变为对正在发生的事件的呈现。在融媒体的组织架构中，记者所承担的角色是信息采集员的角色，后续的编辑、加工、创意、推广等各个步骤的完成都需要依赖记者传回的新闻采访素材，可以说整个后方都在等着记者发回的采访素材"下锅"。如果新闻记者没有第一时间到达新闻现场,中央厨房里的"大厨们"也只能是巧妇难为无米之炊。

二、融媒体新闻线索搜集

(一)传统新闻线索来源所面临的问题

我国著名新闻记者、新闻学家范长江曾说过,记者必须有强烈的新闻敏感性,当事件发生时,能迅速辨别出什么是新闻,什么不是新闻。寻找新闻线索是新闻的起点,对于新闻工作者来说,新闻线索是新闻报道的重中之重,没有新闻线索也就没有新闻可报。因此,新闻工作者会千方百计地寻找新闻线索,媒介机构也会建立一系列新闻线索搜集渠道。在传统媒体时代,记者的新闻线索主要来源于党政机关和企业新闻发布会、新闻热线电话、基层通讯员以及记者个人关系网络等。这种新闻线索获取方式有优势,如信源稳定、针对性强、可靠性高等,但也有其不足,如信息来源相对单一、时效性差等,一般很难在第一时间获得新闻来源。

图3-11 北京某区融媒体中心依然在用传统的新闻线索邮箱

尤其是在融媒体环境下,新闻信息的采写和分发方式发生了巨大变化,虽然传统形式的新闻线索依然扮演着重要角色,但新闻线索的搜集渠道已经可以大大拓展。如果依然局限于传统新闻线索方式,就很难跟得上新闻更新的速度,可能就面临竞争失败、跟在别人后面追新闻的尴尬局面。比如北京某区融媒体中心,依然在采用公布邮箱的方式获取新闻线索,要求申报给电视、广播、报纸、新媒体等平台的新闻线索及相关素材都要报送这一邮箱。使用邮箱收集新闻线索的方式已经稍微显得有些落后,一是可能邮箱上报的效率和时效性并不高,二是报送到邮箱之后可能会一直躺在邮箱里。通过邮箱收集的新闻线索在会议、典礼、发布会等新闻线索上还比较适用,但是对于突发性新闻则显得不那么高效。再比如山东某市融媒体中心,以网站公告的方式发布新闻线索征集通知,并公布热线电话，这和报纸、电视时代没有什么差异，难以触达大众。因此，媒体平台和记者编辑都要转变思路，寻找和建立新的新闻线索获取方式，让新闻线索的获取和流转方式更加高效。

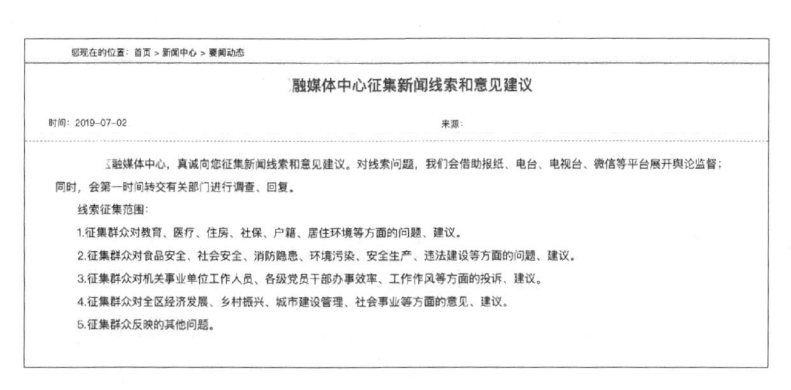

图3-12 某市融媒体中心征集新闻线索和意见建议

（二）新机遇：智能技术向用户"索取"新闻线索

在融媒体时代，拥有海量信息并实时更新的互联网也成为新闻线索搜集的新兴的重要渠道。借助大数据技术、舆情监测系统等工具，媒体能够即时获得从互联网上抓取到的实时数据，掌握全国各地发生的新闻热点事件。融媒体的新闻线索来源不再局限于反应迟缓的传统方式，而是依赖于网络实时数据的抓取和筛选。以人民日报"中央厨房"为例，在中央厨房的办公区域中有一块十几米长的屏幕，从左至右分别显示着世界各地热点新闻、舆情热词变化、最新出炉文章、新闻文章阅读量排行、值得关注的热点事件、各大微信公众号的阅读排行榜等内容。一旦某地发生新闻事件，系统能够及时将这些新闻线索识别出来，并由中央厨房的编辑第一时间分配给对应的记者前往新闻现场报道。

与之类似，深圳广电集团持续推动媒体深度融合，通过机构重置、资源整合，成立了集团融媒体中心，集约使用资源，一体化组织指挥，实现全媒体生产传播，以"移动优先"倒逼媒体内部"策采编发"流程再造取得新突破，新媒体内容生产和传播既抓首发的"快"又抓第二落点的"深"，打造出"壹直深爱"的系列新媒体平台。《深圳商报》则是将所有新闻线索统一提交到数字采编系统，由各采访专线值班主任分派线索，发布采访指令。重大新闻线索，值班总编辑统一调度多部门、多条专线协同作战，摄影、摄像记者及新媒体采编人员适时配合，从而逐步实现对采编人员的扁平化管理，使每一条原创新闻都能第一时间找到最适合发布的媒体平台。

媒体机构通过建立融媒体中心或者中央厨房，借助大数据技术工具来获取新闻线索，这改变了新闻线索获取的方式。例如，江苏广电建立的"荔枝云"平台，综合运用大数据提供背景、脉络、时间相关性等有深度的数据分析，动态汇聚海量新闻线索，全面获取新闻事件的最新情况和各方视角。融媒体时代的新闻线索不再是来自目击者、知情人或新闻发布会，而是来自网络平台的用户。这种新闻线索搜集方式，具有更加高效、范围更加广泛的特点，能满足当今新闻的时效性的更高要求。相比传统方式，这实际上是一种"向用户索取新闻线索"的方式，新闻线索来源于网络用户提供的信息。

在移动互联网时代，人人都可以发布信息，内容发布的门槛极大降低，用户越来越多地通过智能手机在网络平台上，以文字、图片、视频、音频等方式记录身边的"新鲜事"，尤其热衷于将其发布在社交媒体平台上。用户生产内容（UGC）已经成为网络时代内容生产的重要方式，这些内容可以被媒体的监测系统获取，并从中获取新闻线索。"无社交，不新闻"这一新趋势中包含的其中一层意思即是，社交信息与新闻生产已经融合在一起，社交平台上的UGC信息常常作为新闻线索进入生产流程之中。

在融媒体时代，无论生产流程如何变化，都离不开至关重要的一环——对新闻线索的采集、分析、分工，即报道前的积极"备战"。如今，地方主流媒体都在竞相筹建"中央厨房"，或跨地域搭建"云厨房"。"中央厨房"战略尽管还存在着一些不足，但是在新闻线索获取上已经形成了很大的优势。这实际上对媒体来说也是一次新机遇，不仅可以拓宽新闻线索获取渠道，还可以提升新闻线索的转化效率。例如浙江的长兴传媒集团的融媒体中心就充分发挥了"中央厨房"作为新闻生产总枢纽的作用，即将获取的各类新闻线索，条分缕析后，分门别类地加以分配，使之有更好的传播方式。融媒体中心通过每日编前会议、统一报题派工、共享素材资源、编辑分工负责等一系列工作机制，实现重大选题统一策划、采编指挥统一调度、采访力量和资源统筹协调。在获取新闻线索后，全能型媒体记者第一时间赶往现场连线进行新闻播报，通过手机APP端编辑图片或短视频、简短说明文字回传至网站"全媒体即时报"即时刊发；提供要素信息至新媒体，由新媒体快速编辑后通过微博、微信抢本地首发；新闻采集完成后提供影像及文稿至采编系统，供广播、电视、报纸、新媒体根据各自需要进行编辑分发。

三、融媒体采访新模式

（一）新媒介技术加持采写编

技术创新是媒体融合的先导力量和重要推动力，在媒体发展和新闻业变革中一直扮演着重要的角色。媒介不断往前发展和进化的历史表明，媒介与技术的关系越来越紧密甚至于密不可分。对于媒体形态与格局的变革发展，媒介技术扮演着重要角色。回顾新闻业的发展史，在技术逻辑中就是一部媒介技术不断进化的历史。在融媒体时代，大数据、云计算等新技术的运用重新定义了新闻生产，尤其是在新闻采访阶段，新技术的应用使新闻采访更加快捷和便利，加快了新闻采访和回传的速度，丰富了新闻素材的呈现方式，同时也为新闻采访提供了更多好用的工具。当前社会已经步入了信息时代，尤其是移动互联网使用范围也越来越广，传统纸媒记者采访所准备的工具也从以前的纸和笔换成了现在的智能手机、录音笔、无人机等现代化设备，这就需要记者全面掌握各种融媒体设备的使用技巧，充分利用各种媒介和载体的共同点，让它们在传播的过程中进行互补。同时，记者还要熟练运用各种常见的社交类APP，如微信、微博等社交软件，借助这些新兴媒体丰富报道内容的文本形式，让文本叙事角度更加形象、全面。因此，传统纸媒记者在融媒体背景下，必须不断学习，提高独立采写能力，创新工作方式，进而不断提高采访质量。

首先，在融媒体的组织架构中，记者扮演的角色是"信息采集员"，需要通过采访及时获取新闻素材并将其传回编辑部，在这一过程中融媒体的内容云平台的搭建能有效提升记者对新闻素材的记录、编辑、整理和回传效率，帮助记者更加高效地完成采访任务，更快地为编辑部上传丰富多样的高质量新闻素材。例如，上海台自主创造了一套内容生产系统——"@Radio"融媒体生产平台，并为上海台广播新闻中心记者全线配备了装载了@Radio移动采访的智能手机。@Radio可以在同一个平台内实现多信源采集，构建了"N进N出"的生产体系，能够为外出采访记者提供快速的素材回传通道，记者能直接在新闻第一线，借助@Radio移动采访对采集到的音频、文字、图片、视频等各类素材做简单的编辑后上传到云端，实现编辑无边界、信息共享无边界、新闻连线无边界。江苏广电的"荔枝云"平台，也让记者能够打破时空限制，随时随地都可登录该平台，选择基于移动终端的应用工具，对新闻素材进行编辑加工，更高效迅捷地传输发布。

其次，虚拟现实（VR）等新技术的应用，丰富了新闻信息的呈现形式，带来了新闻产品形态的变革。VR新闻依托虚拟现实技术，能够360度呈现新闻信息，使用户产生置身于真实新闻现场的身临其境感。这些新的媒介技术形成了全新的新闻传播形式，引发新闻传播样态的革新。新闻信息不再仅仅局限于单一的文字、图片和视频，开始向多维形态的方向发展。VR等新技术工具成为记者在融媒体采访时的新装备，借助这种新技术工具，新闻记者能够多角度地将新闻现场记录下来，360度全方位还原新闻事件现场，带给用户不一样的新闻消费体验。近年来，VR新闻开始在全国两会融媒报道上崭露头角。例如，2016年《光明日报》记者在报道两会时运用了VR全景摄像机记录了两会的现场场景，制作推出了《政协新闻发布会实况》《两会是这样采访代表委员的》等VR视频新闻，为用户提供了沉浸式的全景新闻体验。VR新闻的沉浸式特点是沉浸（Immersion）、互动（Interaction）和想象（Imagination），它重构了新闻叙事视角，第三人称叙事被第一人称取代，新闻场景由平面走向立体，以往日常生活中难以亲眼见到的新闻场景也可以被还原出来。例如，央视对"天舟一号"发射的VR直播，让用户"走进"了火箭发射的新闻现场。VR直播团队在确保发射现场安全前提下所能达到的最近距离架设了3个拍摄机位，其中最近的机位离火箭发射塔架距离仅有不到100米。通过如此近距离的360度全景拍摄，直播团队为用户提供了近距离直面火箭推进器喷射火焰和感受气体冲击力的"临场体验"，极具画面感和现场感。

图3-13 两会现场的VR摄像机

此外，近年来无人机技术迅速发展，成为记者采访时新的"神器"。无人机在新闻拍摄中的运用，能够让记者从不同的角度洞悉新闻事件的全貌。在过去的新闻采访中，普通相机、摄像机是记者获取图片、视频素材的主要工具，但拍摄视角往往受到较大限制，尤其是俯拍视角的影像难以获得，在地形复杂的区域进行拍摄难度更是大。但无人机技术让记者的视线从特定区域扩展到更为宏观的范围，能够记录"上帝视角"的独特画面。无人机上搭载各种的传感设备，其收集的图像、视频以及影像追踪大大增加了信息采集的丰富度，在突发事件直播、灾难性报道等新闻中发挥着越来越重要的作用。例如新华网于2015年6月组建了国内新闻网站的首家新闻无人机队，并在当年8月天津滨海新区爆炸事故以及12月深圳山体滑坡事故等重大新闻事件的报道过程中发挥了重要作用，拍摄到了大量让人震撼的新闻照片。在重庆东方之星号客轮倾覆事件中，大楚网使用无人机航拍采到了第一手新闻资料，根据航拍所获得素材制作的两分钟视频在网络上广为传播。罗伯特·卡帕认为，"如果你的照片拍得不够好，那是因为你靠得不够近"。无人机航拍能够适应复杂的环境，进入难以到达的上空，具有更加接近新闻现场的能力。目前，无人机已经广泛应用在新闻采访之中，在美国甚至产生了"无人机新闻学"或"无人机新闻"（drone journalism），密苏里新闻学院专门开设了无人机新闻学课程。由此可见，无人机在新闻采访中的应用具有广阔的前景，融媒体记者应当主动掌握这一新技能。

（二）积极拓展新闻产品新形态

习近平总书记在《人民日报》调研媒体融合情况时强调，党报党刊要加强传播手段建设和创新，积极发展各种互动式、服务式、体验式新闻信息服务。在新的时代背景下，媒体深度融合要想取得实效，就必须走好群众路线。融媒体内容要创新话语风格和表达方式，要用民众喜闻乐见的话语表达、接收习惯与方式来传播和发布信息，走好群众路线。这就意味着，融媒体发展要想取得成效，就要努力满足用户的新闻需求，适应用户的信息消费习惯，创新新闻形式，做用户感兴趣的新闻。随着媒介技术的不断进步，新媒介形态层出不穷，用户对新闻的需求也日益个性化、多元化、互动化。新闻生产要主动进行新闻语态创新，以变革与创新适应媒体融合的新环境，生产用户需要的新闻产品。

1. 以"Vlog"为代表的视频新闻

Vlog"以我为主"的叙事方式注重个人的表达、情感和观察视角，在内容上侧重于记录与分享，真实地展现生活情景，具有较强的人情味和亲和力。不少媒体在全国两会报道中采用了Vlog的形式进行报道，成为2019年两会报道的一大亮点。例如人民日报联合多家主流新媒体平台，推出"寻找两会夜归人"Vlog征集活动，环球网发布了《两会 Vlog：凌晨五点，我在人民大会堂外参加了一场"短跑竞赛"》。Vlog所记录的内容和呈现方式，打破了传统的叙事方式，以人为主要内容，注重人格化和网感化，为用户呈现了不一样的两会场景。央视主持人康辉的Vlog"大国外交最前线"也取得很好的传播效果，在微博平台的总播放量达9661万次，平均浏览量1380万次。"Vlog+新闻"是一次新闻话语创新，它以轻松活泼的叙事风格吸引了大批年轻受众的喜爱，一改主流媒体一贯严肃的话风，为传统新闻报道注入了新的活力。"Vlog+新闻"在融媒体新闻报道中具有独特的优势，它打破了僵硬的表演式报道风格，媒体与用户之间的边界被消融，并且借助短视频的东风，符合碎片化的信息传播特点。

2. 以H5技术为代表的互动新闻

H5是HTML5的缩写，是指第五代的超文本标记语言，它具有跨平台性，兼容PC端与移动端、Windows与Linux、安卓与IOS等，与之前的网页制作相比，H5可以轻松移植不同平台的特性大大降低了人们开发运营的成本。本书中所说的H5是狭义上的理解，指用H5语言制作的数字产品，特指在移动端运行的动态交互页面。它们一般包括文字、图片、音频，借用微信移动平台进行传播。回顾H5的发展过程，最初它仅包含视觉设计的简单内容，常运用纯静态页面将模板进行简单放置，制作成类似PPT的形式在移动端播放。自2014年几款H5小游戏引爆网络，H5这种新媒体表达方式才真正被大众关注，此时H5以直观展现用户需要的场景和故事见长。2015年，人们开始探索H5的交互设计功能，用户有参与感和良好的体验，其分享意愿加强，达到传播效果。鼎盛时期的H5融合了交互式微电影，丰富了内在形式,给人以沉浸感体验和良好的互动,如2016年的密室逃脱类游戏H5《活口》。在新媒体迅速发展的今天,媒体人综合利用各种新方式在网络或移动平台上进行新闻报道和信息传播,H5也成为融合新闻的一种表现形式。尤其是在重大选题与严肃性时政新闻报道中,H5以其独特的阅读体验和互动优势占据了人们的视野,比如在每年两会、重大节庆选题中,主流媒体常会与媒体公司联合,推出一些相关的H5作品,丰富新闻内容。

3. 以图片新闻、数据新闻为代表的可视化新闻

从媒体呈现形式来分析,可视化新闻可以分为数据可视化型、文字可视化型等类型。数据可视化型将报道中的数据制作成数据饼图、柱状图、折线图、数据矩阵等纯数据型图片,同时在数据型图片上增加一部分知识和相应的图标,使得数据具有形象性和可读性。这种形式主要应用于报道数据较多的新闻,或者是纯粹的数据新闻,这样做能够形象地传达较为抽象的数据,突出新闻需要传达的核心内容,如数据的对比、将数据加入地图等,用这样的图片传达丰富的信息。文字可视化型主要是将文字标题以图片的形式呈现,并将其中有代表性的内容形象化地用文字和图片表示出来,对重要的文字采用放大字体等方法进行突出显示。例如,人民网推出的《一张图告诉你什么是"一带一路"》介绍了"一带一路"提出的时间、建设原则、合作重点、合作机制和重要事件节点等相关内容。其中用火车和轮船分别表示了丝绸之路经济带和21世纪海上丝绸之路,在覆盖人口方面突出显示人口数字,并用变化了的饼状图展示占全球人口的比例,同时用图标加文字的形式突出揭示了"共商、共建、共享"原则。

(三)建立实时更新的"动态新闻"机制

新的新闻场景和信息环境的变化,正在促动固态化的、截面的和静态的新闻转向为渐进的、连续的、历时性的"动态新闻"。这里所说的动态新闻不是指新闻呈现形式的动态性,如动画、动态图表、H5等新的新闻形式,而是指不断更新的时间动态性。融媒体时代的动态新闻,不同于传统纸媒的几百字动态报道,而是包含了动态追踪、网民跟帖、新闻链接这样一个完整的链条。动态追踪是对一个事件的持续跟踪,刚开始可能是简单几句话的新闻快讯,接下来需要对这个事件进行补充,如背景交代、分析思考等,后面再根据网民的留言评论和提供线索,继续追踪,继续报道,这样不断进行下去,因此它是一个动态持续的过程。基于互联网的去中心化和互动性强的特点,一方面是网民跟帖可以建立人与新闻的互动,另一方面是网友跟帖可以提供新的新闻信息,再者就是网友的观点表达也可以被再次转化为新闻。

动态新闻的内涵远不只是可以建立与网民的互动,最根本的指向是新闻的不断迭代、更新和完善。这种完善的来源是多方面的,除了网民跟帖互动提供的信息,以及网络上其他信息来源,更重要的还有记者等采编人员的不断采写。之所

以要建立动态新闻机制，这和当下的信息环境和传播方式是分不开的。网络化新闻时代对新闻的时效性提出了更高的要求，当某个新闻事件发生时，媒体要能够第一时间将新闻发布出来。这关系到的是不同媒体和平台之间的竞争，这种竞争是以秒来计算的。但是一个新闻事件往往很难一次性获取到完整的全貌，需要不断进行更新。相比于报纸电视时代的新闻，可以花上半天、一天甚至更长的时间去调查采写，网络化新闻时代是"等不起"的。所以，一般是先以简讯的形式发布新闻，然后逐渐完善。网络化新闻的优势也在于可以对新闻多次编辑、实时更新，这种更新可以在一篇报道中不断补充内容进来，也可以开辟一个专题，不断补充新的独立报道进来。在融媒体时代，新闻报道要能够适应这种报道方式，才能在新闻的时效性上有保障，也可以保持新闻的连续性，使其不再碎片化、孤立化。

四、培养全能型媒体记者

融媒体时代的到来，促进了多媒介的相互融合，新闻信息可以通过多终端，多角度、立体化地进行传播，多样的报道形式、深入的报道内容、立体化的视觉呈现、全方位的传播渠道，是平台保持核心竞争力的法宝。因此，传统的新闻记者已经不能满足新的技能要求，出现了融媒体人才极度短缺的局面。传统意义上的新闻传播人才培养机制也已难以适应全媒体时代的要求，迫切需要创新新闻教育，改变培养理想和方式，培养能够适应融媒体业务需要的全能型、复合型的全能型媒体记者。所谓全能型媒体记者，是指"具备突破传统媒体界限的思维与能力，并适应融合媒体岗位的流通与互动，集采、写、摄、录、编、网络技能运用及现代设备操作等多种能力于一身的人才"。媒体记者应当直面挑战，抓好机遇，主动求变，提升自我，努力适应融媒体时代提出的新的要求。

（一）全能型媒体记者职业素养要求

融媒体时代新闻生产的模式是"一次采集、多种生成、多种产品、多媒体传播"，不同媒体机构之间的壁垒被打破，新闻资源通过公共平台可以被多个部门同时使用。因此，融媒体机构应积极整合内部资源，积极推动数字化媒体矩阵建设，强化全媒体意识。对于融媒体记者来说更是如此，与以往不同的是，融媒体记者不再是只关注单一媒介平台所需的内容，而应树立全媒体采访意识，不断提升自身业务能力和素质，利用新技术、新平台，创新内容表达方式，生产出用户喜闻乐见的新闻产品。

1. 要有全媒体传播的思想和意识，提升新闻采访专业技能

在传统媒体时代，不同媒体的记者只负责采集单一的新闻内容，如报纸记者只负责记录文字信息，摄影记者关注新闻图片拍摄，电视台记者注重新闻视频

拍摄。而全能型媒体记者应当清楚自己的采访内容并不仅仅在某一个媒介平台上分发，而是会在多个平台上以不同形式展现给读者。因此，全能型媒体记者不仅要通过采访获得文字、图像等，还要有音频、视频等新闻素材，甚至是AR/VR素材，来满足不同平台的传播需要。这对全能型媒体记者在专业技能上提出了更高的要求，全能型媒体记者不仅要继续在文字写作上下功夫，还需要掌握照片和视频拍摄的技巧等，以及掌握更为先进的虚拟现实、无人机等新闻拍摄手段。对于新闻记者来说，真正的融媒体或者全媒体意识不是简单地采用新技术、借助新平台来生产新闻，而是传统新闻记者思维方式和行为习惯的转变，培养全媒体传播的思想和意识。

2. 全能型媒体记者要着重培养互联网思维和用户意识

习近平总书记在"818讲话"中曾强调，"推动传统媒体和新兴媒体融合发展，要遵循新闻传播规律和新兴媒体发展规律，强化互联网思维"。其中，"互联网思维"既是对媒体层面的要求，也是总书记眼中好记者的关键词之一。融媒体时代是以互联网为基础的，无论是"报刊上网""电视上网"还是原生于互联网的网络媒体，媒体新闻都要借助互联网扩大传播范围，网络传播已经是新闻信息传播的主要方式。传统媒体记者要"格式化"旧思维，重装"互联网"新思维，必须用互联网思维思考问题，改变话语方式，适应网络化传播的特点。同时，融媒体时代的媒介形态、话语方式和传播模式都发生了深刻变化，也改变了媒体、新闻和读者三者之间的关系。传统媒体时代的读者、听众、观众的概念被用户所替代，这不只是简单地换了一个新的称谓，而是传播关系结构的一种转变。融媒体时代的用户不再是被动的信息接受者，而是主动的新闻消费者，这就促使媒体从内容生产、表达方式到评价标准都要以用户为中心。

3. 新技术带来新闻的新发现，全能型媒体记者要积极拥抱新的技术工具

新媒介技术重构了新闻生产方式，新闻产品形态多样，新闻记者需要越来越多地借助新技术工具进行采访。从"纸媒时代"到"社交媒体"再到"H5、直播、短视频、VR全景"等新闻形态的不断演进，迫切需要"提笔能写，对筒能讲，举机能拍"的全能型媒体记者。因此，新闻记者要努力跟上媒介技术发展的潮流，学习并掌握各种新技术的使用方法，并在实践中不断积累将新技术与新闻采访相融合的经验，如了解VR设备在新闻采访中的应用场景、熟悉VR新闻内容制作的操作流程、掌握VR摄像机的操作技术技巧等。对于无人机拍摄、4K拍摄等技术同样如此，新闻记者需要能够利用新技术设备获取独特的新闻素材。对于新媒介技术工具，新闻记者不能存在畏惧心理，即不能面对新事物无所适从，不知如何驾驭甚至拒绝学习新技术，这对于新闻记者自身的转型升级是极为不利的。

4. 注重对全能型媒体记者人文关怀精神的培养

媒介融合趋势下产生了全新的媒体工作环境，新闻传播人才的专业技术能力是保障其报道事实和传播真相的必备条件。全能型媒体记者要掌握媒体融合趋势下的新闻传播的具体操作方式以及新技术，要对典型的成功案例进行剖析学习，对新闻实操的方式方法进行学习，要对涉及的多个领域的知识广泛涉猎，从而把握新闻工作的前沿动向。与此同时，也要做具有人文关怀精神的新闻人，在新闻制作和传播过程中，对富有正能量的事件、行为和人物进行宣扬，对负能量的虚假、丑恶等事件进行有力抨击。要求在培养新闻专业人才时，重视其人文关怀精神，以确保在新闻传播过程中更加重视对"三观正，积极向上"的信息进行传播，传递正确的人生观、价值观，按照相关法律规定和道德标准进行日常新闻传播工作。新闻工作本身就是一种人道主义的事业，记者只有把对人的关注放在中心地位，吸引受众，才能被受众认可，得到受众的尊重，最大限度地实现自身的价值。人文关怀精神的注入有利于媒体自身品格的塑造，也有利于记者和媒体坚守好新闻的基本伦理。

（二）全能型媒体记者培养的模式

在传统媒体时代以单一媒介为中心设置课程的模式已经不能适应当前媒介人才发展的需要，全媒体新闻人才的培养，必须重新构建课程体系，培养全能型新闻人才。全媒体课程体系主要涵盖以下几个板块的内容。

1. 基础理论知识板块

无论媒介技术和媒介形式如何变化，新闻基础理论和基础知识都会作为传播学科基础性的支撑而不会改变。学院派的新闻及传播学概论、新闻史、媒介经营与管理、媒体营销、新闻评论等新闻学理论知识类课程在内容上应该根据媒介形式的变化而做出相应调整，譬如在保留原有的传播学概论的基础上，应该增加新媒体传播课程；针对原有的媒介经营与管理、媒体营销类的课程，应该增加新媒体经营、管理与营销；针对原有的新闻评论课程，在坚守传统媒体的新闻评论的内容与形式的前提下，同样不能忽略对新媒体UGC风格、逻辑、特征的研究。

2. 全媒体信息采集技能板块

在传统媒体的课程设置中，记者的职责是新闻采访、写作，而全媒体新闻采写，则被定义为新闻采写、集纳、加工与处理。全媒体新闻人才不仅要牢牢掌握最基本的新闻采访、写作技能，还要顺应融媒体时代的发展，学会运用更多的全媒体技能，成为具备策划、录像、剪辑、播报等能力的复合型人才。因此，在课程设置上，除了原有的新闻采访、新闻写作外，还应该增加新闻摄影、新闻摄像、全媒体新闻采写等技能课程，以及增加更多全媒体技术性的课程，如图片处理、视音频剪辑、网页制作、数据分析等等。

3. 全媒体编辑技能板块

在实际操作中，新闻编辑既要具备传统媒体编辑的功力，又要有较强的新媒体技术功底以及敏锐的行业洞察力，并能够结合用户阅读习惯完成内容编辑与原创内容生产的双重任务。因此，对于全媒体新闻人才的培养，在重视"全能记者"的同时，同样应该给予"全能编辑"足够的重视。在课程设置上，在原有的新闻编辑（报纸、电视编辑）的基础上，增设网络编辑、电子杂志编辑、手机报编辑以及新闻客户端、微博、微信运营编辑。

全能型媒体记者与全媒体编辑在技能上的运用并不是截然分开的。上述全媒体信息采集技能板块的课程与全媒体编辑技能板块的课程，共同构成了全媒体新闻人才培养的技能型课程。在教学重点上，在兼顾全技能的同时，可以根据学习者个人兴趣，有侧重地选择两三项技能作为自己的专业发展方向，做到"全"中有"专"，"专"中兼"全"。同时，在融媒体内部也可以建立一套激励机制，鼓励记者向融媒体记者转型，掌握更多融媒体记者所需技能。如浙江省各县级融媒体中心"八仙过海，各显神通"，通过奖励机制加速记者的技能水平的提升。安吉县新闻集团设立"天使创业基金""企业年金制"等制度，对业务特别突出的优秀人才采用提高年薪、争取编制等方式予以留用；台州玉环市传媒中心实行以岗定薪、岗变薪变、动态管理的分配制度，做到同岗同责、同工同酬。同时实践也证明，媒体融合能不能真正干好，很多时候关键不是取决于平台有多强、多大，而是取决于领导和团队，称为"一大一小"，领导重视、团队有创新力就能干好。"大"就是宣传部部长或者台长，一把手，他们要很热心、很用心、很支持才行。"小"就是要有一支年轻的团队，尤其是"80后""90后"，他们对新媒体有天然的亲和力、融入性，所以打造一支有创新力的新媒体年轻团队至关重要。

第三节　融媒体编辑

随着媒介技术的不断进步，媒介形态从传统的报纸、广播、电视等发展到了互联网，尤其是移动互联网，各类新媒体平台迅速崛起，进而新闻媒体进入了传统媒体与新兴媒体融合的融媒体时代。融媒体时代信息传播不断加快，使得新闻采访、内容生产和传播模式都发生了深刻变化，对于融媒体编辑来说，也有了新的要求和挑战。编辑的工作已经远不只是报纸的排版员、网站的搬运工，而是深度参与到了新闻的生产和分发过程中。融媒体记者提供的是新鲜"食材"，而融媒体编辑则是中央厨房的"大厨"，为不同形态的媒体分发平台烹饪出各具特色的"饕餮盛宴"。

一、融媒体编辑的能力要求

（一）驾驭多种新媒体平台的能力

融媒体是新旧媒体的融合，其中就包括了各类新媒体平台，如"两微一端"、抖音快手短视频以及直播平台等。融媒体时代的新闻编辑，已经不是传统的单一工作模式，而是要转型成为"多面手"，具备多样化的编辑能力，能够适应不同的媒介形态，要熟练掌握不同平台编辑和运营的技巧，如微博的长图制作、信息可视化、微信的内容排版工具、直播和短视频的拍摄、剪辑技巧等。传统媒体是"一对多"的单向传播模式，而在融媒体时代则是"多对多"的双向传播模式，理解和认识新的平台思路至关重要，融媒体编辑应当熟悉新媒体平台的各类"玩法"，比如平台的用户群体、内容定位、话语风格以及信息传播方式等。

（二）信息采集、信息整合与深度挖掘的能力

融媒体时代同时也是一个信息爆炸的时代，每天都会有海量的信息被制造出来，也会有数以万计的新闻事件发生。对于融媒体平台来说，除了直接采用记者上传的新闻素材之外，还要结合多个信息源重新整合稿件。编辑可以从多个不同的信息渠道采集信息，进一步完成信息的整理、调查和编辑工作。融媒体时代下的编辑，既要对接新闻记者的采访安排，又要理解用户群体的信息需求，还要对不同媒体资源、网络信息资源进行整合和挖掘。因此，融媒体编辑要具备开阔的视野、敏锐的新闻嗅觉，要将各种资源利用率达到最大化、传播效果最优化。

（三）对平台内部资源的协调能力

融媒体编辑不仅肩负着"二手加工"新闻素材的责任，还要能够协调平台内部的资源，为记者提供新闻线索，策划新闻专题或大型报道方案。融媒体编辑要能够制订完善的编辑计划，做好资源的管理、统筹和组织工作，确保每个工作环节都能高效实行。因此，融媒体编辑除了负责内容的编辑工作，还要负责协调前线记者、技术开发、宣推团队等不同部门的不同岗位。相较于单一的媒体机构，融媒体本身就是融合了不同的媒体形态，其人员构成更加庞大，资源结构也更加复杂，融媒体编辑在其中充当着统筹协调的角色。通过编辑的合理协调分工，让每一个岗位、每一个环节都高效、有序地运行，才能发挥出融媒体的平台化、规模化效应。尤其是在融媒体继续深化发展的时期，融媒体的新闻生产和信息分发的分工越来越复杂，更加需要一流的融媒体编辑来维持平台的运行。

（四）坚持内容与形式并重

无论在什么时代，掌握内容就掌握了媒体竞争中不败的法宝，内容将永远处在整个传媒产业链的上游。随着融媒体时代的到来，推送新闻的形式、时机、包装的风格、题目的选择等都会直接影响到用户的选择偏好。如何在保证内容准确性、深度的同时，优化新闻传播的形式，使其更好地满足融媒体时代用户的实际需求呢？以短视频这一新闻报道新形式为例，短视频模式有着视频直观、形象的优点，同时符合了融媒体时代阅读碎片化的趋势，一个短视频的时长往往不超过5分钟，很好地满足了用户在快节奏生活背景下实时阅读的需求。新闻编辑如何才能在短视频有限的时间内尽可能多地融入更多的有价值有深度有益的内容呢？这就要求编辑要精准把握用户需求，一个视频针对一个特定的主题，并且在叙事结构上做到开门见山。

二、新闻内容的筛选与把关

新闻编辑不仅需要承担新闻策划、选题确定、编排栏目、制作标题等工作，更重要的是要在不同类型选题的大量稿件中筛选出合适的新闻内容。编辑对新闻内容进行筛选要发挥的是新闻"把关人"的作用，对稿件的筛选既要考虑到新闻本身的价值，也要考虑到信息的传播效果、社会影响及价值等。这就要求新闻编辑既要具备一定的鉴别能力和选稿技巧，也要理解新闻机构和平台的价值定位，这样才能筛选出合格的稿件。

"把关"是新闻编辑对新闻信息的具体控制。编辑的日常工作就是从前线记者传回的新闻素材、互联网新闻等海量信息中，筛选出符合自己平台的新闻内容。在对新闻信息进行选择的过程中，编辑是最直接、最重要的"把关人"之一，对新闻内容的选汰会产生很大的影响，直接决定着哪些新闻可以进入平台的播发流程。在融媒体编辑部，除了普通编辑，还有责任编辑、编审、主编等不同岗位，都需要肩负起新闻把关的责任。记者、编辑和责任编辑、编审、主编等各级编辑部领导者，都对新闻信息的选汰施加了个人的影响，但从总体而言，"把关"所体现的是传媒组织的立场和方针，个人也一般是从媒介组织的角度定位出发行使把关权的。

所谓"把关"，就是按照一定标准对新闻信息进行的取舍。每个融媒体平台都有自己的品牌观念和内容定位，一个平台所能承载的信息量也有一定限度，不可能所有的新闻内容都可以被采纳。这就需要编辑根据一定的标准对新闻内容进行筛选，去除不符合平台的新闻内容。编辑部新闻取舍标准的制定，是与其自身的定位直接相关的，也是一套长期形成的编辑理念，可以对新闻内容进行高效、准确的筛选。具体来说，融媒体编辑在进行新闻内容筛选时，既要筛选出合格的新闻内容，也要去掉不合格的新闻内容，尤其是要杜绝在政治立场、政策导向、社会伦理上存在问题的新闻内容。同时，也要能够判断出新闻稿件的技术性问题，如信源单一、新闻失实、观点偏颇等。在融媒体时代，信息市场鱼龙混杂，虚假信息泛滥，编辑要努力做好事实核查工作，注意识别虚假新闻、谣言等信息。

新闻筛选的"把关"作用影响着融媒体平台的整体基调。对新闻"把关"

的影响主要是基于三个定位角度，分别是社会角色定位、专业角色定位和传播对象定位。社会角色定位关注的是媒介的社会责任和政治责任，主要体现在对新闻的倾向性及其传播的社会效果的考量上；专业角色定位关注的是业务水准，以及真实性、准确性、明晰性、时效性、组合性等，这是其决定取舍的主要标准；传播对象定位关注的是新闻信息的服务性，它是从满足目标群体新闻需求和兴趣的角度出发对新闻信息进行取舍。这三个定位明确了新闻把关的价值取向，影响着编辑方案的制订，决定了新闻编辑的编辑方针。融媒体编辑在进行新闻编辑的时候，首先只有理解平台的这三个层次的定位方向，才能摸准新闻内容筛选的基本脉搏。

把好思想政治上的关、路线政策上的关、法律法规上的关。新闻内容的筛选除了做好技术把关、服务好平台和用户之外，还要把好思想政治上的关、路线政策上的关、法律法规上的关。这是对新闻编辑人员最基本的要求，也是最能检验、考察编辑政治素质和业务能力的一个重要方面。尤其需要注意的是，要对涉及中央精神或领导讲话的稿件严格把关。新闻编辑的政治素质决定着新闻舆论的导向和内容质量，这就要求新闻编辑人员应始终牢固树立"四个意识"、坚定"四个自信"，始终不忘党的路线方针政策及法律法规。尤其是在融媒体时代，信息传播速度不断加快，传播范围极其广泛，其影响力也日益增大，如果出现此类把关不严的问题，就可能会带来极大的不良社会影响，误导人民群众，甚至会威胁到平台自身的安全。

三、新闻内容的分类与整合

新闻编辑筛选出合适的稿件之后，接下来就需要对稿件进行分类和整合。对于新闻内容分类，新闻编辑可以按照不同分类标准对新闻进行分类，如按照反映社会生活的内容分类，可以分为时政新闻、社会新闻、法律新闻、科技新闻、教育新闻等，按照新闻发生的地区与影响范围分类，可以分为国际新闻、国内新闻和地方新闻，按照事实发生状态分类，可以分为突发性新闻、持续性新闻和周期性新闻，按照传播渠道与信息载体分类，可以分为文字新闻、图片新闻、音频新闻、视频新闻等。新闻内容之所以要进行分类，就是要根据不同新闻内容的特征和风格，选择合适的媒介平台进行推送和传播。每一条新闻都是不同的，每个平台都有自己的独特属性，所以只有通过分类并选择合适的传播平台，才能使新闻内容取得更好的传播效果。

在融媒体时代，新闻编辑工作不只是对新闻内容进行简单的分类，然后一股脑地投放到各个平台上，这种直接搬运稿件的方式已经不适应融媒体时代的传播方式。在前期分类、整理的基础上，新闻编辑还要对新闻内容进行加工和处理，去伪存真，去粗取精。分类好的稿件仍然是相对单一的形式，这就需要编辑对新闻内容进行新闻整合。新媒体时代的新闻整合是编辑最常使用的工作手段之一，所谓"新闻整合"是指将杂乱无章的内容通过深度挖掘、加工、配置及一定的编排方式，重新再组织，以实现新闻信息的增值。具体到融媒体来说，可以理解为新闻编辑利用计算机技术、数字技术、网络技术、视频多媒体技术、数据新闻技术、信息可视化技术等，采用集成、配置和深度加工等编辑手法，围绕着单条新闻、单个话题或问题、单个新闻事件的相关新闻或多篇新闻报道进行编排、组合，最后形成符合融媒体网络特点的、具有原创色彩的、新闻价值获得整体增值的新闻内容。

在新闻内容的分类和整合过程中，一方面是，新闻编辑不能简单地套用模板，或者仅仅把报纸、电视、网站上的内容原封不动地搬到移动客户端、微博和微信中，而应根据新闻内容和不同的平台特征思考最适合的传播方式。如果只是单纯地把报纸新闻内容排版到微信公众号中发表，或者从电视新闻中剪出部分片段放到短视频平台上发布，就可能导致用户信息倦怠，无法吸引用户阅读和观看，阅读数、播放数等衡量指标也会十分惨，难以达到预期的传播效果。另一方面是，新闻编辑要能够做到"慧眼识珠"，能够从海量新闻内容中挖掘出新的东西，就像淘金者一样，经过不断的淘洗、筛选和提炼，将最有价值的东西呈现出来。数据新闻、可视化新闻是这一思想的最好体现，即通过对不同数字和资料的深入挖掘，进一步探索新闻事实背后的规律，并通过直观的可视化方式呈现给读者。这就要求融媒体编辑必须具有一定的整合能力、敏锐的社会触角和慧眼识珠的本领。

四、建立完善的融媒体审读机制

在媒体深度融合的探索中，融媒体平台需要解决多层次的问题，而其中一个重要的命题就是建立适应媒体融合的科学审读机制。在国家新闻出版总署印发的《报纸期刊审读暂行办法》的通知（新出报刊〔2009〕126号）中对报纸期刊审读总方针做了明确："报刊审读工作坚持以马克思列宁主义、毛泽东思想、邓小平理论和'三个代表'重要思想为指导，深入贯彻落实科学发展观，坚持党的领导，坚持正确的舆论导向和出版方向，坚持把社会效益放在首位，督促报刊出版单位严格遵守国家有关法律法规，努力传播社会主义核心价值观，传播和积累有益于提高民族素质、经济发展和社会进步的科学技术和文化知识，弘扬中华民族优秀文化，丰富人民群众的精神文化生活，努力为推动社会主义经济建设、政治建设、文化建设、社会建设以及生态文明建设作出积极贡献。报刊审读工作坚持实事求是、依法行政的原则，努力保障审读结论客观、公正。"目前尚无专门针对融媒体的审读办法正式出台，但是在我国特有媒介机制环境下，这一《办法》必然可以作为融媒体审读机制的参考。借鉴《办法》的第九条，融媒体审读内容主要包括但不限于以下各项：

（1）是否刊载《出版管理条例》和其他法律、法规以及国家规定的禁止内容。

（2）新闻报道是否坚持真实、全面、客观、公正的原则，是否刊载虚假、失实报道；发表或摘转涉及国家重大政策、军事、民族、宗教、外交、保密等内容是否符合有关规定。

（3）刊载涉及重大革命和重大历史题材的内容，是否按规定履行重大选题备案程序，办理有关审批手续。

（4）报道涉及灾情疫情、交通事故、安全生产、刑事案件、社会稳定等重大、敏感和突发事件，是否符合有关规定。

（5）是否刊载有悖于社会主义道德风尚、格调低下的文章，是否含有色情淫秽、凶杀暴力、迷信愚昧等有害内容。

（6）转载、摘编社会自由来稿和互联网信息，是否符合有关规定，是否按规定对其内容进行核实，并标明下载文件网址、下载日期等；是否转载、摘编内部发行出版物的内容。

当前在新媒体环境下，内容审读还存在着诸多问题。比如格调低下，一些媒体为了追逐流量滥用"标题党"，追逐夸张、猎奇、三俗等博眼球的内容。还有不少媒体审读不严格，导致文字、数字、符号等错误，甚至标题中常常出现问题，新闻事实也常常存在错误。另外，也有一些编辑在为不同平台重新编辑稿件的时候，重新制作标题、调整文字导致歪曲了稿件原本含义，广泛传播后造成不良影响。因此，建立健全融媒体科学、合理的审读制度显得极为重要。杭报集团于2015年11月制定实施《杭报集团关于建立健全新媒体实时监控机制的办法（试行）》，于2016年5月和7月正式实施《关于新媒体差错的扣罚办法（试行）》和《新媒体数据监测统计办法（试行）》，成立杭报集团新媒体审读小组，集团总编办定期编发《杭州日报报业集团新媒体审读通报》。宁报集团2016年12月下发《宁报集团新媒体导向与品质管理办法（试行）》，强调新媒体导向管理与党报执行一个标准、一把尺子、一条底线，正式开始新媒体审读。2017年3月起，集团编委办每月定期发布《新媒体审读管理汇编》。融媒体建立审读制度应当统一思想，明确审读内容重点，聚焦实效的内容审读，加强审核力量，配置稳定的审读队伍。同时，新媒体时代的内容审读有别于成熟的纸媒审读，在进行融媒体内容审读时要着重处理好以下几个关系。

（一）一个标准和尊重传播规律的关系

坚持传统媒体与新媒体一个标准，统一管理所办报刊、网站、微博、微信、客户端等各类媒体及采编人员，夯实基础让新媒体沿着自身传播规律健康发展。

（二）新媒体的审读管理和鼓励创新的关系

新媒体采编人员的"弦"紧了，主动把关，防错意识不断增强，差错率就会明显下降,为媒体创优争先和融合创新发展营造了良好氛围。

(三)新媒体落点要准和传播要快的关系

新媒体时代追求新闻的速度,但越"快"的内容越容易出错,微信公众号为了紧跟热点争抢用户阅读量,都是以分秒计算编发时间,竞争达到白热化,就怕发晚"黄花菜都凉了"。但是如果发错还不如不发,功亏一篑,新媒体必须守护好准确、权威、专业的"金字招牌",在"准"的基础上再做到尽可能"快"。

(四)新媒体的导向要求和网民多样口味的关系

习近平总书记在党的新闻舆论工作座谈会上强调,"新媒体也要讲导向"。加强新媒体审读工作,确保在抢占舆论阵地的过程中,始终牢牢把握正确导向,为媒体融合发展保驾护航。新媒体在迎合受众喜好的同时,不能自降格调,要把正确导向要求贯穿到新媒体传播的各个环节,有效提升主流新媒体的传播力、影响力、引导力、公信力。

在融媒体环境下,虽然媒介环境发生了变化,但是媒体的基本准则和社会价值标准是不变的,这也就意味着审读机制仍然是一个必不可少的环节。对于经过采写、编辑、整合等新闻生产流程完成的新闻产品,在发送至各平台端口之前,需要经过编辑部门内部的层层审核把关。以人民日报的融媒体工作室为例,其新闻报道需遵循"工作室自审—提交中央厨房采编联动平台审核—报、网、端三大总编室在推广前再次审核"的流程。与传统媒体审读流程不同的是,融媒体平台整个审读流程与新闻生产的各个工序的联系更加紧密,审读过程也变得更加直观和便捷,更好地满足新媒体时代对新闻发稿速度的要求。在传统媒体时代,新闻记者生产出文字或视频的新闻产品之后,需要提交给媒体内的编辑、社长、台长等审核人员进行层层审核,整个流程经历的时间较长。而在融媒体中,完成的新闻稿件能自动进入内容初审阶段,并在通过初审后自动进入下一个审核阶段,能够实现稿件审核的无缝衔接,加快了审核速度,同时也节省了媒体工作者的等待时间。

以SMG两微一端融媒体内容生产监控平台为例,该平台提供了稿件撰写、编排加工、多级审核和一键发布等功能,其中包括一审子系统、二审子系统和三审子系统。该融媒体内容生产监控平台能全面记录新媒体稿件从内容生产到三级审核再到平台发布的全过程,帮助媒体工作者严格执行"分级审核、先审后发、重发重审、授权发布"的规定程序,平台上未经过三级审核的稿件不能进行发布操作。为了方便各级部门领导进行稿件审核,该融媒体内容生产监控平台提供了移动端APP,提供移动审核的功能,以确保稿件能被及时审核、发布。此外,平台还设置了"稿件的一生"功能,能可视化地展示当前稿件的审核进度以及审核人、审核时间等相关信息,让媒体工作者和各级审核人员可以快速了解稿件的审核流程状态。

五、融媒体编辑的思维革新

除了根据平台风格和特性选择合适的新闻编辑方式，在融媒体环境下编辑们不但要在技术方式上革新，还要转变新思维，逐渐树立起用户思维、移动思维、互动思维和创新思维来创造出更有传播力的新闻产品。

（一）用户中心思维

用户思维意味着编辑在筛选、整合新闻内容时，不能完全遵从过去在传统媒体的编辑模式，而要从用户角度出发，了解用户群体的主要特点和需求，筛选出核心用户群感兴趣的新闻内容，并以他们熟悉和喜爱的形式整理和呈现新闻信息。在过去，传统媒体以单向传播为主，广大用户扮演的是信息接受者的角色，一方面较难有渠道表达自己的观点和看法，另一方面，由于新闻信息的获取渠道有限，用户在接受媒体信息时的选择余地也十分有限，在信息传播过程中的地位较为被动。但在新媒体时代，普通用户拥有了发布信息和表达观点的渠道，互联网中的信息呈现爆炸式增长，不同的传播渠道也竞相涌现，用户能够自由选择偏好的媒体平台，主体性大大增强。在这一环境下，用户的注意力被分散到了各个平台中，成为不同平台争夺的稀缺资源。用户不再是无须被关注的"小透明"，逐渐成为信息传播过程中被争夺的焦点，洞察用户特征和需求的重要性不断增强。相反，媒体的信息中心地位有所削弱，需要尽其所能吸引用户的注意力。

用户画像是了解用户的特征和需求的重要方式，而通过对融媒体后台的大数据进行分析能够为用户画像的描绘提供关键的技术支持。后台大数据有助于勾勒用户群体的基本人口特征和媒介使用特点，例如根据用户日常使用的时间和浏览间隔能够推测其媒介使用模式，订阅内容和地理位置信息能大致反映用户所处的城市和阶层，并据此推断出用户获取新闻信息时所处的场景。其次，用户的浏览偏好数据能较为准确地描绘出用户感兴趣的信息内容领域，为每个用户打上相应标签。借助这些大数据，媒体能从多个维度对用户进行刻画，对核心用户群的主要特点形成较为全面的认识，进而在融媒体编辑中从大量媒介素材中筛选出最能引起用户注意力的内容和新闻表现形式，更有针对性地生成用户喜闻乐见的新闻产品。除了勾勒用户画像，另一个体现用户思维的做法就是关注用户对过去新闻内容的反馈，从而判断用户对不同类型、不同展现形式的新闻产品的接受程度。用户的反馈既包括直接的文字评论，也包括观看数、点赞数等量化指标，这些指标出现了急剧增长的新闻内容和表达方式值得编辑们好好研究探讨。在对用户评论和量化指标进行透彻分析的基础上，编辑可根据得到的用户偏好对后续的内容筛选和信息整理进行调整。

（二）移动优先思维

移动思维，强调的是从用户使用移动网络的习惯出发，生产用户可以随时随地消费的新闻产品。根据2020年发布的《第45次中国互联网络发展统计报告》，截至2020年3月，我国手机网民规模已达到8.97亿，我国网民使用手机上网的比例已高达99.3%，远高于使用台式电脑（42.7%）和笔记本电脑（35.1%）上网的比例。可见，绝大多数的网民都是在移动场景下消费新闻产品的。作为新闻内容生产者的媒体编辑在思考新闻内容的选择和呈现方式时应将这一个重要的场景信息考虑在内。

移动思维最直接的一个体现就是按照社交媒体中内容的传播特点进行新闻编辑。过去报纸媒体的写作风格通常较为严肃，在排版上也较为紧凑，以文字为主图片较少，电视媒体多摆着严肃正经的姿态播报新闻消息，且新闻栏目的时间较长，这类表现形式均不适合在移动环境下传播。试想一下，如果在公交、地铁等移动环境下看这类长篇新闻内容，可能没看几分钟就感到困倦了。移动场景下用户的阅读或者观看通常是碎片化的，周围环境的嘈杂和打扰使长时间集中精神的阅读较难实现，因此，新闻在内容篇幅上不宜过长，微博、短视频、可视化新闻、长图、漫画可以说是较为适合的新闻表达方式。此外，移动场景下通常伴随着一定的疲倦，如果只是平淡无奇的叙述方式容易让人注意力游离，难以让用户保持足够的兴趣看完全部内容。编辑在考虑新闻内容的编排设计时应加入一些能够调动用户兴趣和注意力的元素，如表情包、诙谐幽默的语言风格、动图、背景音乐等，尽可能减少用户阅读、观看的负担。例如，成为"爆款"的新闻类短视频《主播说联播》，时长在一分钟左右，非常符合用户碎片化的观看习惯，同时主播在对时事热点、国内外大事、舆论焦点话题进行锐利点评时抛弃了严肃的"播音腔"，语言诙谐幽默，用词接地气，并且金句频出，受到众多网友的喜爱。

（三）互动产品思维

互动产品思维，即把内容当作产品来设计和运营。一是想方设法让用户积极地使用和参与内容，把新闻内容做成新闻产品，就改变了用户只是被动地浏览新闻信息的状态，用户可通过点击、输入、语音指令等与新闻内容互动；二是在运营上以能够吸引用户与新闻内容进行互动的形式编排，融媒体编辑在编排新闻内容时可以考虑在新闻产品中提供更多社交性，并以新颖的传播方式吸引用户关注、点击和分享，而用户则以实际的互动操作，强化了自身对新闻内容的认识和理解。

例如，2016年两会期间，人民日报推出了《原声回放！一起来听总理的工作报告》，以H5的形式将政府工作报告的内容进行整合。在这一H5中，用户可以自由地点击自己感兴趣的关键词，了解报告的文字实录，以及倾听现场语音。通过随手摇一摇，用户还可以实现关键词的更换，可以说极大地调动了用户的互动性。

（四）融合创新思维

在融媒体时代，不能再紧紧抱住自己的"一亩三分地"，要有真正的"融"思维。融合创新思维要求编辑在整合新闻内容的过程中，借助新技术创新内容呈现的形式，让用户眼前一亮。传统媒体的新闻形态长期以来基本保持固定的模式，如报纸新闻一般是纯文字，由标题、导语、正文等部分组成，黑白豆腐块文字样式和排版风格，电视新闻则是固定的编排风格，播音员正襟危坐，使用标准播音腔播报新闻。但在新媒体环境下，用户变得更加挑剔，不仅要获得信息"干货"，还要求新的形式更加灵活，可读性更强。对于新时代的用户群体来说，他们已经厌倦了千篇一面的新闻形态，融合创新才能满足不同用户群体的个性化新闻消费口味。

新媒介技术为新闻内容的创新性提供了广阔的想象空间。已经有不少融媒体平台在组织架构中专门设置了负责视觉设计、视频创作、技术支持等的相关部门或团队，承担创新性的新闻产品设计和生产工作。例如，人民日报中央厨房的采编联动平台设立了技术中心，为编辑提供技术支持，以制作出个性化的新闻呈现方案。深圳报业集团成立科技委员会，成为技术创新决策的"思想库"和"智囊团"，以技术升级为突破，充分运用先行示范区的政策优势、集团内外的技术力量，用科技力量推进深圳报业集团在全媒体时代的传播形式创新、手段创新、内容创新，实现宣传效果最大化和最优化。

在新媒介技术手段的支持和专业创新团队的操刀之下，融媒体平台创作出了大量广受好评的创意性新闻产品。例如，2017年两会期间，中央人民广播电台推出了《央广主播朋友圈里都有啥？》《央广主播王小艺的朋友圈又更新啦》等场景视频H5，这一系列H5新闻模拟了微信朋友圈的场景，中国之声主播王小艺站在朋友圈的右下角，通过滑动朋友圈等操作帮用户刷新朋友圈，并介绍最新的朋友圈信息主要内容。王小艺点击朋友圈图片放大查看的效果、点击朋友圈视频进行视频播放的效果，以及点赞及划屏等动作，均与用户刷自己朋友圈的使用感受相一致，没有丝毫违和感。该H5新闻吸引了用户的高度关注，在微信公众号、微信群、朋友圈中被广泛转发。

图3-14 H5新闻"王小艺的朋友圈"截图

此外，人民日报制作了《两会喊你加入群聊》的H5新闻，以微信群聊的新颖形式呈现两会相关新闻内容。用户打开链接后自动进入微信群聊界面，可看到李克强总理、苗圩部长、陈政高部长的@和提问，在回复"希望可以工资能再高点，假期能再长点"之后，用户还能收到李克强总理发的红包。点击红包后，用户进入2017两会朋友圈，看到李克强总理等发布的朋友圈内容，以及评论、点赞信息。朋友圈中还设计了许多小动画的展示效果，例如在描述GDP增速的朋友圈内容中，出现了飞机点火飞天的动画，小北漂的配图汽车驶出了图片框，精细流畅的动画效果也让人眼前一亮。该H5新闻巧妙地利用了人们熟悉的微信群聊和朋友圈的界面，这个创意能让用户产生强烈的代入感，拉近了用户与两会、领导人之间的距离，吸引更多人关注两会内容。

（五）内容与渠道适配思维

融媒体时代的"一鸡多吃"，强调的就是内容与渠道的适配。比如一条新闻，在电视上播出的时长为5分钟，但是在移动视频端可能以30秒的形式出现，在公众号上则又可以转化成动图加文字的形式，在社交媒体上还可以设计成容易分享转发的H5形式。在传统媒体转型新媒体的初期，有不少传统编辑的思维没有转变过来，简单地将报纸新闻搬运到网站，或者搬运到新媒体平台的现象十分普遍，不仅导致了不同平台内容的同质化现象严重，还导致花费重金打造的新媒体平台的运行不温不火，没有太大的起色和影响力。随着新媒体的发展，传统媒体与新兴媒体的融合也不断深化，"两微一端"为主的传播生态已经形成，既让新闻内容能够得到更加有效、广泛的传播，又提醒新闻工作者要注意新媒体渠道的特点，绝不能简单复制粘贴传统媒体的内容，而是要充分研习其特性做出适配性内容再输出。

同时需要注意的一点是，融媒体编辑过程中选择轻松、亲切的语言风格，通过表情包、手绘、漫画等增加视觉元素、有趣易懂的短视频，或以H5的形式增加趣味和互动元素，均是新媒体时代创新新闻呈现形式、吸引用户关注的重要方式。但是，新闻的核心是始终向公众传达有新闻价值的内容，表现形式上的新意只是辅助内容更好地被传播和接受的一种工具，形式不能越俎代庖，不能让形式扭曲了内容的核心本质。也就是说，坚持内容与渠道相匹配，要避免"用力过猛"的现象发生，新闻形式要与报道主题、基调相匹配，例如新华社关于长江2号洪水的文章《报告！我是长江2号洪水》，以洪水的第一人称进行叙述，将给人们的生活带来灾难的滔滔洪水拟人化为出门玩耍的淘气儿童，虽然文章语言幽默可爱，但这一表达方式显然与抗洪救灾的报道整体基调不符，将给人民群众带来巨大灾难的洪水过度萌化，这引发了不小的争议和公众的极大反感情绪。

第四节 融媒体播发

新闻素材在经过采访、筛选、编辑、审读之后，接着就是走出编辑部，直面新闻用户的播发环节。融媒体时代带来的根本性变化之一，就是信息传播渠道的变化，新闻的播发方式已经远远超越了报纸、广播、电视时代，形成了全天候、即时性、多形态的传播途径。在新闻内容的采集、编辑阶段，已经多次强调要重视新闻素材的多样化，为不同形态的内容选择最合适的分发平台。这是因为，通过何种方式、在哪些平台、如何播发等，都会影响新闻内容的传播效果。因此，融媒体机构应该根据不同的新媒体平台，设计出一套最优的新闻播发方案，让新闻内容发挥出最大的传播效果。

一、直播

（一）移动直播

在融媒体播发中，直播是在一些重大新闻事件中经常被使用的播发方式。随着移动互联网的发展，移动直播成为融媒体的一大标配。根据2020年发布的《第45次中国互联网络发展统计报告》，截至2020年3月，我国网络视频（含短视频）的用户规模已达到8.50亿，占整体网民的94.1%，而网络直播用户规模达到5.60亿，占网民整体的62.0%。从这一数据可以看出，新闻用户已养成观看网络视频和网络直播的习惯，网络视频和网络直播是其获取外界信息和休闲娱乐的主要方式。利用这一网民所熟悉并感兴趣的方式来传播新闻内容，是媒体进一步扩大新闻信息的影响力和传播力的重要渠道。

在移动优先理念的引导下，移动直播正在成为媒体融合的新抓手。相比于文字、图片的报道方式，移动直播呈现的不再是"静态现场"或"滞后现场"，而能带给观众"零时差""零距离"的新闻现场感受。同时，相比电视直播，移动直播无须将用户固定在电视机或电脑前，对观看场景的要求很低。用户在移动的场景下、碎片化的时间中，只要手边有能介入互联网的移动设备，便能随时进入直播间，观看新闻现场。此外，电视新闻的直播往往给人一种隆重、庄严的仪式感，但移动直播继承了移动互联网的草根性和互动性，用户能在移动直播间中进行各种互动操作，在观看过程中随时发表自己的观点，即时涌现的评论让用户感觉仿佛就在跟身边的朋友一同讨论新闻画面，大大增加了整个观看过程的有趣性、在场感和交互性，能够吸引不少用户，尤其是年轻人的观看，具有较好的传播效果。

新冠肺炎疫情时央视频推出的"火神山、雷神山医院施工现场"直播以及用户的积极打榜能非常直观地体现移动直播的吸引力。新冠肺炎疫情暴发后，央视频于1月27日为武汉建设中的火神山、雷神山医院施工现场开通了5G慢直播，网友们纷纷加入直播间，成为雷神山、火神山医院建设的免费"监工"，到1月31日凌晨1点，在线观看人数一度达到近5993.8万。在观看直播的过程中，网友们脑洞大开，为建设现场的叉车、混凝土搅拌车、高等吊车、压路机等施工设备取了"叉酱""送灰宗""送高宗""多尔衮"等昵称。央视频甚至还推出了助力榜，用户可以通过投票为施工设备添加"动力值"进行打榜，吸引了众多观众的参与。

图3-15 超过4400万人观看央视新闻的"火神山直播"

移动直播以其即时性、互动性、趣味性、在场感等优势能吸引大批用户，众多媒体推出了移动直播平台，并推出了诸多移动直播报道。2017年，人民日报与微博、一直播共同推出全国移动直播平台——"人民直播"，直播内容全面涵盖各个领域。以长江日报为代表的部分地方党报和今日头条、北京时间、腾讯视频等商业平台合作，打造具有地方特色的直播内容。新华社推出了一个服务全国媒体的移动直播平台——现场云，提供在线剪辑功能、竖屏拍摄功能等多种移动端直播工具，吸引了众多省级、地级市媒体使用。在移动直播平台建设之外，媒体也进行了众多移动直播的尝试，并取得了很好的传播效果。2017年9月21日，"复兴号"动车组列车在京沪高铁线率先实现350公里时速运营，人民日报客户端推出了《时速350公里！直击"复兴号"动车组提速》的直播报道，吸引了51万网民观看。2017年2日20日，新一届武汉市政府领导班子履职，长江日报在今日头条号上开启了《武汉新一届政府上班第一天跟长报记者一起去敲市长门》的直播。该报道以移动直播的形式将市政府大院的工作状态呈现在网民眼前，网上点击量超过80万人次，点赞超过56万人次。

（二）5G技术下的超高清直播

在5G技术的支持下，媒体能够为用户提供更多新的直播体验。5G网络的传输速度有了大幅提升，突破了过去内容传输的诸多限制。在4G时代，上行带宽勉强达到10Mbps，仅能满足1080P内容的传输需求，而很多4K直播的原始数字信号带宽远远超过其带宽上限，难以通过4G网络进行传输。而5G基站的上行带宽有了极大的飞跃，能支持多路4K、VR画面的快速稳定上传。借助5G网络，媒体能将拍摄的高清连线画面和视频信号实时传回播控端。同时，5G网络的时延比也比4G降低了50倍，这使得过去一些对实时性要求较高的业务和需求得以实现，如实时视频连线、视频直播实时互动等应用可以做到无感实时交互。

媒体将5G技术运用于新闻直播的实践非常积极。在2019年两会报道中，中央广播电视总台利用5G技术持续传输4K超高清信号，并在总台4K超高清频道现场直播了"两会"记者会，使用户能获得"两会"多个场景的高清直播体验。央视的直播实践体现了5G网络传输环境下4K节目制作的创新性与便利性，给观众带来超高清新闻直播的视觉享受。新华社在2019年北京世园会的报道中首次使用5G背包进行移动直播，并在国庆报道时使用全球首台5G-8K超高清转播车实现8K全链条实时直播。而在2020年的两会期间，新华社实现了全国第一次以"5G+8K+卫星"的豪华技术组合直播两会实况。在整个"5G+8K+卫星"两会直播过程中，新华社除了使用8K摄像机现场采集、5G信号超高速传输和8K转播车实时编辑外，还利用中星6C通信卫星去地理限制、广域覆盖的优势，实现了北京、漠河、三亚、喀什和威海五地的超高清视频信号传输。

图3-16 1300万网友通过央视频5G慢直播信号欣赏珠穆朗玛峰的壮美景色

除此之外，2020年4月，中国电信还联合央视频推出5G慢直播，通过4K高清画面，以VR视角带广大网友看珠穆朗玛峰日升日落的24小时。通过5G和云网相结合，广大网友足不出户就可以欣赏到珠穆朗玛峰的壮美与险峻，还可以实现360°看珠峰全貌，体验身临海拔5000米看珠峰的沉浸式感受。这是继2020年2月亿万"云监工"通过5G+云网技术见证火神山、雷神山医院建设之后运用5G进行新闻直播的又一里程碑新闻事件。

二、多渠道分发

在互联网时代，新媒体平台不断增多，这也让用户有了更多选择的自由。不同的用户可以根据自己的喜好选择不同的平台和应用平台，不再像传统媒体时代那样，报纸、广播、电视是可获取新闻信息的主要渠道。这种信息获取的自由，促使着媒体机构在不同平台同时播发新闻信息，也形成了用户更加个性化的信息获取方式。而融媒体"推广员"在新闻播发阶段的任务就是通过多种形态的媒体矩阵，将加工好的新闻内容传播给用户，实现新闻产品的"N出"。2018年两会期间，人民日报全国党媒信息公共平台推出了多渠道内容分发的"融合号"，这是一个智能化一体收录、推荐、分发平台。通过"融合号"发布到党媒平台的稿件，可向51家党媒端口进行智能分发和个性化推荐以及在一点资讯、今日头条、UC等商业平台的同步推送，还与172家媒体、300多个端口签订了转载合作协议，进行全行业多渠道传播。

融媒体需要拓展更多的分发渠道，将多元的平台纳入融媒体的传播矩阵中，以覆盖更多的潜在用户，增强自身的口碑和影响力。对不少融媒体平台而言，微博、微信和新闻客户端所形成的"两微一端"组合已是标配，构成了新闻内容分发最便捷、最常用的播发途径。微博、微信是当前主流的社交媒体，有极高的日活跃用户数量，选择这两个平台为内容分发的出口能够触及大量用户。而媒体自己建立的新闻客户端能完全处于媒体机构自己的掌控之下，能更便捷地发送、管理、推广新闻信息，同时也有助于提升媒体的品牌认知度。除了"两微一端"三大主要分发平台外，媒体还可以与其他商业平台或其他媒体机构开展合作，拓宽媒介渠道。例如，入驻学习强国、抖音、今日头条、B站等移动应用，今日头条作为处于新闻应用市场头部的产品拥有大量有新闻阅读习惯的用户基础，并且个性化推送系统也有利于媒体制作的新闻内容推送给有需求的用户，入驻头条号能提高媒体新闻产品传播的广度和精确度。抖音则是短视频创作和传播的重地，拥有大量短视频的深度用户，是传播短视频内容的主要平台，媒体通过抖音发布短视频新闻有利于短视频新闻的广泛传播。B站聚集了大批年轻用户，为媒体触及年轻群体提供了很好的入口。此外，一些县级融媒体也可以与市级、省级融媒体中心开展合作，利用其已建好的云平台进行新闻分发。

　　在拓宽新闻内容分发渠道的同时，还需要将各个全媒体新闻发布渠道进行整合，构建"全媒体矩阵"，并纳入中央厨房统一管理，而非任由各个渠道各自为政散乱地发展。过去每个地区的报纸、电视、广播可能会分别建立自己的"两微一端"，但由于每个账号的定位有一定重复，在新闻发布、社会服务提供等功能方面均有重叠，分散了有限的用户群，媒体账号的内容阅读量往往非常有限，造成媒体资源的浪费。尤其是在一些县级地区，用户基数和新闻资源数量本身有限，若再被分散难以形成传播合力。而如果将这些内容整合起来，建立一套"两微一端"账号，对每个平台做好清晰的定位，能有效避免重复建设和资源浪费。"融媒体"实现的目标即是"资源通融、内容兼融、宣传互融、利益共融"。例如，郴州日报社在建设融媒体中心的时候，重点解决了思想观念、采编流程、组织架构、平台载体、内容形式、管理机制、技术应用、人才队伍、经营管理等9个方面"融"的问题，从单一的纸媒发展成了融媒体平台下的报纸、数字报、微信、微博、客户端、新闻网、抖音、学习强国、新华社现场云、今日头条号、人民号、新华号、快手、微视、腾讯视频、西瓜视频等16个全媒体矩阵，有效优化了"策、采、编、审、发"的新闻生产发布过程，使其更加科学、简约、及时、高效和精准。

　　同时，融媒体在进行新闻内容分发时，也需要思考每个媒体平台的主要特点，利用个性化推送的方式尽可能提升新闻内容分发的有效性和准确性。不同传播平台的媒介特性各不相同，适合传播的内容形式也存在差异，同时每个平台所吸引的核心用户人群也具有迥异的人群特征和内容偏好。例如抖音等视频平台，适合传播竖屏的短视频新闻，同时平台中年轻用户占比较大，他们多偏好新潮、富有创意的内容和叙事方式。而微信公众号适合传播的内容形式更加多元，文字、长图、漫画、视频、H5等"轻量"的内容均适合在微信平台上传播，其覆盖的用户年龄层跨度也更广，并且微信独特的社交属性也使得新闻有机会借助社交网络更广泛地进行传播。因此，媒体在传播新闻内容时应考虑不同传播平台中用户的使用习惯和年龄层次，以及他们接收新闻信息的主要需求，更有针对性地进行传播。

当然，同一个平台上的不同用户也有着迥异的兴趣和观看习惯，尤其是像新闻客户端等非垂直类的移动应用，平台的核心用户数量多且差异较大，他们所关注的新闻内容、偏好的新闻呈现形式丰富多样，在这类平台中，媒体需要合理使用个性化推荐系统，以达到最优的传播效果。融媒体平台的大数据中心通常可以对后台收集的用户数据进行分析，这些用户数据不是占据着存储空间的无用摆设，而是潜藏着无穷价值的宝藏。媒体应活用这些数据，根据不断积累用户的年龄、性别、地区、兴趣等数据从更多维度刻画用户特征，描摹用户的新闻信息需求，据此有针对性地推送新闻信息。

除了以融媒体的方式在新媒体平台上进行新闻内容的发布，传统媒体渠道依然是重要的传播阵地，媒体应努力发挥传统媒体和新媒体的各自优势，尽可能使各渠道发布的新闻内容能互相补充，能帮助用户获得更丰富、全方位的新闻内容。通常而言，报纸、电视、广播这些传统媒体受到出版时间的约束，在新闻报道的时效性上不占优势，但其媒介特征使其在全面地展示新闻事件的前因后果，以及深入挖掘新闻事件背后的社会问题方面占据独特优势。而新媒体能够在很短的时间内就完成信息的发布，但这种"快"也容易导致信息的碎片化，难以在新闻的深度和广度上展开叙述。从用户的新闻信息接受体验角度看，目前很多用户都是通过微博、微信或者新闻客户端的推送在第一时间获得重要的新闻资讯，而这些信息很多时候可能只是简短的几句话传达了新闻事件的时间、地点、主要内容等基本元素。用户在知道相关事件的最新动态后，对于报纸、电视的媒介期待就不是获得重复的新闻消息，而是希望能看到对新闻事件的解读、深度分析等能够帮助其在更大视野中理解新闻事件的内容。

不少媒体已在实践中采取了传统媒体和新媒体互补的传播策略。例如，凤凰新闻客户端率先推出碎片化的新闻信息，随后在凤凰卫视、凤凰优悦广播等平台上跟进推出深度报道，全方位地向用户讲述新闻事件的前因后果、发展变化、历史背景等内容。广州新闻广播在防抗台风"山竹"的新闻报道中同样很好地把握了传统媒体和新媒体的特性，将两者相互配合，扩大宣传效果。一方面，广州新闻广播充分利用新媒体即时性的特点，在台风来临的当天报道中，在官方微博和"花城FM"头条上以短文配图的形式发布最新的台风信息、"三防"部门的提醒和公告等消息。另一方面，在台风过后，广州新闻广播陆续推出一系列深度报道和新闻专题，全方位地展现抗击台风的完整过程，让用户对该新闻事件有了更深刻的认识。

除此之外，融媒体中心新闻分发要顺应"终端随人走、信息围人转"的移动化大趋势，各地在建设"中央厨房"的基础上，积极实施移动优先策略，重点发展新媒体。如宁波鄞州区重点打造"鄞响"和"鄞+"两个客户端，"鄞响"客户端主打"时政新闻端"+"区域互动圈"，已成为党委政府的重要喉舌，目前下载注册的用户数接近20万；"鄞+"客户端主打"新闻+服务+活动"，把媒体内容与资讯服务、线下活动有机结合，先后推出多个10万+爆款产品。移动化是新闻发展的必然趋势，这早已经是行业共识。随着智能手机以及平板电脑的普及，越来越多的人开始习惯于在触摸屏的电子设备上阅读或查找各种信息。根据CNNIC《第46次中国互联网络发展状况统计报告》，我国手机网民规模已经达到9.32亿，使用手机上网的比例达99.2%，网民也越来越多地在移动端阅读新闻信息。如今蓬勃发展的直播新闻、短视频新闻、Vlog新闻等，都是基于移动端，加之已经建设成熟的"两微一端"，新闻消费已经全面转向移动化。

第五节 融媒体反馈、评价与考核机制

融媒体时代的新闻信息不再是单向传播，而是双向互动式的传播，因此媒体将新闻内容推送至用户端并不意味着信息传播过程就完全结束。新媒介技术赋予了新闻用户主动选择新闻的计划以及与新闻生产者对话的权利，用户可以通过点击、阅读、评论等方式表达对新闻内容的态度，这是一种"拇指投票"的信息反馈方式。因此，对于媒体平台来说，了解用户对新闻内容的态度，可以帮助媒体机构优化新闻生产和播发方式。除了用户反馈，在融媒体内部也应当建立对不同岗位的评价与考核机制，提升不同岗位之间的竞争性。因此，建立一套融媒体新闻产品质量评估体系，对激发不同岗位的工作积极性、增强新闻生产活力、提升内容生产质量具有重要意义。

一、融媒体新闻的用户反馈

在传统媒体时代，用户是单向接受新闻信息，缺乏畅通的信息反馈渠道，不管是报纸、广播还是电视，只能被动地接受新闻信息，即使对新闻有不一样的观点或看法，也无法反馈给新闻生产者。其记者和编辑也不知道读者对新闻的反应和态度是什么样的，无法根据用户反馈来改进新闻采写的方式方法。在传统媒体时代，媒介机构所播发的新闻被多少读者阅读、传播效果怎么样、产生了什么影响，都是难以明确测量的，只能借助传统的报纸发行量、广播电视收视率、第三方机构用户调查等方式得到的统计数字来估计。但在新媒体时代，用户的表达和反馈空间被大大扩展，用户可以直接参与到与媒体机构的互动中。

比如，在"两微一端"平台上，用户可以在所发布的新闻内容下进行留言、

评论，或通过点赞、转发等方式表达自己对新闻内容的态度。除此之外，像"澎湃新闻"还设置了用户"追问"新闻报道的功能，让用户对新闻事实进行提问和质疑，并通过与编辑和其他网友的互动，对相关问题展开讨论。用户对新闻内容的反馈不仅可以用上述直接对话的方式，还可以另辟新的贴文对某一新闻报道进行监督。例如，当10·28重庆公交坠江事故的原因公布后，网友们对媒体报道的讨论成为舆论的焦点之一，很多网友指出了媒体报道中的不专业性，没有做好信息的核查工作。用户的反馈意见一方面可以帮助媒体及时纠正新闻不当或错误的地方，避免造成对社会和公众的误导，另一方面也可以帮助媒体和采编人员更好地优化新闻报道，摸清用户新闻消费习惯和口味，提升新闻的传播效果，更好地满足用户的新闻消费需求。

想要更好地了解用户的评价反馈情况，融媒体平台需要建立一套科学的评估系统，通过对新闻内容生产、播发和传播的各个环节进行指标量化，洞察用户的态度、情感和行为特征。在一般的新媒介平台上，新闻内容的阅读数、点赞数、评论数、转发数这些基本的量化指标能通过后台数据直接获得，但更深度的行为习惯、情感倾向、观点态度等，则需要媒体借助大数据挖掘和数据分析技术，比如群体画像、情感分析、行为测量、在线网络实验等获得。目前国内不少融媒体平台都已经具备了监测和分析用户数据的能力，比如人民日报的"中央厨房"，其传播效果评估系统能够监测新闻产品的传播效果，进行统计分析与定向监测、跟踪反馈等。该系统的主要功能包括对指定作品进行全网追踪和定向监测，全面展现原创作品及关注作品的传播效果，自动发现转载媒体和按需建立转载媒体库，进行多层次、多维度的传播效果统计分析等。通过使用该系统，记者、编辑能够看到新闻内容在不同平台上的转载情况，以及评论内容的情感倾向，能从更多维度了解新闻产品的用户反馈。

图3-17 人民日报中央厨房的传播效果评估系统（来源：全媒派）

二、新闻机构内部的评价与考核

通过用户反馈来评价融媒体传播效果是一种直接有效的方式，能够真实反映出新闻产品的社会影响力。这是一种结果导向的评估方式，注重受众侧的传播效果测量，看重的是内容对受众产生的实际影响效果。但是，对融媒体成效的评价不只在用户端，还要考虑新闻生产的整个运转流程，对生产过程中的分工方案、角色定位、技术支持、专业主义原则等的考量同样具有参考价值。因此，从选题价值、专业素养、社会责任意识等生产者角度出发，对新闻产品进行评价同样十分重要，这是融媒体系统评价的"一体两面"，缺一不可。融媒体平台内部可定期组织编辑记者对新闻稿件进行专业的评估和探讨，重点对新闻内容的广度和深度、新闻报道的专业性等方面进行分析，以及提出进一步的优化建议，为"好稿"树立模范。

对于融媒体这样一个复杂的组织结构来说，建立合理的绩效考核体系，创新激励约束机制，对激发记者编辑的创作动力和热情、生产出更加优秀的新闻稿件具有重要意义。人民日报中央厨房的考核体系提供了一个很好的参考。人民日报中央厨房对新闻稿件实行"基础稿酬+优稿优酬"的制度，稿酬向独家、原创、首发倾斜，与首发率、转载率、落地率挂钩，并加大对"好新闻"评选和奖励力度。同时，人民日报中央厨房还建立了稿件新闻传播力排名制度。该制度的主要排名依据来自中央厨房媒体传播效果跟踪系统的实时监测和动态排名，评定每日传播5强、每周传播10强、每月传播20强，分别给予奖励，并作为评选好新闻的重要依据。

一些县、区级融媒体中心也都制定了详细的考核方案，不仅可以调动融媒体中心工作人员的积极性，还可以促进融媒体中心的快速发展。例如宁县融媒体中心制定了播控量化考核管理制度，其基本原则是根据播出岗位指标量化，采取计分办法，实现工作人员奖金与工作业绩挂钩。体现公平合理、奖优罚劣，杜绝干好干坏、到岗脱岗一个样的管理不到位的弊端。根据工作业绩进行定级：①甲级（优秀）：完成重大会议活动的安全播出，自办节目播出完整，无任何问题或处理非人为故障（重要故障），卫生除尘优良，超长播出2小时以上。评分标准：120—200分。②乙级（良好）：完成播出工作无迟到早退，无播出故障或处理非人为一般故障，卫生除尘良好，延长播出时长1小时以上。评分标准：80—119分。③丙级（合格）：播出正常，迟到，早退，无播出事故或普通问题处理，卫生除尘一般，播出时间照常。评分标准：51—79分。④丁级（不合格）：播出正常，脱岗，离岗，或出现播出重大责任事故（非人为事故除外），或处理故障不及时（包括必要的请示汇报），卫生差，评分标准：30—50分。中心依据此标准设立奖惩制度，由专人负责岗位的评分统计，甲级采取播出申报制度与播出人员推荐制度相结合。乙级、丙级、丁级由部门主任及相关人员确定。成立考核考评小组，由考评小组对播出岗位申报的甲级进行定级评分；考评小组由主管主任、副主任，相关专技人员部室负责人组成。甲级由中心主任进行最后审核签字，其他按标准执行，等等。

三、充分认识融媒体效果评估的复杂性

融媒体系统是多个媒体平台的融合系统，包括传统媒体与新兴媒体，传统媒体又包括报纸、广播、电视等，新兴媒体又包括"两微一端"、直播、短视频，同时还包括VR/AR、无人机拍摄等技术系统，因此融媒体具有显著的复杂性特征。对于融媒体复杂性效果的评测，就是超出系统内部要素的本体考查，将环境要素纳入到评测指标之中，选取的指标能够从所代表的不同的侧面反映出媒介融合的内涵和本质特征，且指标之间一定确保具有独立性、可测性、可比性，指标的数据具有可得性。

融媒体效果的评价要坚持系统性原则、科学性原则、协同性原则和综合性原则，指标选取要全面考虑信息维度、组织维度、技术维度、文化维度和资源维度等多个特征属性，既要考虑宏观维度，又要考虑细分维度以及相互之间的依存关系。同时，对于融媒体效果的评估，要坚守客观真实原则，可以借助第三方的专业能力和研究经验来保证体系的客观公正，利用规避数据造假的独家算法，从数据源头追本溯真。评价指标体系的指向也要明确、具体、可衡量、可达到、与目标相关，采用多渠道数据、多维指标，从数据出发，但又不唯单一数据论。

第四章 自建平台运营

融媒体的根本内涵在于"融","合而不融"就无法实现融媒体的核心目标。建设融媒体就要求媒体机构打通过去不同部门、不同媒介平台、不同新闻内容形态之间的隔阂,把不同的人员、渠道等资源整合到一起。借助各类融媒体平台,新闻资源能够在不同媒介平台上自由流动,以抵达更多的新闻用户和受众。在这一过程中,平台是连接用户与媒体之间的重要管道,终端平台的选择和建设影响着媒介信息能否高效地传播到用户,也直接关系到媒体的影响力和传播力。目前融媒体机构对于媒体的选择主要有两大类:一是自建平台,包括传统媒体如报纸、广播和电视自身,以及依托传统媒体自建的新闻网站、新闻客户端等;另一类入驻平台,即第三方平台,比如微信、微博、今日头条、抖音等。尽管在互联网时代,各类新媒体平台蓬勃发展,进而催生了媒介融合与转型,但这也并不意味着自建平台变得毫无价值,媒体机构仍然要重视对自身平台的建设。

第一节 自建平台和入驻平台的选择分析

传统媒体转型的重点途径之一就是寻找新的传播入口和平台,入驻平台是采取得较多的一种渠道。入驻平台主要就是传统媒体进驻微信公众号、微博、头条号等,通过可视化的音图和视频等多维度的报道,满足互联网民众现代化的"碎片"阅读需求。在媒体融合兴起之初,传统媒体入驻平台曾取得明显的转型效果。然而,随着各类入驻平台的增加,平台内容同质化情况严重,由于缺少专业的运营团队,传统媒体不能及时察觉用户行为习惯的改变并进行适时调整,加上平台政策发生变化,传统媒体对于入驻平台的承载力和控制力逐渐降低。因此,需要在自建平台与入驻平台之间进行权衡,找到有利于融媒体继续健康发展的科学方案。

一、自建平台的优势与劣势

(一)自建平台优势
1. 自建平台拥有高度的自主性
每个媒体机构都有自己特有的文化和理念,相比于第三方平台的固定模式,自建平台可以根据自身的个性化需求进行定制。自建平台意味着平台自己有选择的权利，可以自主地制定平台管理规则、提供多元化服务等。很多第三方平台都设置了各类规则，入驻的用户必须遵守这些规则，而这些规则一般是通用性规则，常常会限制不同用户的个性化需求。对于入驻用户来说，是不能挑战这些规则的，否则就可能被限流、屏蔽、禁言、销号等。而自建平台的限制就会少很多，在遵守国家政策、法律法规、社会道德等的前提下，可以自主、独立地保持系统的正常运转。

自建平台的另一个自主性优势就在于，它还能够根据自身定位，不仅可以自主决定传播哪些新闻内容，还可以自主确定平台中包含哪些栏目，设置各栏目的重要性排序，在重大事件发生时建立专题栏目。例如，在丝绸大省江苏，新华报业传媒集团联合丝绸行业，在"交汇点"客户端上推出了"丝绸天下"频道，打造国内首家互联网丝绸文化传播平台。人民网在其网站首页则重点突出时政特色，设置有领导留言板、强国论坛、中国共产党新闻网等内容板块。不同的媒体都可以根据自己的需要设置不同的栏目，还可以根据新闻内容形态分为图片新闻、直播新闻、短视频新闻等板块。可以说，平台的自主性对于保持平台的新闻编排至关重要。

2. 自建平台拥有独立的控制权

在第三方平台上，内容审核、推送规则、流量控制等都掌握在平台手中，甚至可以说媒体是平台的劳动者，是被平台控制的一方。但对于自建平台，自身拥有独立的控制权，这种控制权体现在以下方面。

一是自建平台拥有新闻生产、上传、编辑的自由权限，而不必受到第三方平台的约束。比如微信，订阅号每天只能推送一条消息，对于新闻爆炸的时代，这显然无法将更多最新新闻及时推送到用户手中。第三方平台在字数、视频时长、图片数量上都可能做一些限制。

二是媒体能够控制新闻的分发机制，确保重要新闻、最新消息能在第一时间告知用户，并确保他们出现在最显著的位置。举例来说，如果媒体在微博平台上发布新闻，微博平台的分发机制影响着微博内容推送，媒体发布的内容可能难以被算法选中，其传播效果就会受到限制。但在自建平台上，媒体能根据新闻价值和用户兴趣自主决定内容推送的主要依据，并根据媒体自身特色和定位调整推送算法中不同要素的占比。

三是自建平台对新闻数据具备完全所有权。在信息化、数字化社会，数据是最大的财富，对于融媒体平台来说亦是如此。新闻内容是媒体机构的数字资产，也是其核心财富，拥有数据的控制权才不会受制于人。而这些内容如果是在第三方平台上，就会存在被删除、销号的风险，这是媒体无法承受的损失。自建平台可以保证数据的安全，可以存储在自己的服务器上，拥有较强的抵御风险的能力。

3. 自建平台具备新闻内容和形态的丰富性

首先是内容的丰富性。一方面，平台上的新闻信息既可以来自平台自身记者所采写的新闻稿件，还可以转载、引用其他媒体的优质稿件；另一方面，媒体也可以将平台对外开放，邀请自媒体机构、专业机构等入驻。例如与当地基层新闻机构开展合作，邀请其开设媒体号进行内容发布，还可以吸引意见领袖、新闻拍客等，为其提供新闻线索，激励用户记录和上传社会中的新闻事件。尤其是在一些突发的新闻事件中，记者可能无法在第一时间抵达新闻现场，获得第一手新闻资料，但现场目击者所拍摄的图片、视频等就可以成为重要的新闻素材。

其次是自建平台可以实现功能的多样性，新闻内容的呈现形式基本不受限制，无论是文字、照片、长图、漫画、视频、直播、短视频还是H5新闻、数据新闻等，都能够在自建平台上呈现出来。形式单一的新闻信息很容易让用户感到厌倦和乏味，难以吸引用户的注意力，也难以满足用户的个性化需求。而自建平台能够根据新闻特点和用户偏好，制作出不同的新闻呈现形式，达到内容性、意义性、视觉性、美学性的统一。目前已经有不少自建平台都实现了这些功能，也有像人民网等增加了VR/AR等更为先进的新闻呈现形式。

4. 自建平台有利于树立鲜明的品牌形象

自建平台既是融媒体机构新闻内容发布的平台，也是其树立新的品牌形象的窗口。新的自建平台通常会拥有自己的名字、标志、品牌口号，这意味着媒体机构在传统的报纸、广播、电视台之外新增了一个媒介平台。平台通过创新新闻形式、输出优质原创新闻内容吸引用户，不断积累的用户群和用户口碑能不断提升媒体的品牌价值。例如，人民日报新媒体客户端、央视新闻客户端等，它们为人民日报和央视新闻带来了大量的用户群，也带来了大量的流量，这反过来又能够进一步提升母品牌的社会认可度。同时，拥有新名字和标志的自建平台也能为媒体打造新产品开辟新方向，更有部分传统媒体通过自建新媒体平台完成了媒体转型，如作为"专注时政与思想的互联网平台"的"澎湃新闻"，在名称、标志和用户定位上均未沿用《东方早报》，而是另起炉灶建立了一个崭新的媒介产品，并在推出后凭借优质和有深度的原创内容一跃成为新闻类应用领域的头部产品，拥有大批忠实用户，为上海报业集团带来了新的品牌价值，成为报业集团改革转型的成功案例。

（二）自建平台劣势

自建平台为融媒体机构提供了自主性、控制权，也可以帮助媒体生产更加丰富和多元的新闻内容，提升媒体的品牌形象与社会认可度，但自建平台可以说也有其天然的不足。截至目前，传统媒体转型自建APP与新闻聚集平台相比，在下载量、用户活跃度等方面均处于劣势位置，转型自建APP存在的开发运营成本较高、信息来源单一、用户体验欠佳等问题，导致传统媒体在融合发展的路上停滞不前。因此，自建平台具有技术门槛高、内容庞杂、重点不突出等劣势。

1. 自建平台的设计、搭建以及后期的平台维护都需要强大的技术支撑

但现实情况是，传统媒体内部普遍存在技术研发人才不足、核心技术团队人数偏少等现象，严重制约了媒体平台的搭建、完善和维护。相比媒体机构技术人才的短缺，互联网公司则拥有大批技术人才，运营"今日头条"的北京字节跳动公司仅研发人员就已超过3000人，运营、维护等人员总计过万。媒体的技术实力与平台的用户体验有着非常紧密的关系，如果媒体的技术实力不足以支撑平台的流畅运行，经常出现卡顿、闪退、界面跳转出错、交互无反应、内容无法正常显示等功能性问题，无疑会削弱用户体验，难以吸引用户长久使用。

2. 自建平台是一项大工程，需要投入大量的资金

媒体机构入驻第三方平台，只需要申请账号并进行身份认证，就可以投入运营了，这一过程几乎没有什么成本。但是对于自建平台来说，这是一项极其复杂的大工程，需要投入大量的时间和人力资源，平台从设计、研发到后期维护都需要大量的资金投入。除了人力成本，还要投入大量的物资成本，比如服务器、终端等。融媒体平台的建设在技术上已经相对比较成熟，但是对于高昂的成本，只有少数大的媒体机构可以承担，大量的媒体机构并没有这个财力。事实上，对于较低层级的媒体机构也不可盲目跟风。

3. 自建平台对于设计水平和管理能力要求较高

自建平台虽然能够容纳更丰富的新闻内容，但过多的新闻信息也容易造成内容庞杂、信息过载等问题，对平台设计者的信息组织、架构设计能力，以及内容审核、过滤系统具有较高要求。如果内容安排不合理，反而可能会增加用户的阅读和搜寻成本。自建平台往往设有多个栏目和板块，除了首页的内容推荐和重大新闻事件外，另有很多信息隐藏在二级、三级目录下或其他板块中，如果平台在信息内容的排版和架构设计上没有谨慎考虑，缺少清晰的栏目导航和链接提示，新闻信息一多很容易造成混乱。在拥有海量信息的互联网环境下，用户分配给每个平台的时间和注意力都很有限，如果不能在进入平台后迅速找到目标新闻内容，用户就可能转向其他新闻平台，造成用户流失。同时，如果平台缺乏一套高效的内容审核、过滤系统，无法对平台的大量信息中可能存在的不实内容和谣言进行识别和拦截，就会威胁到整个平台的内容生态，影响用户对平台的信任感。

二、入驻平台的优势与不足

与自建平台相比，媒体机构入驻平台的最主要优势在于零门槛。第三方平台经过长期的发展，已经拥有了较为完善的平台环境，媒体机构无须安排技术团队从零开始搭建系统，编辑只需将生产好的新闻内容复制或上传到平台后直接发布新闻即可。多数第三方平台为方便内容生产者进行创作，还会提供诸多排版、图片制作、剪辑等工具，最大限度地降低内容生产的难度。在这些"配套手段"的帮助下，媒体编辑能在很短的时间内就熟悉平台提供的基本操作，能非常简单地制作和发布新闻内容，大大降低了新闻发布的成本。

同时，第三方平台拥有庞大的用户基础，为入驻媒体打好用户群基础，能够在短时间内获得大量关注和流量。根据艾媒咨询发布的《2019年中国移动社交行业研究报告》，微信、QQ和微博是移动社交行业的第一梯队。在2020年1月，微信的月活用户数高达10亿，QQ月活用户数有6.5亿，微博月活用户数也在3亿左右。《2019年中国移动社交行业研究报告》显示，在泛娱乐社交应用中，短视频典型应用抖音、快手的月活用户快速增加，在2018年均达到2.3亿人次，且年轻人群占比较高。亿级的月活用户量意味着入驻媒体机构发布的新闻内容有可能被推送到如此众多的用户面前，能极大地提高新闻内容被用户接收到的可能性。这对于正在面临受众人群流失困境的传统媒体而言，无疑是一大利好。

但是，入驻平台也存在一些无法回避的问题。虽然媒体在第三方平台上编辑和发布新闻内容无门槛，但也会受到第三方平台规则的不少限制，加之受限于微信公众号的推送限制，新闻的时效性也无法保证。同时也容易给虚假信息、谣言的传播提供温床。另外，流量的分配权掌握在第三方平台手中，媒体无法影响平台推送规则的制定，只能被动选择接受。

三、融媒体平台的选择策略

在近年来的媒介转型与融合的实践中，不少媒体机构都已经在建立全媒体矩阵方面做了诸多尝试，并取得了丰硕的成果。根据2018年年底人民网研究院对全国284份中央、省级、省会城市及计划单列市的主要报纸，298个中央及省级广播频率，34家中央及省级电视台所做的调查结果，除广播频率在微博、聚合新闻客户端的入驻率较低之外，报纸、广播、电视的网站、自建客户端等自有平台的覆盖率，以及在微博、微信、聚合新闻客户端、聚合音频客户端、聚合视频客户端等第三方平台的入驻率都已超过90%。尤其是在自建平台方面，96.8%的报纸、97%的广播频率和97.1%的电视台建立了自己的新闻网站，整体上新闻网站的覆盖率较高。受人才储备、技术门槛等条件限制，自建客户端的覆盖率相对其他平台的比例较低，但也均超过了90%，90.8%的报纸、95.6%的广播频率都拥有自建客户端，电视台自建客户端的比例更是达到了97.2%。

表1 2018年报纸、广播、电视传播矩阵覆盖率

	网站	微博	微信	聚合新闻客户端	聚合音频客户端	聚合视频客户端	自建客户端
报纸(N=284)	96.8%	93.3%	98.2%	95.4%	未监测	未监测	90.8%
广播频率(N=298)	97%	67.8%	80.5%	56.04%	98.99%	未监测	95.6%
电视台(N=34)	97.1%	97.1%	100%	100%	未监测	97.1%	97.1%

[注：凡报纸所属报业集团/报社，广播频率、电视台所属广播电台/广播电视台拥有自建网站、客户端，则计为已覆盖该渠道。电视台旗下频道、栏目在第三方平台有入驻，则计为该电视台在该平台有入驻。]

（出处：人民网）

从上面数据可以看出，一方面，媒体入驻第三方平台，可以借助新媒体平台庞大的用户群和流量优势，发挥自身的传统优势，几乎所有的传统媒体都或多或少要入驻第三方平台，开设自己的官方账号；另一方面，在媒介融合过程中，除了依托第三方新媒体平台开设账号，媒体机构越来越重视打造能自主掌控的自建平台。自建平台与入驻平台"两架马车"共存的模式成为媒体融合渠道建设的主流方式。自建平台有其独特的优势，可以保持新闻自主性与灵活性，但另一方面相对于入驻第三方平台，自建平台在前期建设和后期维护上都需要媒体投入更多人力、物力和财力，极大地提高了媒体融合的成本。因此，媒体转型过程中如何平衡自建平台和入驻第三方平台，对于媒体融合是否成功、能够健康发展都有重要意义。

结合媒体自建平台和入驻第三方平台各自的优势和潜在问题，传统媒体在选择平台时需要从自身的技术实力、人才优势和新闻资源等角度入手，谨慎考虑不同平台建设的优先级别。通常而言，中央级、省级融媒体具有较强的资金、人才和技术优势，能培养出一支业务能力强的技术人才和新媒体编辑队伍，有能力和信心建好多个自有平台。这类媒体可同时抓好自建平台和入驻第三方平台两方面的工作，尽可能扩展连接用户和媒体的渠道，让新闻内容有更多的出口抵达用户端。同时中央级、省级媒体所面向的用户范围较广，省级媒体的内容需辐射全省范围，中央级媒体更是要及时报道全国范围内的重要新闻事件，做好政治宣传和舆论引导工作，其生产的新闻内容非常丰富，单纯依靠第三方平台难以全面地呈现这些新闻信息，如微信公众号每天能够发送的文章推送数量有限。新闻内容的丰富性也要求这类媒体应有一个自建平台，以全面地汇集最新采集的新闻资讯，向用户全方位地展现新闻事件的最新进展，并深入分析前因后果。

对于部分发达地区的市级融媒体而言，如果其人才配置和技术实力也能够支撑起搭建好自有平台的任务，在利用第三方平台的基础上新增自建平台，并进一步完善平台中的各项功能，提升用户体验也是融媒体发展过程中的一个可行思路。此外，市级媒体与本地用户之间有着更加紧密的联系，其建立的媒体平台除

了发布媒体采写的最新新闻信息、展示城市建设和市民生活的新动态之外，也能够被用来为当地市民提供各类便民服务，例如提供"互联网+政务"服务，承接并运营当地政府部门在互联网上的各项服务，或提供其他生活服务、社区服务，进一步增强媒体与公众之间的联系。

而众多的县级融媒体优先入驻已发展成熟的第三方平台或许是一个较好的选择，第三方平台可以是商业机构平台，如微信、微博、抖音，也可以是中央级、省级或市级媒体搭建的融媒体平台。一方面，受到资金和人才等资源的限制，县级融媒体较难建立起一支颇具技术实力的团队进行自有平台的搭建，其编辑人才数量也较为有限，难以兼顾自建平台和第三方平台中账号多个端口的新闻内容发布。在资源有限的情况下，与其为了"面子"建很多平台充场面，不如先集中资源在投入产出比更高的方式上，踏踏实实做好新闻内容的生产和发布，吸引一批忠实用户。另一方面，县级融媒体的新闻采编业务多限定于所在县域，本身区域内的潜在用户和新闻资源有限，盲目建立很多自有平台容易造成主体过多、缺乏内容特色等问题。县级融媒体选择"抱团取暖"的方式，借助省级融媒体中心进行发展不失为一个好的解决方案。例如，广东省委宣传部对省内县级融媒体中心建设进行统一部署，由广东广播电视台旗下的"触电传媒"提供统一的技术支持，并以统一技术、统一模式、共享配套的方案，推进县级融媒体中心整体落地。广东开平、四会两个县级市已在"触电传媒"的协助下组建了融媒体传播中心。比起县级媒体各自独立开发，由省级媒体引领、采用统一的技术平台，能有效避免投入较大、技术标准不一等问题。

总之，在新媒体时代，平台通过规则和服务聚集用户，谁拥有了平台谁就掌握了主动权。在融合发展的践行过程中，不管是借船出海还是自主开发，都需要不断进行平台创新，满足用户需求，赢得用户信任。在平台建设上，一是要坚持把用户至上和媒体公信力放在第一位。只有用媒体的公信力和社会责任服务用户，想用户所想，才能形成黏性，真正聚集用户。二是要坚持把互联网当作底层架构和操作系统，在统一的底层架构基础上结合自身的特色探索平台建设。要注意避免把互联网直接当成工具和手段，在平台建设上只求"标配"和"全面"。三是要以大数据和云计算作为技术支撑，精确寻找和定位用户，搭建新闻聚焦和媒体服务平台，要坚持用户体验为先，满足用户个性化、定制化、精准化的信息需求，真正在平台上实现用户沉淀。

四、媒体自建平台的典型案例

纵观现有的传统媒体自建平台实践，往往有以下几个路径：进阶媒介技术，促进媒介升级；注重用户需求，挖掘媒介的社交属性；提升内容质量，整合媒体资源。

在自建平台方面，四川报业集团打造的封面新闻是一优秀案例。封面新闻自建技术团队，坚持以技术驱动融合转型，是通过进阶媒体技术实现融媒体发展的典型。封面新闻自2016年5月上线以来，经历了五次版本迭代，基于数据驱动、视频传播、社群营销三大战略，对产品架构、用户互动、内容展现和智能技术应用进行全方位重构。封面新闻自主打造了一套针对媒体内容、营销、运营、管理等流程一体化的智能技术云服务方案——封巢智媒体系统。在推动《华西都市报》向封面新闻融合转型的过程中，这一智媒系统推动了新闻生产的智能化变革，使人工智能技术和大数据应用贯穿"策采编审考发"全过程。同时，还推动了基于大数据的版权智能化管理，如用户数据化管理、全网全时监测的版权数据化管理、内容考核数据化管理等。如今，封面新闻还实现了封巢智媒体系统的商品化、产业化和市场化转变，将其先进的媒介技术向外输出，为多个媒体、多个市场提供定制化的媒介技术解决方案，还与多个科技巨头合作，以市场标准检验自身技术的发展。

注重用户需求，鼓励用户进行内容生产，也是自建媒体平台的重要实践。当下的信息传播过程已不再是简单的传者—受众单向传播模式，而是传播方和受众互动的双向传播模式。主流媒体在自建融媒体平台时，应注重用户对媒介内容生产流程的再造，注重用户内容的生产，鼓励用户在传播平台上主动分享故事。同时，挖掘自建传播平台的社交属性，能够增强用户的使用黏性。例如，深圳商报的新闻客户端"读创"致力于打造深圳300万商事主体的社交平台，其通过在导航页开设企业社交通道，为深圳的企业提供了简易的商业宣传和商事主体社交的平台，既增加了用户的使用趣味，又为移动新闻客户端提供了丰富的媒体内容。

保持内容优质，整合内容生产、传播、变现等环节，也是自建媒体平台的关键。如今，受众对权威媒体仍有所依赖，主流媒体仍是受众了解外界动态的重要途径。主流媒体拥有专业的新闻生产与分发渠道、丰富的新闻实践经验，其新闻的权威性与真实性是许多新媒体和自媒体所不能比的。内容建设是信息传播的核心，也必将成为媒体平台在众多竞争对手中脱颖而出的关键。传统主流媒体越是受到新媒体技术的冲击，越应保持自身的内容优势，从新闻采编和内容生产环节入手，减轻信息同质化，形成独家报道优势，努力将自己塑造成媒体界的意见领袖，主导媒介间的议程设置。

当前，许多传统媒体依靠自身的媒体资源和权威性，纷纷成立了媒体型智库，为社会问题的改进提供媒体视角，为政府做出更好的决策献策建言，这同时也为其自建平台提供了更优质的新闻内容和报道素材。不少新闻客户端还开设了智库频道，如澎湃新闻、《南方都市报》，以及读特，专门为高质量的媒体智库报告打造传播渠道，并以此强化主流媒体的权威性。

除以上谈到的媒体自建平台实践之外，深圳ZAKER以与商业网络媒体深度合作共同打造平台的方式，开辟了不同于自建平台和入驻平台的又一媒介融合路径。深圳ZAKER是《深圳晚报》与ZAKER公司共同打造的融媒体频道，其创立秉承了《深圳晚报》"做中间地带的融媒者"的融媒思维。深圳ZAKER是传统媒体与商业新媒体"取长补短""你中有我"深度融合的体制内新媒体，其注重利用与商业新媒体深度合作推进融媒体发展，同时发挥传统媒体的既有优势。

第二节 网 站

一、新闻网站的产生与兴起

相比"两微一抖"等新媒体平台，新闻网站出现的时间要早，并在较早时候就已成为媒体机构发布新闻内容的主要阵地。报网融合的概念很早就被提出，2005年前后我国的报网融合进入新阶段，并且很多报社也进行了实践，将报纸新闻内容搬上网站。从报纸与网站的关系发展来看，主要可以分为四个阶段，分别是有报无网、报网并存、报网互动以及报网融合。早期的融合实践较为简单，主要是将电子版报纸发布在网站上，新闻内容较为有限且形式单一，有点接近于报网共存的阶段。随后以《人民日报》网络版改为"人民网"为标志，进入了真正的报网互动阶段，新闻网站中的新闻内容类型更加多样，在专题设置、栏目编排上也更加完善。同时，新闻的来源也丰富了很多，不再仅限于报纸自己采编的新闻，还会转载其他主流媒体发布的文字或视频内容。时至今日，不仅仅是报纸和网络媒介的融合，还包括媒体从业者以及媒介产制的融合，进入了真正的报网融合阶段。在这一媒介融合过程中，尽管各类新媒体不断兴起，但新闻网站始终扮演着重要角色。

广播电视台同样以较快的速度推进新闻网站的建设进度。根据2018年年底人民网研究院对全国中央及省级广播电视台的调查，广播电视台建设综合网站已成为大势所趋。25个省级广播电视台都推出了广播电视台网站（网络广播电视台），有的省级广播电视台资源整合正在进行中，在推出统一的广播电视台网站的同时，广播电台、电视台还分别建有独立的网站，也有广播电视台分别推出广播网站和电视台网站，如北京广播电视台、上海广播电视台等。从省级广播电视台创办的广播网站、电视台网站、广播电视台网站的新闻内容发布情况看，广播电台网站的发文量均值及中位数最低，不及广播电视台网站的1/2，电视台网站发文量均值高于广播电视台网站，但中位数为广播电视台网站的1/2。

二、融媒体时代新闻网站的转型发展

从报纸和广播电视台新闻网站的建设情况可以发现，媒体新闻网站的发展起步较早，多数传统媒体已建立了自己的新闻网站，为融媒体发展提供了很好的基础设施。对于传统媒体来说，在当前的媒体融合发展中，应当继续发挥自身优势，努力利用好已建设的新闻网站，寻求新闻网站的转型发展，在既有新闻网站基础上进一步拓展、整合与革新新闻资源。尽管在互联网发展早期阶段，新闻网站成为网络新闻的重要入口，完成了传统媒体"上网"的巨大转型，但在移动互联网时代，越来越多的移动端口成为用户获取新闻信息的主要渠道，新闻网站遭遇了流量的"滑铁卢"，已经很难适应移动化、碎片化、即时性的信息传播方式。因此，新闻网站自身也需要进行改革，努力建设品牌栏目，丰富网站中新闻的内容和形式，凸显新闻网站特色，以吸引更多用户关注。

媒体机构对所拥有的不同网站进行充分整合，避免分散用户、内部竞争的情况。不少报业集团都下属有多个媒体平台，几乎每一份报纸都建有自己的新闻网站，每一个广播和电视台都建有广播网站和电视网站。对于一些网站来说，除了自身生产的内容，也转载了大量如人民日报、新华网、央视新闻等中央和省级媒体的内容。单一的媒体新闻生产能力有限，难以持续供应内容，这直接导致了一方面是内容的短缺，另一方面集团内部不同网站之间内容同质化现象严重，与其他网站相比也缺少特色。这种层次不齐的混杂模式，不仅会分散用户的注意力，构成内部资源的竞争，还难以形成整体优势与外部进行竞争，不利于新闻网站的口碑和品牌影响力的扩大。而对传媒集团所属的新闻网站进行科学有机整合，有利于充分利用媒体资源，壮大新闻网站的竞争力、传播力和影响力。

媒体需进一步提升新闻网站的内容质量，并打造具有特色的品牌栏目。"内容为王"是媒体发展的基石，这个理念依旧不过时。在面临新媒体尤其是移动媒体竞争的时候，新闻网站要在内容上做深耕。这是因为，一是新闻网站与移动媒体比便捷性，无异于"以卵击石"，两者不在一个赛道，很难追赶上；二是信息碎片化时代，对高质量新闻的消费仍然是刚需，这一点是新闻网站的优势，既可以做得深入，又可以做新闻专题，这是移动媒体难以完全取代的；三是新闻网站还可以在内容呈现上狠下功夫，包括网页设计、菜单导航以及内容呈现等，比如可以在新闻网站上利用交互图表、数据新闻等形式将新闻可视化，使得新闻的可读性更强，这一点也是移动媒体所不能完全承载的功能。比如财新网就是一个比较成功的例子，其网站上提供了丰富的高质量新闻内容，网站的访问量依旧不容小觑。同时，财新网的新媒体平台的导流方向是指向网站，而不只是从网站流向新媒体。这种做法之所以可行，就在于网站的内容质量过硬，提高了网站对用户的使用价值与黏性。

新闻网站应促进报纸内容、广播电视新闻以及网络上相关内容的进一步融合，以丰富网站中新闻内容的类型和形式。如果新闻网站中只是单一的报纸新闻或电视新闻的再现，网站对用户而言仅仅是传统媒体新闻内容的复现和重播，其对用户的吸引力就十分有限。但如果新闻网站能将不同渠道来源的文字、声音、图片、视频和现场直播等内容加以组合，从视觉、听觉等多角度将同一新闻事件中不同侧面的新闻内容更直观、全面地呈现给用户，帮助用户从多个维度更深入地了解新闻事件，就能够更有效地激发其浏览兴趣和分享意愿。此外，新闻网站也能通过用户回帖、提问等方式与网友进行互动，或通过网络链接与其他社交媒体或新闻客户端相关联，打通不同媒体平台之间的壁垒，让网友在新闻网站上获得浏览新闻之外的更多的操作体验。

除了新闻内容以外，一些与基层联系更加紧密的县级、市级媒体的新闻网站还可以增加更多的服务性板块吸引用户访问，为公众提供民生类服务。例如，在网站上可以增加更多与老百姓日常衣食住行密切相关的内容，并开辟问政渠道，既能丰富网站内容，增加网站用户的黏性，也有利于促进当地政府与老百姓的沟通交流。总之，在移动互联网时代，虽然人们获取新闻信息的主要渠道转向了移动端，但新闻网站依旧有其存在的价值，是媒体进行新闻内容发布和舆论引导的重要阵地。媒体不应轻易放弃这一媒介形式，而应考虑采用转型、整合等方式，使其更加适应新媒体环境下内容传播的特点。

三、新闻网站转型发展的典型案例

深圳新闻网是一个上线近20年的地方重点新闻门户网站，如今已是互联网媒体中的老前辈。近年来，深圳新闻网拥抱移动互联网新媒体大潮，主动探索，积极转型，在移动政务服务、政务直播、重构品牌产品线等方面打出了转型组合拳。

深圳新闻网从2016年开始在内容形态呈现上转型，逐步摸索出一条"直播+执法"的路径，与多家政府机构合作，将政府职能部门的执法过程直播，使执法更透明的同时，又通过网友围观互动的方式，把执法过程变成了普法的课堂。例如，与深圳市食药局联合打造了"透明食安"工程，推出"星期三查餐厅"；与市卫计委合作推出"控烟大执法"；与福田区文明办合作推出"文明周周查"；与市消防局合作推出了"消防安全现场查"等系列普法律、树文明的直播节目。每期执法行动都全程由深圳新闻网直播平台进行视频、图片、文字直播，记者和主持人深入现场，根据突查到的问题采访执法人员，并对违法现象进行专业解读，也可以根据直播中的网友评论进行现场提问，并及时为市民解答。

在品牌定位和产品线重构上，深圳新闻网探索"平台+"融媒改革道路，于2019年将单一的网站拆分为网站、客户端、微网、舆情、论坛、视频6条产品线，深圳新闻网定位也从"网媒"改为"网络综合运营商"，涵盖了整合营销、品牌活动执行、设计、技术外包等媒体内容。

第三节 新闻客户端

由于移动媒介技术的发展,不少新闻媒体都开发了新闻客户端,新闻客户端逐渐发展成为媒体的标配,也成为用户每天接收、阅读新闻资讯的主要渠道之一。

一、媒体新闻客户端的建设情况

国内传统媒体上线客户端的时间可以追溯到2009年,"南方周末"客户端率先上线。2010年开始,传统报业进入"新闻客户端1.0时代",但由于缺乏专业的新媒体运营团队和创新思维,早期的新闻客户端只是对报纸、网站内容的搬运,其发展状况并不是十分理想。2014年起,新闻客户端进入"2.0时代",部分媒体的新闻客户端发展势头迅猛,出现了"东澎湃,西上游,南并读,北无界,中九派"的说法。新闻客户端如雨后春笋一般,迅速在媒体机构内部占据重要地位,不管是报纸、广播还是电视等媒体,都迅速上马了自己的新闻客户端。

(一)新闻客户端逐渐成为新闻媒体的标配

根据2018年年底人民网研究院对全国284份主要报纸、298个中央及省级广播频率和34家中央及省级电视台的调查评估结果,报纸、广播频率和电视台自建客户端的比例已分别达到了90.8%、95.6%和97.1%。从客户端覆盖的用户数量来看,除去网站、微信以及广播频率的传统终端三个未完整获取到媒体用户量数据的渠道,报纸自建客户端的覆盖用户数均值达到408.8万,仅次于微博上的覆盖量,而覆盖用户数的最高值达到26534.5万,在各渠道中最高。广播电台自建客户端的平均用户覆盖值为487.6万,最高时用户数量有4449.1万。电视台自建客户端的用户数量巨大,平均覆盖用户数有3125万,覆盖用户数最高时达到190121.5万人,均远远超过其他四个渠道的用户量。总体而言,在过去几年中,传统媒体的新闻客户端建设发展较为迅速,并取得了一定进展。

表2 2018年媒体各渠道覆盖用户数均值(单位:万)

	传统终端	网站	自建客户端	微博	微信	聚合新闻客户端	聚合音/视频客户端
报纸	39.6 (N=282)	—	408.8 (N=208)	477.6 (N=265)	—	53.7 (N=271)	—
广播电台	—	—	487.6 (N=33)	603.9 (N=34)	—	12.3 (N=33)	1122 (N=35)
电视台	246 (N=34)	—	3125 (N=33)	1411.5 (N=33)	—	175.9 (N=34)	34.7 (N=33)

[注:媒体用户数均值=用户数总量/媒体数量(N);报纸传统终端用户数为发行量,来自可查询的公开数据;电视台用户数为收视人口;入驻聚合新闻客户端用户数为媒体入驻今日头条、腾讯新闻、一点资

讯、搜狐新闻、网易新闻五个平台的用户订阅数；聚合音频客户端用户数指媒体在蜻蜓FM、爱上Radio的收藏人数；聚合视频客户端用户数为媒体在爱奇艺、腾讯视频、优酷视频的入驻账号的粉丝量/订阅量；电视台自建客户端下载量均值计算中扣除了芒果TV客户端的下载量（约占总数的65%）]

表3 2018年媒体各渠道覆盖用户数最高值（单位：万）

	传统终端	自建客户端	微博	聚合新闻平台	聚合音/视频客户端
报纸（N=284）	350	26534.5	14706.8	2211.4	未监测
广播电台（N=36）	未监测	4449.1	5844	1812.5	11998.1
电视台（N=34）	3650.7	190121.5	21030	3878.2	504.9

[注：根据本报告监测的报纸、广播电台（含下属频率）、电视台（含下属频道、栏目）数据汇总整理。第三方平台用户数据仅统计了监测对象的官方认证账号数据。]

（出处：人民网）

但另一方面，在传统媒体新闻客户端市场的内部格局中，不同新闻客户端之间的发展差距也非常大。清博大数据2016年发布的《中国传统媒体新闻客户端发展报告》显示，主流传统媒体新闻客户端的发展呈现两极分化发展态势，下载量进入千万量级梯队的客户端凤毛麟角，大部分客户端下载量表现平平。从各传统媒体新闻客户端的用户下载量来看，新华社、《人民日报》、央视新闻下载均接近或超过亿级规模，澎湃、浙江新闻达到数千万。但从整体来看，下载量达百万级以上的新闻客户端仍属绝对少数。其中，下载量达十万级的新闻客户端数量有15个，达万级的有38个，而千级以下的新闻客户端数量最多达到167个，约占总体比重的73%。人民网研究院发布的《2017年中国媒体融合传播指数报告》也反映出头部媒体与其他媒体的传播力存在明显分化，甚至存在"一九效应"。全国36家电视台在11家安卓市场上的客户端下载总量为21亿，但湖南电视台、中央电视台、浙江电视台三家电视台的安卓客户端累计下载量就已达到20亿，占比超过总下载总量的95%，而大部分电视台的客户端下载量仅有百万或十万级，扮演着"长尾"的角色。可见，占据头部的新闻客户端主要是人民日报、新华社、央视新闻等中央级和部分省级媒体客户端，大量其他传统媒体客户端仍处在发展的初期阶段，仅仅是把客户端建立起来了，后续仍需要通过完善客户端中的内容和各项功能服务，拓宽引流渠道，进一步扩大用户规模，增加用户黏性。

（二）新闻客户端的建设模式

从各媒体建立新闻客户端的主要模式来看，有研究者分析了国内传统媒体搭建全媒体平台的三种创新模式：一是以《人民日报》客户端为代表的"维持性创新"模式，二是以《南方都市报》并读客户端为代表的"破坏性创新"模式，三是以东方早报和澎湃客户端为代表的"突破性创新"模式。其中，"维持性创新"模式的特点是新平台与传统媒体共享一个品牌,共用一支采编队伍,完全一体化运作,属于该模式的还有新华社、央视等中央级媒体以及《新京报》等市场化媒体。选择"破坏性创新"模式建立新闻客户端的媒体,不再依托原有的媒体品牌,而是另外创建全新的品牌,并在采编和运营队伍以及采编思想上与它的母体各自独立、相互脱离。属于这一类型的新闻客户端还有四川日报报业集团的封面新闻、长江日报报业集团的九派新闻、宁波报业集团的甬派新闻等。"突破性创新"模式则介于两者之间,一方面媒体建立了全新的平台和品牌,但另一方面在采编理念和内容生产模式上又与传统媒体保持高度一致,与传统媒体共用一支采编队伍,并未成立单独的运营公司。

对于以上三类建设模式,在国内均有不少媒体采用,而后续媒体开发新闻客户端时应根据自身的实际情况进行判断和选择。"维持性创新"模式适合原来品牌好、用户基础好、盈利能力强的媒体,如大部分党报以及部分运营良好的市场化媒体。这些媒体通常具有较强的专业化内容生产能力、较高的品牌知名度,以及党政资源等优势,这些优势能帮助新闻客户端争取到一个较高的起点。"破坏性创新"模式则放弃了媒体原有的优势,该模式总体上不适合传统媒体实现整体转型,但能帮助媒体在某些垂直领域孵化"项目制"的新媒体,在这些领域单独组建队伍、成立公司、引进市场化机制去运行。"突破性创新"模式主要适合本来经营能力不太强的媒体,如在各个地方媒体市场中综合实力不能挤进前两位的传统媒体。这类媒体在传统媒体时代就没能在市场占据龙头地位,在移动互联网时代所受到的冲击也最大,它们相比原来处于领先地位的媒体同行转型的动力更大,生产重心更多地转向新媒体平台。

二、新闻客户端的未来发展方向

从目前媒体建设新闻客户端的整体情况看,有不少客户端产生了巨大的影响力和品牌效应,如澎湃新闻、界面新闻等,但也有众多新闻客户端面临着用户数量较少、传播力有限的困境。在后续的新闻客户端建设中,应当进一步完善客户端的内容与功能,提升对用户的吸引力,把握住移动媒体的流量优势。

加强媒体内部不同新闻客户端之间的整合。自2014年起,不少媒体曾掀起过一股开发新闻客户端的热潮,一个媒体下面就同时有多个客户端,甚至一些广播频率、电视栏目也创办了自己的客户端,但这些客户端同质化倾向严重,内容陈旧且功能单一,有些客户端甚至已经很久没有版本更新。在下载量过千万的报纸客户端中,绝大多数都是报业集团或报社主推的客户端,很多子报、子刊创办的客户端下载量普遍不高。在广播频率的自建客户端中,有不少已经停止运维。媒体需要对这些已有的客户端进行整合,将分散的新闻资源统一到一个客户端推向用户,以提升客户端中内容的丰富度,同时能够节约媒介资源,更好地集中力量打造独特的媒介品牌。如果报纸的子报、子刊,广播电视的各个频率和节目都建立自己的客户端,用户被分流到不同的客户端中,每个客户端的下载量就会十分有限,而如果用户想要访问其他子报或节目的内容,还需要另外下载新的客户端,这就增加了用户获取新闻信息的流量和时间成本,不利于传媒集团下属媒体之间的互相引流。此外,每个客户端中所提供的新闻内容也会受到限制,无法为用户提供充足的优质内容,用户也就难以被留下来。所以,对于媒体而言,整合传媒集团中的媒体资源,乃至整合当地报纸、广播、电视各方面的新闻资源,集中力量做大一个综合性的新闻客户端是节约媒介资源、提高传播力的一个有效路径。例如,天津市整合报纸、广播电视资源,成立天津海河传媒中心,推出津云客户端,大众报业集团整合新锐大众、山东24小时、山东手机报、大众论坛、齐鲁壹点等客户端,推出综合性更强的海报新闻客户端。重庆日报报业集团将慢新闻、上游财经客户端中的特色内容全部融入上游新闻,集中优势做好上游新闻客户端原创报道。通过综合性新闻客户端的推出,这些媒体成功地建立起了新的媒体品牌,将潜在用户集中到一个客户端平台下,有助于推动客户端的后续发展。

媒体在建设新闻客户端的过程中要有自己的特色,凸显差异化定位。特色内容、特色功能和差异化的用户定位是媒体客户端在市场竞争中的一个重要优势。随着各类新闻客户端数量的增加,同质化的问题越来越凸显。很多新闻客户端有着相似的UI界面、栏目分类、首页置顶新闻,没有建立起自己独特的内容优势,对用户而言选择任何一个客户端都差别不大,替代产品过多,增加了新闻客户端在市场竞争中的难度。也有不少媒体依托自身的媒介资源,面向特定群体打造了独具特色的垂直化客户端,取得了相当好的传播效果。例如,澎湃新闻客户端主推"专注时政与思想",提供原创的、严肃的、有思想和价值观的时政新闻。上观新闻客户端则强调新闻内容的深度,以深度分析、专栏文章为主,并专注于上海城市发展的重要事件,提供上海视角的观察分析。湖南卫视的芒果TV客户端,以年轻、娱乐、时尚为主要特色,主推独家优质的娱乐类视频节目,贴近年轻用户的兴趣点,在视频客户端激烈的市场竞争中处于前列。可见,媒体在建立客户端时,寻找并确立自己的核心优势,彰显差异化特色,能够帮助其吸引一批忠实用户,对提升传播力和影响力大有裨益。

"平台化模式"成为传统媒体发展新闻客户端的一个重要方向。内容的丰富性和多样性是新闻客户端吸引用户的重要特色,因此新闻客户端需要为用户提供充足的优质新闻内容。而仅仅依靠媒体自身拥有的采编队伍,每天所能生产的新闻内容有限,不能满足用户日渐增长的信息需求。在新媒体时代,为丰富客户端中的新闻内容,可以开放客户端的一些功能给有着强烈创作和表达欲望的个人和专业机构,借助用户生产内容(UGC)和专业生产内容(PGC)的海量资源,建设更优质、多元的媒介内容生态,这不失为一个好的方法。人民日报是平台化探索的先驱者之一,2018年6月,人民日报移动新媒体聚合平台"人民号"正式上线,吸引了超过5000家主流媒体、党政机关、优质自媒体入驻,搭建起由主流媒体、政务部门和自媒体号组成的新媒体内容生态,为用户提供更加个性化的优质内容。南方日报客户端"南方+"也紧随其后,推出南方号,截至2018年底入驻数量超过5000家。自媒体的入驻能为客户端提供更加个性化视角的内容,而政务部门的入驻则有利于各类权威政务信息的及时发布,进一步提升媒体客户端的公信力和影响力。这种平台化的发展模式有利于汇聚优质内容和服务的生产机构和优秀的内容创作者,丰富客户端中新颖、独具创造性的优质原创内容供给,更好地满足用户对不同风格内容的需求。

新闻客户端可利用传统媒体与当地政府部门的良好关系和长期积累的社会公信力,接入政府资源为用户提供社会公共服务。在"互联网+"时代,国家大力倡导智慧城市、智慧政府建设,积极推进"互联网+政务"的服务,努力实现各部门间数据共享,方便公众处理各类行政事务,从而降低行政事务过程中的时间和人力成本。但从实施效果来看,有些地区仍存在不同政府部门分散推进、各自为政、标准不一等问题,"互联网+政务"的服务没有真正落实到位,人民群众办事"跑断腿"的现象依然时有发生。因此,媒体机构可以抓住当前"互联网+政务"落实过程中的这一不足之处积极作为,与政府部门建立紧密联系,协助统筹规划"互联网+政务"的服务项目,向政府部门提供政务资源的服务接口,在客户端中开辟专门的区域向公众提供及时高效的公共服务。相对于其他网络平台而言,一方面,媒体的客户端自身就是当地极为重要的信息发布平台,能为政府各部门发布行政办事指南和更新最新政务消息提供良好的渠道;另一方面,媒体长期以来积累的权威性和公信力也能为客户端背书,让政府各部门更放心地将各项服务纳入客户端平台。已有不少媒体利用新闻客户端开始进行这一尝试,在政务服务、百姓问政、城市形象等方面发挥了较大作用,取得了不错的反响。比如,"无线苏州"客户端积极服务政务电子化、移动化工作,根据各个部委办局的不同职能,为其量身定制应用模块,其中有食药监的"食在苏州"、司法局的"E同说法"、文明办的"志愿苏州"等,提升了政府部门的在线服务能力和公众形象。对媒体而言,将政务服务纳入新闻客户端,有助于提升用户下载和打开客户端的意愿,能帮助新闻客户端带来更多的用户数量。如果能进一步打通服务板块和新闻资讯板块,在一定程度上也能够为媒体发布的新闻资讯引流,提升新闻内容的点击和阅读数量,并提升媒体自身在当地公众中的影响力。

三、主流媒体建设新闻客户端的典型案例

（一）澎湃新闻

1. 平台概述

澎湃新闻是一家线上免费综合性新闻网站，也曾是《东方早报》的一项新媒体计划，总部位于上海市。主要发表该网站记者撰写的原创新闻文章，并为其他网站所转载。该网站继承了《东方早报》的新闻风格，以敢言及揭弊著称。

澎湃新闻是中国具有一定影响力的网络媒体，也是中文互联网原创新闻主要全媒体内容供应商之一，近年来影响力开始不断提升。它拥有互联网新闻信息服务一类资质，7×24小时为中国互联网数字用户生产、聚合优质时政思想财经文化类内容。

澎湃新闻创办于2014年。结合互联网技术创新与新闻基本价值传承，同时拥有超过400名记者与编辑，通过图文、视频、VR、动画等全媒体新型传播方式的综合运用，澎湃新闻迅速成长为中国媒体融合发展的领跑者之一。2020年7月22日，澎湃新闻通过线上发布会的形式宣布了最新战略，在做好互联网新型主流媒体的同时，致力于成为全链条内容生态服务商。

目前，澎湃新闻有APP、IPAD、PC和WAP四端，兼具微信、微博、抖音、快手等多个平台，新闻内容全网分发，拥有较强的社会公信力、传播力、影响力。

截至2020年6月，澎湃新闻APP端安装数字用户已超1.78亿，日活数字用户已达1060万，每日全网阅读数超过4.5亿。2017—2020年间，澎湃新闻获得中国新闻奖、亚洲出版协会SOPA、美国SND全球数字媒体设计大奖等近150个国内外奖项殊荣。

2. 澎湃新闻数字用户画像

性别分布：男性占比69%，女性占比31%。年龄层分布：30—39岁占45%，40—49岁占30%。地域分布：北上广和江浙、山东、湖北、安徽、河南、四川等。用户特点：独立思考的高级知识分子。

3. 澎湃新闻运营特征

澎湃新闻是一家综合性新闻网站，以时政、财经、文化与思想为重点报道领域，以注重新闻原创、重视思想分析、文风通俗个性、创新表达方式为主要特色。读者定位为以关注上海、关注长三角珠三角、关注我国的政经界人士和影响力、购买力强的中高端人士及海内外精英为主。

网站在功能设计上也彰显了创新。例如该网站的"提问"功能，数字用户可以针对每一条新闻提出自己的疑问，并获得其他数字用户以及记者和专业人士的解答。网站也希望通过这一方式，使得数字用户可以真正读懂新闻，同时分辨出真相和谣言。为此澎湃新闻专门配置了问答运营团队，在必要时，由专业人士对数字用户提问作出专业回答。另外网站还设有"新闻跟踪"功能，如果数字用户

认为对此新闻事件或话题感兴趣，可以通过"新闻跟踪"按钮跟踪该新闻事件或话题。当事件或话题有新的进展时，系统会自动通过标签关键词，将新的进展报道推送到数字用户的跟踪文件夹中。

在澎湃新闻APP中，内容组的基本单位是栏目，一个个栏目根据不同维度聚合成频道，它们组成了规模庞大、分类清晰的订阅池。数字用户通过订阅管理来实现内容的整合聚焦，只有订阅了栏目，下设内容才会出现在数字用户自己的首页，实现千人千面的个性化首页。目前澎湃新闻APP中共有17个频道、84个栏目。

（1）湃客。湃客是澎湃新闻旗下的专业创作者平台，以成为中国新媒体发展创新基地、全球创作者交流平台为目标，集纳并展示外部优秀纪实作品，倡导自我表达，捕捉时代命脉。现有核心板块为非虚构写作、纪实影像、数据新闻。

作为"湃客"频道下设的非虚构写作栏目，"镜相"致力于发现和培育优秀非虚构文字作品及作者，记录真实世界的悲欢喜忧，内容包括但不限于世情百态、人生故事、家族史、历史钩沉、回忆录、纪实文学等。

作为"湃客"频道下设的纪实影像栏目，"眼光"致力于挖掘全球视觉创作原生力量，通过影像的方式讲述故事。作品形态包括但不限于纪实摄影、短视频、纪录片、多媒体H5（该内容为宣传营销使用的可以包含图片、链接，甚至音乐、视频互联网广告）等。

作为"湃客"频道下设的数据新闻栏目，"有数"致力于连接和扶持具备数据挖掘与可视化能力的创作个体或团体，共同挖掘公共话题中的数据力量。作品形态包括但不限于数据图表、数据驱动文章、数据交互等。

（2）澎湃号。澎湃号整合湃客、政务、媒体三大平台，采取"邀约+严选"的模式，邀请专业领域优质创作者、权威政务及媒体机构入驻。

湃客号针对专业领域的创作者，先后开设"镜相""眼光""有数"以及"众声"四大核心板块，致力于发现、培育和扶持非虚构内容的原生力量。通过量化的"湃客指数"，湃客从内容质量、影响力、美誉度、互动性、活跃度等多维度、颗粒化的指标，形成对优质账号的准入和评价体系。

政务号响应中央对政务信息发布的最新要求，以"形式上不断创新、内容上回归政务传播本源"为目标，用主流价值纾解政务号的流量焦虑和算法焦虑。澎湃新闻的政务平台以时政创新宣传为特点，以区域和各行业各系统的改革、发展为重点，以和政务号在内容、活动上的合作为抓手，实现政务信息在众多主流平台上的快速传播、重点传播、深入传播，为城市赋能、弘扬正能量、打造官方品牌和形象等提供强大支撑。目前，入驻澎湃的政务号已超过1.5万家，成为中国原创新闻平台中极具规模和特色的政务平台。

媒体号立志成为中国官方原创媒体在优质内容上的首选分发渠道，已经有300余家具备主流影响力的中央媒体、地方媒体、新媒体客户端等入驻，和澎湃新闻共同探索5G时代媒体如何转型发展，探索如何在重大新闻报道、独家新闻策划中进行战略合作，探索共同解决用主流价值纾解技术革新带来的问题。

(3) 澎友圈。澎友圈是集评论分享、关注"澎友"、热点追踪等社区功能为一体的高质量数字用户互动社区，分为"关注""推荐""问吧"三大板块。

数字用户可以在"关注"中订阅心怡的澎友，时刻了解他们的观点、动态。

"推荐"中的话题词实时追踪当下热点，让人快速获取新闻时事的重要节点。

"问吧"是一个新型问答社区，问吧中最基本的元素是"话题"，"话题"的核心是人，各个领域的名人、达人会在问吧中开设自己的话题，迎接数字用户提问。在积累了一些问题后，名人和达人将陆续开始回答数字用户的问题。数字用户在文章中的评论、问吧里的问答可实现同步到澎友圈。同时，数字用户还可以在澎友圈发布自己的原创帖，如记者手记、采访现场图、观点评论、生活随感小视频等，随时随地记录你在澎湃的足迹。

(二) 澎湃新闻运营战略

2020年7月22日，澎湃新闻通过线上发布会的形式宣布了最新战略，在做好互联网新型主流媒体的同时，为互联网内容行业提供包括素材、加工、审核、分发、版权交易等在内的一系列支持和服务，力求超越媒体、破界出圈，实现从全媒体平台跨越发展成为全链条内容生态服务商。

1. PAI视频素材交易平台

PAI视频是提供图片、视频、音乐等各种影音资料的开放平台，同时提供配套进阶服务，如在线剪辑、交易系统、精准推送、正版保护等。该平台拟融入电子合同、区块链等技术，保障入库素材的版权正规化，建立帮助素材创作者进行版权登记、侵权证据固定及维权的全链条版权保护模式，在提升互联网内容价值的同时，规避知识产权侵权风险。

PAI视频将在年内预计引入亿级图片、视频等素材，连接高度碎片化上游的创作者和下游客户，为他们提供云端存储交易空间，聚集沉淀的图片、视频等素材进行梳理和上线销售，焕发新的价值。

2. 澎湃内容风控平台

利用政策、业务、人才等优势，澎湃新闻研发了基于人工+智能+制度的内容风控平台。该平台以内容审核解决方案、内容生态培训方案、内容风控优化一体化解决方案为重要组成部分，并将不断切入新业态内容的审核风控服务。其中，内容审核解决方案包括审核流程体系、审核技术模型体系、审核规则体系等。

澎湃新闻内容风控服务将面向客户端、网站、公众号、小程序等各类新媒体，涵盖图文、视频、直播、网络文学、音频等类别的业务，并逐步向动漫、音乐、游戏、广告、运营等领域拓展。澎湃新闻将充分融合与展现其内容风控服务的四大核心优势——专业优势、资质优势、资源优势和技术优势，与新媒体合作伙伴们一起协作共赢。

3. 澎π系统2.0

澎π系统是澎湃新闻在多年的新媒体实践中打造、进化而来的融媒体系统和解决方案，旨在协助融媒体快速融入新型互联网主流传播体系，制作出众多现象级产品并有效传播；同时，针对传统媒体向新媒体融合、创建市场地位中碰到的困难，提供针对性的解决办法，为融媒体的生产管理提供有效、管用的良好支持。

澎π系统2.0拥有安全、实用、智能的三大特性：提供技术安全和流程安全保障；整合与统一多端门户资源，实现一次操作，多点发挥效应；AI智能技术深度介入信息内容生产与分发过程，植入澎湃算法，有效避免数字用户兴趣收敛。在系统优化方面，澎π系统2.0将协助提供和构建媒资管理系统、广告管理系统、在线实时动态舆情监测、统辖各端的内容管理后台等，提升与完善以手机APP端为中心的媒体平台。值得一提的是，澎π系统2.0也将覆盖本地服务功能接入、融媒体人员技能提升培训、媒体传播模式和工作流程的复盘和指导，以协助推动融媒体达成增强本地化服务能力、更高效的互动方式、融合统一传播力影响力、获得更优质的广告传播效能。

澎湃新闻诞生于2014年。结合互联网技术创新与新闻基本价值传承，澎湃新闻400多位记者，通过图文、视频、VR、动画等全媒体新型传播方式的综合运用，每天生产超过300条的原创新闻报道，已迅速成长为中国媒体融合发展的领跑者之一，影响力在中国新闻网站中位居前列。

做好新闻的同时，澎湃新闻产品也在不断进化。澎湃新闻推出了问吧和问政频道，让用户不再是单向地听读看新闻，让新闻当事人和政务机构直面用户。

4. 小结

得益于广阔需求市场，近年来我国手机新闻客户端的用户规模不断增长，到目前增长势头依然强劲，市场潜力巨大。数据显示，2018年我国手机新闻客户端的用户规模为6.68亿，预计2019年中国手机新闻客户端用户规模达6.93亿，到2020年将达到7.11亿元。

为净化网络环境，国家不断加强网络监管，重点打击涉嫌政治敏感、三俗内容的网络平台，另外也通过新闻资质加强内容源头管控。在网络监管常态化的背景下，新闻客户端对内容质量的要求提高，这对出身于互联网公司的新闻平台而言增加了内容审核与风控成本。

技术的发展丰富了新闻的传播方式和途径，也逐渐改变了大众阅读新闻的习惯，人们对新闻的需求从"有图有真相"跃升至"视频为证"。视听产品既能满足用户碎片化、场景化、立体化的需求，又能发挥强互动、易传播等特点，同时还有利于拓宽平台商业变现途径，逐渐成为手机新闻客户端的重点发展方向。

2018年新闻资讯平台纷纷加入下沉市场掘金队伍，以更贴近大众生活的新闻来获取三、四线城市用户。与此同时，具备地域优势的地方新闻媒体也在加快向移动端拓展，推出地方新闻手机客户端抢夺当地用户。整个下沉市场加速觉醒，行业竞争加剧。

在移动互联网野蛮生长的过程中，新闻资讯平台涌现出许多利用标题党、低俗内容、假新闻等低劣手段获取流量的现象，并在算法分发的模式下得到助长。分析认为，当市场进入存量竞争阶段，满足用户快速高效获取资讯的根本需求成为致胜关键，这意味着新闻内容将回归真实本质，新闻客户端平台开启由"量"到"质"的升级道路。

在中国社会化媒体发展的今天，我们可以看到互联网发展趋势，以参与者的泛化、传播媒介的转变、多元化的信息采集与分析，将概念界定为互联网资讯平台和原创综合性平台两类。互联网技术的发展实现了丰富的内容传播，数字用户对媒体公信力意识的增强，从原有传统媒体机构，并借助互联网科技行业的不断提升，让数字用户从电视屏转向PC电脑屏，直至移动手机屏。

中国飞速发展的互联网技术推动新闻资讯产品实现了精细化运营，如今看新闻打开新闻客户端，社交使用微信，娱乐消遣，学习有抖音、快手、B站，消费支付有支付宝、微信支付，足不出户知天下事，逐渐形成万物互联的良性生态圈，信息可溯源，应用及时便捷，不受时效限制，使得传播媒介更快速地促进社会化媒体的进程，保障信息公开、透明、真实和快速传播，消除并减少了因信息带来的社会舆论与不确定因素，维护了社会稳定发展。中国的移动互联网新闻媒介，从及时性、准确性、服务性、知识性、公益性五个维度进行了价值输出，并关注与数字用户生活密切相关的内容，最终依托影响力、公信力及读者资源和报道资源，实现中国社会化媒体的稳健发展。

而从商业的角度，社会化媒体自带传播效应，可以促进零售商品购买信息、使用体验等高效、自发地在强社交关系群中传递，对用户来说信息由熟人提供，对其真实性更为坚信，购买转化率更高。

中国社会化媒体用户达10亿，人们离不开社会化媒体。社会化媒体覆盖人群更为全面，能够较好地进行用户群体补充。对社会化媒体的有效利用为电商的进一步发展带来新的契机。

（三）读特和读创

读特和读创是深圳报业集团在2016年先后上线的两大主流媒体新闻客户端，也是《深圳文化创新发展2020》中确定建设的媒体融合重点项目，两大新闻客户端的发展历程是主流媒体进行融媒体转型的一大缩影。

读特是深圳报业集团倾力打造的一款移动新闻客户端，它在成立之初，主要由深圳特区报团队进行运营。读特的目标用户瞄准为党政机关公务人员、企业高管、社会精英，其内容突出深圳特区特色，针对深圳改革开放、创新发展的经验与成就进行报道。然而，在早期，读特的内容并没有脱离纸媒的报道习惯，在定位上也没有与深圳特区报做出太大的区分。几经实践探索，深圳报业集团更明确了读特的品牌定位，致力于将其打造成"面向深圳党政机关的最大新闻类客户端"，其新闻内容也更体现党媒特色，强调发挥传统主流媒体的权威性和主导性，在重大主题宣传中弘扬正能量。2019年7月，人民网发布《2019全国党报融合传播指数报告》，在全国党报自有APP排名中读特排名第14位。截至2020年9月，读特用户下载量已突破1500万，成为深圳本地最具影响力的新闻类APP。

读创是依托深圳报业集团旗下的深圳商报整体转型推动的，其结合深圳优势产业特色，量身打造成以科技、财经为主要特色的移动新闻客户端。深圳被誉为中国最具"硅谷气质"的高科技城市，读创的内容定位与深圳的产业基础和城市定位高度契合。经过几年的发展，读创逐渐摸索出了更明确的定位——"深圳300万商事主体社交平台"，这不仅与深圳报业集团自身媒体平台进行了差异化，特别是与深圳商报做出了新媒体与传统纸媒的定位区别，还明确区分于集团外的同类科技财经类媒体。

深圳的商事登记制度改革走在全国前列，是我国商事主体第一城，其商事主体数量、创业密度均居全国第一，深圳也将其营商环境打造成了其最核心的城市竞争力。但是，面对众多的商事主体，读创在上线之前，并没有一个专门为其服务的媒体平台。有了更清晰的定位后，读创服务于深圳营商环境的优化，除了提供传统新闻资讯，还专注建设以垂直社交、舆情监测、政策解读、高端论坛、创新投资、营商环境等为主的全新生态，打造企业社交圈层、政企互通桥梁、权威价值资源库等业务板块。并且在新闻内容上，读创以企业的需求为导向，提供企业相关的商业资讯，并提供产业政策和公共服务资讯的及时解读。

除了在产品定位上的探索和内容上的相应调整，深圳报业集团在移动新闻客户端的建设上紧跟新媒体技术发展的潮流，在大数据新闻内容抓取、用户数据研究、新闻内容融媒体呈现、用户社群打造上均有所创新，经过多年的发展逐渐稳固了两大新闻客户端在新媒体领域的地位。

第四节 小程序

小程序是一种无须下载安装的轻型应用程序，用户只需通过"扫一扫"或者直接搜索即可打开应用并使用应用提供的各项功能，"用完即走"，不会占用移动设备的内存空间，用户无须担心安装过多应用的问题。自2017年初在微信平台推出以来，微信小程序凭借其伴随性、便利性和良好的用户体验获得了众多开发者和使用者的认可。根据TalkingData在2018年发布的报告，微信小程序在2018年年初已拥有1.7亿的日活用户量和4.3亿的月活用户量，参与开发者100多万。用户在使用微信时，平均有1/12的时间在使用小程序。

对媒体而言，多数媒体机构在过去的媒体融合发展过程中已经建立了微博、微信公众号和新闻客户端三大新媒体平台。其中，微博、微信公众号等传播平台主要为传统媒体提供了新的内容分发渠道，以新闻内容的发布和推送为主，以帮助媒体能将新闻内容传播给更多社交媒体用户。而新闻客户端则更加自由灵活，既是媒体发布最新新闻资讯的重要平台，也能提供新闻信息检索、专题深度阅读等新闻内容服务和其他政务、民生服务。而小程序以社交媒体为依托能紧密地连接社交媒体用户，同时又具备新闻客户端的高自由度，为媒体的融媒体实践提供了更多创新的空间，随着小程序功能的完善和用户的迅速增加，越来越多的新闻机构开始尝试开发小程序，拓展新闻信息传播渠道。

一、媒体建设小程序的实践和发展模式

以轻量化为核心逻辑的小程序给亟待转型的传统媒体开拓了新的融媒体发展路径。相较于开发新闻客户端来说，开发新的小程序较为简便，开发者只需要在前端完成基础技术开发工作，而接口、概念、环境等其他要素都衍生自原生应用，能极大减少开发时间，降低了开发成本。对媒体机构而言，小程序属于自由度更高但开发成本相对较低的一类新平台。与新闻客户端相比，媒体无须投入过多人力、财力去搭建和维护小程序，媒体不会过多地分散注意力，依然能将更多的资源放在如何生产出更优质的新闻产品上。对于资源有限的媒体而言，小程序是一个重要的融媒体转型平台。同时，微信平台自身拥有的巨大流量红利对希望获得更多受众的媒体而言也具有极大的吸引力。

自小程序被推出以来，已有不少媒体开始尝试开发小程序，并将其纳入融媒体传播矩阵中。早在2017年1月，新华社就开发了第一个新闻类小程序——新华社微悦读，随后人民日报、凤凰、东方早报等传统媒体都在微信上发布了自己的小程序矩阵。以人民日报新媒体矩阵的产品为例，人民日报的小程序与人民日报的微信公众号有着紧密联系，人民日报微信公众号的新闻专栏可以直接链接到小程序，用户进入小程序后可以阅读到更多精彩、翔实的文章。广播媒体也积极探索小程序的实际运用，浙江湖州广播电视总台交通文艺于2019年上线了微信小程序，向用户提供当前直播的广播节目的在线收听和往期节目的回听，为听众收听广播节目提供了新的便捷有效的方式。同时，小程序也为广播媒体与听众的互动模式提供了新的实现方式。在小程序的广播直播间中，听众可以直接发送自己的观点想法，主播也能在节目中看到听众的即时反馈，并与听众进行互动，有助于形成社群效应，提高节目的影响力。

如果说人民日报和浙江湖州广播电视总台小程序的设计开发依然保留了较浓重的媒体色彩，那么浙江卫视在利用小程序的过程中就更多地把小程序当作是与用户进行互动、提高用户黏性的一个社交产品进行设计，玩法更加多元。浙江卫视王牌综艺《奔跑吧》开发了一个粉丝互动型小程序"浙江卫视奔跑吧"，该小程序能通过拉取微信用户微信运动步数，并将其兑换成小程序中的流通货币R币，所有用户还可以通过打卡签到、观看视频、挑战每日任务等方式获取额外R币，并通过捐币应援、参与抽奖等行为消耗R币。此外，该小程序中还开设了奔跑吧周边商品店铺，用户可以通过积分兑换的方式或者购买的方式获得自己喜爱的周边商品。这款小程序的开发时间不到15天，就进入了阿拉丁小程序内容榜前三名，一度刷屏微信群，取得了很好的用户反馈。

目前，主流媒体发展小程序主要有四个模式：内容主导模式、"内容+工具"模式、内容互动模式和"内容+商业服务"模式。其中，内容主导模式是新闻类小程序发展的主流模式，人民日报、新闻联播等主流媒体或媒体栏目均采用这一发展模式，该类小程序主要提供文字、视频、音频等多媒体形式的新闻内容。以"内容+工具"模式发展小程序的媒体重点利用了小程序突出的工具属性，从用户需求出发，为用户提供各类媒体服务。例如"人民数据社"曾为媒体工作者提供新闻追踪的服务，满足其了解特定新闻内容传播路径的需求。媒体工作者只要打开传播追踪页面，复制粘贴好新闻标题和链接，就能看到该条新闻的转载媒体、转载趋势、转载渠道、转载地域等传播情况。以内容互动模式发展小程序的媒体通常会采用打卡、答题、竞赛等方式吸引用户参与互动，以提升用户黏性。其中一个典型的例子就是新华社的新华答题小程序，用户通过该小程序能够以答题对战的方式挑战好友或参加冲顶排位赛，该小程序在2018年的"两会"期间仅在3天内便吸引了100万人参与答题，传播效果十分不错。最后，"内容+商业服务"模式的小程序主要解决主流媒体营利乏力的问题，这类小程序注重将场景与商业要素结合，增加媒体的变现渠道。例如，广州日报+小程序和财新小程序试水付费阅读板块、中国青年报推出"抱团"小程序，用户可直接通过该小程序报名参与团购、聚会、出游、运动、业内讲座等活动。

二、媒体搭建小程序的主要突破口

从以上的媒体实践情况和发展模式可以发现，与传统的媒体平台相比，小程序的运营方式与微信公众号、新闻客户端等平台相比存在一定差异。小程序的轻量特点让用户能非常简单便捷地使用，无须下载、安装或更新这些操作，这是小程序与新闻客户端的一个重要差异。但这一"用完即走"的特点也带来留存率较低的问题。TalkingData在2018年发布的报告显示，小程序次日留存率为10%，而周留存降低为3.2%，月留存仅为0.5%。并且，用户使用时长也较短，用户的整体日均使用时长在7.5分钟左右。与此同时，小程序又不同于微信公众号或微博这类平台，它不仅是呈现新闻内容的一个窗口，还能提供更多的服务和功能以满足用户在不同移动场景下的需求，增加了用户与应用之间的交互可能。

小程序低留存、短时长的用户使用特点，以及能够嫁接更多服务交互功能的延展性，对媒体搭建和运营小程序提出了新的要求。媒体在使用小程序进行新闻传播的过程中应尽可能强化用户的互动体验，并尽可能提供更多不同场景下的服务功能，以吸引用户频繁访问，提高留存率。在媒体的传播矩阵中，微博、微信公众号、新闻客户端主要扮演的角色仍侧重于新闻信息的把关和提供，虽然平台中设有跟帖、回复、点赞等互动功能，但由于便捷性和直接性等问题，互动体验的效果实际上并不十分突出。尤其在微信公众号中，用户的媒介期待更多的是在第一时间了解新闻资讯，以及将相关资讯分享至朋友圈或与自己的好友进行讨论，但用户与媒体平台的深度互动较为有限。而小程序能够容纳多种功能，重在满足用户不同场景下的各类需求，帮助其解决各类问题，天然地具有互动性和对话性，因此媒体能利用小程序强化互动体验，弥补在传播实践中互动性的不足。例如，在济南交通广播小程序中，用户不仅能收听和回放广播节目，还可以用文字、图片、语音评论，打赏主播与发放语音红包。上海广播电视台民生栏目"新闻坊"推出的小程序"新闻坊+"中囊括了市民爆料、寻人寻物、摄影大赛等多种互动形式，用户还能在小程序中进行签到获得积分，兑换节目礼品。如果媒体能够进一步创新小程序使用中的互动体验，能有效提升用户黏性，为其传播矩阵的建设贡献重要力量，进一步扩大媒体自身的影响力。

低用户留存一直是小程序运营需要解决的一个重要问题。小程序的主要入口是下拉的附近列表、微信公众号、二维码和搜索，不像微信公众号那样能够点击关注，并在列表中随时查看已关注的公众号。如果小程序提供的服务和功能不能频繁地唤起用户使用，该小程序很可能逐渐被用户所遗忘。因此，媒体在开发和运营小程序时可以考虑延伸服务场景和所提供的主要服务功能，以提升小程序的打开率。除了新闻内容的提供，"互联网+政务"是媒体小程序能够提供的一个重要服务。例如，人民日报微信小程序曾开设了"提问"板块，该小程序会根据用户所选地区显示当地的直属领导，用户通过点击"下一步"就能输入问题，搭建起了公众与政府进行沟通的桥梁。该小程序中还会公示各省市回复排行榜，让用户直观地了解各地各级政府具体的回复情况。此外，小程序还能帮助媒体实现诸多与媒体内容服务相关的各类功能，让媒体将内容生产和社交、工具等多个应用场景结合起来，延伸媒体平台在用户日常生活中所扮演的角色。

如果媒体能够挖掘出用户在特定场景下新闻内容消费的新需求，洞察除了获取优质的新闻内容以外的用户痛点，并利用其媒体资源提供能够满足该需求的高质量服务，则能极大地吸引用户在有需要的时候打开小程序，提升用户黏性。腾讯曾发布"微信辟谣助手"小程序，集纳多个辟谣机构进行辟谣，截至2018年年底完成辟谣文章近120万篇，单日科普数量近50万次。这个小程序的设计与当下舆论环境中越来越多的谣言和假新闻的辟谣需求相适应，满足了公众对新闻真相的需求。该小程序对于传统媒体的小程序建设探索而言具有很好的启发性。传统媒体相对众多商业媒体和自媒体而言具有更强的权威性和公信力，如何利用传统媒体积累下来的这些优势推出新的媒体服务，优化用户的新闻消费体验，满足其对优质新闻内容的需求，是传统媒体建立小程序以完善传播矩阵的一个重要突破口。

三、媒体建设小程序的典型案例

江苏广电融媒体新闻中心曾在新闻小程序搭建上有过较为积极的实践，在2018年开发了集网络直播、短视频、线索报料、互动征集、线下服务、游戏等功能为一体的微信小程序——"江苏新闻"，主要突出用户互动方向，并且通过线上线下的各类互动项目，带动"江苏新闻"公众号的用户活跃度。例如，江苏广电在小程序节目中利用网络同步电视节目直播的方式，在直播间中开设互动评论专区，与用户实时互动，并与江苏政务服务办"江苏12345在线"进行数据互联，观众在节目中的询问、投诉、意见会通过服务办发送给各个相关的职能部门，并在线上线下予以答复和解决。

江苏广电融媒体中心新媒体互动部的副总制片人袁晓文指出，作为微信生态圈里轻量化的APP，小程序一方面能扩展新闻类微信公众号的各类功能，在开发体量上也比较灵活，并且能提高关联微信公众号整体的活跃度，增加用户黏性，另一方面可以通过授权获得比微信公众号更丰富的用户数据，加以利用可以更加精准地划分用户群体，更好地设计各类线上线下活动。同时他也指出，小程序的运营仍旧依托于微信平台，在用户数据获取上也有天然的平台限制。其次，在5G发展的大趋势下，会有更多更先进的媒体技术催生更复杂的媒体产品，当小程序轻量化的特质与复杂媒体产品相矛盾时，小程序媒体的开发价值则需重新论证。这或许也是上线两年后，"江苏新闻"小程序不再得到过多维护的原因。

第五节 多平台联动

对融媒体平台来说，既要将已有的平台巩固好，又要不断搭建新的传播平台，想方设法加大用户规模，增强用户黏性，这是融媒体发展过程中的关键步骤。有了多元、强大的平台和渠道支持，媒体才能更好地将好的新闻传递给公众，才能发挥出新闻媒体的新闻价值与传播功能。时任人民日报媒体技术公司总经理叶蓁蓁甚至曾表示，单独一个媒体集团所生产的内容数量和种类，不足以满足其全部用户的个性化需求，打通全行业、消融媒体边界、丰富媒体内容池以吸引用户，势在必行。在融媒体时代面对激烈的市场竞争，各平台之间更是不能彼此孤立、各自为政，要努力搭建起全媒体矩阵，不断整合成一股力量。通过科学地进行融媒体建设，使得不同平台在内容、人力、资源等方面实现真正的融合，才能够最大化地发挥出融媒体的传播力、影响力和公信力。

如从2010年开始，各大电视台纷纷创建网络电视台，进而开展丰富的网台联动实践。网台联动，就是电视台借助互联网渠道进行内容传播和功能拓展、互联网借助电视台进行产品价值和公信力提升的双向促进过程。中央电视台与CNTV（中国网络电视台）、上海电视台与看看新闻网、湖南电视台与芒果TV等形成了网台融合的传播格局。一是在内容上形成了增值和数据化处理，就是将母体的内容在网站上进行二次编辑和传播，用户可随时点看；二是在功能上形成了互补，网络平台上发起的投票、组织的社区讨论、获得的新闻线索，既可以反哺给母体形成内容支持，也吸引了用户的参与；三是有了电视内容的支撑，传统媒体的公信力向网络延伸，网络平台的引导力与影响力得到了切实的增强。

"网台互动"是实现媒体融合的第一步，如今"两微一端"、小程序、头条号等新媒介渠道频增，构成了更加丰富多元的媒体生态，计算机、通信、电视等行业朝着智能化的方向快速变革，用户渴求硬件、软件、云端整合的使用体验，并希望其拥有的各种智能终端——手机、平板电脑、个人电脑、电视等可以互联互通、实时同步、内容共享，而媒体进行多平台联动的关键一点在于清楚地了解各平台的媒介传播特点、用户特征和主要优势，根据这些要素提供各具特色的新闻内容和服务，并通过网站链接等方式将各平台打通，使其能互相引流。新闻网站和新闻客户端可以说是汇聚媒体生产的新闻内容的主要平台，两者均具有很强的兼容性，能呈现文字、图片、视频、音频、直播等各种形式的新闻内容，同时包含着丰富的最新新闻资讯、自媒体和机构类账号生产的内容，可以通过设置专题板块将相关的新闻报道汇总在一起为用户提供深度阅读，并能提供跟帖、评论等互动交流功能。这两个平台就类似于提供多种类型产品和服务的大型超市，各类内容几乎应有尽有，用户能在其中自行挑选自己感兴趣的新闻内容。因此，要发挥新闻网站和客户端的这一优势就需要不断提升平台中内容的丰富性，同时保证新闻信息的质量和可信度，完善平台的整体架构，使用户一旦访问该平台就能快速、顺利地获取到感兴趣的新闻内容。

但对于这两个平台来说，用户的吸引和积累是面临的一大问题。在移动互联网时代，人们越来越习惯于通过移动设备获取信息，而新闻网站在移动端的界面和兼容性并不是很好，用户体验一般，用户通常会选择使用更加流畅的移动应用获取新闻资讯。而对于新闻客户端而言，由于整体新闻客户端的市场竞争非常激烈，出现了"马太效应"，很多用户都被头部的客户端产品所覆盖，这对吸引用户、提高装机率构成了很大挑战。针对这一问题，媒体可以考虑多层次、异步式地推送新闻内容。受信息发布数量、内容形式的限制，社交媒体账号能够承载的新闻内容远不如新闻网站和客户端中的内容、形式丰富，例如微信公众号中订阅号一天仅能群发一次，推送的文章数量有限，而像微博更多适合于发布最新消息，属于短平快的信息模式，评论和深度报道类的长新闻内容并不适合微博平台。因此，平台可以将最具时效性、重要性更高的内容通过社交媒体账号在第一时间推送给用户，而将更多深度的、拓展性的内容投放在新闻网站和客户端上面。二者之间可以通过超链接联系起来，通过社交媒体为网站与客户端引流。新闻编辑可以将网站和客户端中更加丰富的新闻评论、深度解读、直播链接、新闻图片专辑等作为延伸阅读链接至相关文章末尾，吸引感兴趣的用户前往新闻网站或客户端。反过来，用户可能会将在新闻网站与客户端阅读的文章链接转发至微博、朋友圈或微信群，从而使得网站或客户端中的新闻内容进入社交网络，增加新闻内容的曝光量，扩大信息传播范围，提升二者的访问量，甚至吸引新用户下载客户端。

总体来看，传统渠道主打新闻内容的"深度"，社交媒体平台主推新闻的"速度"和"新意"，新闻网站和客户端主推内容的"广度"，小程序则以互动和服务为亮点，进行多平台联动是发挥融媒体影响力的有效途径。虽然在互联网时代，新媒体在时效性上强于传统媒体，但传统媒体长期以来积累的权威性和公信力依然是其无法取代的核心优势。因此，传统媒体不应自废武功，应当最大化地发挥这一优势，从专业、深度、全面的角度呈现新闻内容，满足用户日益增长的高品质信息需求。这一点在信息爆炸式增长、网络谣言和虚假新闻满天飞的时代显得弥足珍贵。

相比之下，入驻社交媒体在信息推送上具有很强的时效性，能在新闻发生的第一时间就可以将新闻传递给公众。社交媒体极快的传播速度，改变了用户对新闻时间的感知，事件与新闻在时间上接近同步，这种新闻的临场感体验更加强烈。与此同时，社交媒体用户以青年一代为主，他们年轻、时尚，热爱新鲜、有趣的事物，传统的新闻呈现方式和语言表达风格已经无法适应新时代的信息消费口味。为了更好地满足用户的信息需求，新闻媒体还需要在呈现形式上下一番功夫，对用户进行群体画像，分析用户特征和兴趣偏好，以用户所乐见的话语风格采写新闻，并多尝试H5、直播、短视频等多种新形式，进一步提升用户的新闻消费体验。

而新闻网站和客户端拥有一个相对自主的新闻信息呈现平台，媒体能自行安排内容板块，囊括媒体机构自身采集、发布的内容，以及众多UGC/PGC内容，拥有其他平台渠道所没有的自由发挥空间，适合向综合、全面、深度方向发展。小程序既拥有客户端的自由度，又嫁接于社交媒体的平台上，是与用户进行互动沟通、维持用户关系的重要平台。但也由于小程序轻量化的特点，它不适合像客户端一样把所有的内容、栏目和服务全部纳入，重点开发最能激发用户在特定场景下对媒体服务需求的功能是小程序发展的主要侧重点。同时，由于小程序与微信公众号同在微信平台上，媒体也可以通过二维码、链接等方式将两者联系起来，推动两者在内容和服务两方面互补发展。

不管是传统的还是新兴的，平台在新闻信息传播过程中的渠道作用都至关重要。如果说前期新闻采访、编辑加工是对烹饪食材的挑选、采集和烹饪，那么融媒体平台的建设和发展就是将新闻大餐如何推荐给食客，好的新闻只有被传播出去，才能发挥出自身的新闻价值、经济价值和社会价值。与第三方平台相比，自建平台有着自主性强、形态丰富、内容多样的优势，是融媒体平台牢牢掌握话语权的一把利器。在融媒体发展过程中，媒体应对新闻网站、新闻客户端和小程序等自建平台科学统筹规划，既要利用好自身的各类新闻资源，也要与其他各类平台之间建立起连接，实现平台之间的良性互动，将融媒体烹饪的"私房菜"汇成"满汉全席"。这是融媒体发展迈向深水区，新闻产品朝着"准""新""深""快"的方向继续发展的支撑力量。

第五章 播发合作平台运营

第一节 社会化媒体

一、社会化媒体概述

社会化媒体（也称社会性媒体），是指数字用户彼此之间用来分享意见、见解，讨论经验和观点的工具和平台，现阶段主要包括社交网站、微博、微信、博客、论坛、播客等。近年来，社会化媒体在互联网的沃土上蓬勃发展，出现井喷效应，百家争鸣。同时，社会化媒体是大量数字用户自发贡献、提取、创造新闻资讯，海量传播的过程，其传播的信息已成为数字用户浏览互联网的重要内容，创造了数字用户社交生活中争相讨论的一个又一个热门话题，进而吸引传统媒体争相跟进。社会化媒体有两点需要强调，一个是数字用户基数多，一个是自发传播，如果缺乏这两点因素的任何一点就不会构成社会化媒体的范畴。社会化媒体的产生依赖互联网高速发展，我们既是互联网的读者也是互联网的作者。

社会化媒体的根基就是群众基础和技术支持，如果没有意识到数字用户对于互动的、表达自我的强烈愿望也不会催生那么多眼花缭乱的技术，换言之如果没有技术支撑，数字用户的需求只能被压制无法释放。社会化媒体正是基于群众基础和技术支持才得以发展。从数字用户的角度来看，更多元的社会化媒体呈现，将带动更丰富更良性的媒体呈现方式。而相较于企业，就意味着社会化媒体是宣传与商业落地的有力途径，需思考如何有效地贯彻社会化媒体矩阵。

二、社会化媒体发展史

从目前来看，社会化媒体的影响力与日俱增，但社会化媒体也不是一开始就有的，其经过了漫长的发展过程。

（一）播种时期（1979年）

（1）新闻组：在1979年Tom Truscott和Jim Ellis最初设想，数字用户可以将文章或公告（称为"新闻"）张贴到新闻小组（Newsgroups）。

（2）留言板（BBS）：首个BBS出现在20世纪70年代，最开始BBS建立在个人计算机上，数字用户通过主机的调制解调器拨号进入，同时只能允许一个人接入。BBS是最早允许数字用户登入并与他人交往的一种网站。

（3）在线服务：在BBS之后出现了像CompuServe和Prodigy之类的在线服务网站，它们是首次真正通过互联网进行"合作"的尝试。CompuServe是首个植入聊天程序的网站，Prodigy则致力于使在线服务变得更低廉。

（二）萌芽时期（1980—1989年）

（1）即时通信：IRC（互联网中继聊天）于1988年产生，用于文件、链接的共享或其他方面的联络。这种聊天形式是即时信息的真正鼻祖，IRC主要是基于UNIX（操作系统）的，且限制向大部分人的访问。ICQ开发于90年代中期，是第一个即时信息的PC程序，采用了头像、缩写词（LOL、BRB）和表情。在它之后，即时通信客户端接踵而至。

（2）交友网站：交友网站是最早出现的一批社会化网络，允许数字用户创建配置文件（通常附照片）并与他人联络。

（3）论坛：网上论坛在社会化媒体的演进过程中起到了重要的作用，它是流行于七八十年代的BBS的演化形式，但通常有着更加友好的界面，便于非技术型访客使用。

（三）洗礼时期（1990—2003年）

（1）社会化网络：Friendster是第一个真正的通用社会化网站，成立于2002年。LinkedIn建立于2003年，是最早致力于商务用途的社会化网站之一。MySpace成立于2002年，到2006年，它已经成为世界上最热门的社会化网站。在2004年，Facebook由仅仅在哈佛大学内部的社会化网络迅速扩展到其他高校，之后是中学、商务领域和所有数字用户。

（2）利基社会化网络：随着社会化网络的增加，一些用作专门用途的利基网站开始出现。现在，几乎针对每一个90后网络营销与策划爱好、兴趣、行业或集团，都有专门的社会化网络站点。Ning是一个建立利基网络的平台，Ning里面的网络可以拥有极强的自主性，甚至通过付费还可以使自己的网络从Ning独立出来，成为独立的网络。

（3）公司主办的社会化网络：各行各业的企业建立了相当数量的社会化网站。Authonomy是一个例子，它是HarperCollins英国分公司建立的一个作家网络，吸引了来自全球各地成千上万的满怀热情的作家。

（4）多媒体共享网络：社会化媒体并不局限于社会化网络站点，分享照片、视频和其他多媒体内容也是社会化媒体中颇受欢迎的内容。近年来，Flickr已经成为一个具有全球影响的网站，上面有群组、照片库，允许数字用户创建配置文件，添加好友，或将照片整理成图像或视频专辑。Youtube是首个视频托管与共享站点，创立于2005年，数字用户可以上传长达10分钟的视频并通过Youtube分享或将其嵌入其他网站（社会网络、博客、论坛等）。

（5）社会化新闻与书签网站：2005年前后出现的社会化新闻和书签网站给我们带来了一种获取世界动向和发现趣味内容的全新方式。当有了Delicious、Digg、andReddit等这样的网站，数字用户可以将自己发现的有趣新闻分享给更广的人群，消息因此得到了更广泛的传播。

（6）实时更新网络：实时更新已经成为社会化媒体的新准则。随着2006年Twitter的出现，状态更新已成为社交网站的新标准，现在几乎所有的社会化网络都已经实现了实时更新。Facebook、MySpace、LinkedIn等社会化媒体网站都允许其数字用户实时更新状态。实时更新可以使数字用户不间断地和亲人朋友保持联络，这通常会改进人际关系。

（四）成熟时期（2004—2010年）

2004年，Web2.0的概念正式被提出，这成为社会化媒体诞生的主要标志。Facebook、Twitter均诞生在这个阶段。

（五）大规模应用时期（2010年至今）

2010年至今，是社会化媒体的大规模应用时期，随着智能终端的普及，大量社会化媒体应用，如微博、微信、知乎、小红书等变得流行起来。

三、社会化媒体的特点和分类

（一）社会化媒体具有以下特点

（1）参与：社会化媒体可以激发感兴趣的人主动地贡献和反馈，它模糊了媒体和受众之间的界限。

（2）公开：大部分的社会化媒体都可以免费参与其中，他们鼓励数字用户评论、反馈和分享信息。参与和利用社会化媒体中的内容几乎没有任何障碍。

（3）交流：传统的媒体采取的是"播出"的形式，内容由媒体向数字用户传播，单向流动。而社会化媒体的优势在于，内容在媒体和数字用户之间双向传播，这就形成了一种交流。

（4）对话：传统媒体不能GFT（文件类型）以"播出"的形式，将内容单向传递给受众。而社会化媒体则多被认为具有双向对话的特质。

（5）社区化：在社会化媒体中，数字用户可以很快地形成一个社区，并以科技、教育、体育、游戏、知识、生活、娱乐、民生等共同感兴趣的内容为话题，进行充分的交流。

（6）连通性：大部分的社会化媒体都具有强大的连通性，通过链接，将多种媒体融合到一起。

（二）社会化媒体大致可以分为以下几类

（1）Social Networking Sites 社会关系网站；

（2）Video Sharing Sites 视频分享网站；

（3）Photo Sharing 照片分享网站；
（4）Collaborative Directories 合作词条网站；
（5）News Sharing Sites 新闻共享网站；
（6）Content Voting Sites 内容推选媒体；
（7）Business Networking Sites 商务关系网络；
（8）Social(Collaborative) Bookmarking Sites 社会化标签。

图5-1 社会化媒体分类

四、社会化媒体平台介绍——微信

微信（WeChat）是腾讯公司于2011年1月21日推出的一款面向智能终端的即时通信软件。

微信为用户提供聊天、朋友圈、微信支付、公众平台、微信小程序等功能，同时提供城市服务、拦截系统等服务。2012年4月，腾讯公司将微信推向国际市场，更新为"Wechat"。

微信运营模式如下：微信运营是指负责微信的运营，包括个人微信和微信公众平台的建立，然后通过微信跟用户达到沟通的运营过程，前期通过人群定位，实现自媒体大数据，是信息时代所产生的产物。随着功能的不断迭代，微信小程序、视频号等功能不断完善，微信群组直播也即将成为微信新的亮点，微信运营主要体现在运营者以安卓系统、苹果系统的手机或者平板电脑中的移动客户端进行的日常运营推广，商家通过微信和微信公众平台进行针对性运营。

用户可以通过朋友圈发表文字和图片，同时可通过其他软件将文章或者音乐分享到朋友圈。用户可以对好友新发的照片进行"评论"或"赞"，用户只能看相同好友的评论或赞。

通过这一平台，个人和企业都可以打造一个微信的公众号，可以群发文字、图片、语音三个类别的内容。

视频号是微信的短内容，一个人人可以记录和创作的平台，也是一个了解他人、了解世界的窗口。它于2020年1月21日开启内测。

微信网页版指通过手机微信（4.2版本以上）的二维码识别功能在网页上登录微信，微信网页版能实现和好友聊天、传输文件等功能，但不支持查看附近的人以及摇一摇等功能。QQ浏览器微信版的登录方式保留了网页版微信通过二维码登录的方式，但是微信界面将不再占用单独的浏览器标签页，而是变成左侧的边栏。这样方便用户在浏览网页的同时使用微信。

2015年7月21日，微信官方宣布，用户只要定位在支持的当地，即可通过城市服务入口，轻松完成社保查询、个税查询、水电燃气费缴纳、公共自行车查询、路况查询、12369环保举报等多项政务民生服务。

2017年4月17日，小程序开放"长按识别二维码进入小程序"的能力。经过腾讯科技测试，该功能在iOS以及Android均可使用，如果无法正常打开，请将微信更新至最新版本。在2017年3月底，小程序还新增了"第三方平台"和"附近的小程序"两项新能力。

2017年9月14日晚间，微信悄然进行了版本更新，在最新的安卓与iOS微信上，用户打开微信后会看到一条必读消息《微信隐私保护指引》，需点击同意后才能使用该应用。2017年11月2日，微信悄然上线保险销售业务。

2020年6月5日，微信安卓最新版的微信支持修改微信号，入口在"我"→"个人信息"→"微信号"，符合条件的用户支持一年修改一次微信号。2018年3月，微信直接推出"高速e行"，只要你把你的车与微信账户绑定，就可开通免密支付。如果不放心，还可以单独预存通行费。下高速时，自动识别车牌，自动从你的微信账户中扣款，并发送扣费短信，实现先通行后扣费。

微信支付是集成在微信客户端的支付功能，用户可以通过手机快速完成支付流程。微信支付向用户提供安全、快捷、高效的支付服务，以绑定银行卡的快捷支付为基础。

微信指数是微信官方提供的基于微信大数据分析的移动端指数。

1. 捕捉热词，看懂趋势

微信指数整合了微信上的搜索和浏览行为数据，基于对海量数据的分析，可以形成当日、7日、30日以及90日的"关键词"动态指数变化情况，方便看到某个词语在一段时间内的热度趋势和最新指数动态。

2. 监测舆情动向，形成研究结果

微信指数可以提供社会舆情的监测，能实时了解互联网用户当前最为关注的社会问题、热点事件、舆论焦点等，方便政府、企业对舆情进行研究，从而形成有效的舆情应对方案。

3. 洞察用户兴趣，助力精准营销

微信指数提供的关键词的热度变化，可以间接获取用户的兴趣点及变化情况，比如日常消费、娱乐、出行等，从而对品牌企业的精准营销和投放形成决策依据，也能对品牌投放效果形成有效监测、跟踪和反馈。

最后微信官方也表示，微信指数还是一个尚未成熟的功能，接下来也会慢慢优化改善。希望通过这一功能能帮助企业或自媒体完成更精确化营销。

五、社会化媒体平台介绍——微博

（一）微博概述

微博，即微型博客，是一种允许用户及时更新简短文本（通常少于200字）并可以公开发布的博客形式。它允许任何人阅读或者只能由用户选择的群组阅读。微博最大的特点就是集成化和开放化，你可以通过你的手机、IM软件（gtalk、MSN、QQ、skype）和外部API接口等途径向你的微型博客发布消息。

微博是Web 3.0下新兴的一类开放互联网社交服务，国际上最知名的微博网站是Twitter，美国白宫、FBI、Google、HTC、DELL、福布斯、通用汽车等很多国际知名个人和组织在Twitter上进行营销和与用户交互。

（二）微博的三大特性

微博草根性更强，且广泛分布在桌面、浏览器、移动终端等多个平台上，有多种商业模式并存，或形成多个垂直细分领域的可能，但无论哪种商业模式，应该都离不开用户体验的特性和基本功能。

1. 简单易用与便捷性

这里有两方面的含义：第一，相对于强调版面布置的博客来说，微博的内容组成只是由简单的只言片语组成，从这个角度来说，它对用户的技术要求门槛很低，而且在语言的编排组织上，没有博客那么高；第二，微博开通的多种API（应用程序接口）使得大量的用户可以通过手机、网络等方式来即时更新自己的个人信息。

2. 人际"圈"的影响力

相对于博客来说，用户的关注属于一种"被动"的关注状态，写出来的内容其传播受众并不确定；而微博的关注则更为主动，只要轻点"follow"，即表示你愿意接受某位用户的即时更新信息，从这个角度来说，它对于商业推广、明星效应的传播更有研究价值。

同时，对于普通人来说，微博的关注友人大多来自事实的生活圈子，用户的一言一行不但起到发泄感情、记录思想的作用，更重要的是维护了人际关系。

3. 人类天生的"传播欲"与Web 2.0时代到来后科技的完美结合

在这个信息爆炸的时代，每个人的生活都深深地被知识浪潮所影响。而互联网，则是永不过时的课堂。当跨过Web 1.0"门户网站"时代之后我们惊奇地发现，原来每个人都可以是时代的记录者和关注者，从1998年的"德拉吉报道"抖出的克林顿丑闻到2005年中国"博客元年"的到来，Web 2.0已经不再是一个空泛而概念化的前沿理念，带给我们的，是一个真正全民狂欢时代的来临。"芙蓉姐姐"的走红和"木子美"事件，代表着博客作为一种新兴的交流工具，走进了普通民众的生活，个人的言论自由得到了极大的发挥。

相对于博客需要组织语言陈述事实或者采取修辞手法来表达心情，微博只言片语"语录体"的即时表述更加符合现代人的生活节奏和习惯；而新技术的运用则使得用户（作者）也更加容易对访问者的留言进行回复，从而形成良好的互动关系。

（三）微博运营模式

1. 微博可以降低一定的推广费用

Baidu、Google、Yahoo等搜索引擎有强大的博客内容检索功能，可以利用微博来增加被搜索引擎收录的网页质量，提高网页搜索引擎的可见性。利用这一优势只要在微博网站上开设账号即可发布文章，而且目前发布微博文章都是免费的。当一个企业网站知名度不高并且访问量较低时，往往很难找到有价值的网站给自己链接，此时则可以利用"微博"为本公司的网站做链接。企业管理者还可以在微博内容中适当加入企业营销信息达到网站推广的目的，这样的微博推广成本低，且在不增加网站费用的前提下，提升了网站的访问量。

2. 以更低的成本维持顾客关系

企业管理者可以借助微博平台发表观点，读者可以发表评论，管理者可以回复读者的评论，因为微博的实时实地性，管理者与读者的沟通会更及时、更便捷，因此可以更好地维持与顾客的关系。

3. 微博有利于加强内部沟通

企业通过创建微博，一方面可以宣传自己的产品，另一方面也可以很好地阐述自己的经营理念。一些企业家在自己开设微博的同时，也要求企业的员工普遍开设微博，如恒信公司总裁李厚霖就是这样。员工是企业微博的首要关注群体，最早的反馈信息往往来自企业内部。员工访问企业微博，可以获知领导者的所思所想，领会其理念和价值观，掌握企业的工作中心和重点所在，同时也会提出自己的见解，其中往往不乏有价值的建议和意见。这对于企业改进产品、了解员工的所思所想、发现人才都是非常有益的。

4. 微博是危机公关的有效方式

当企业出现危机事件时，通过媒体消除负面影响是一个有效的方式。媒体渠道不仅包括报纸、杂志、电视等传统媒体，而且包括互联网时代的新媒体，如博客、微博。在微博里，企业家通过与网友的面对面交流，以诚恳的态度相对，能更好地达到危机公关的目的。

六、小结

在通信技术高速发展以及移动网络不断普及的今天，中国当前社会出现了越来越多的社会化媒体。社会化媒体本身具有广泛的受众群体，多样化的传播途径和突出的传播特点，在世界领先的互联网市场之一的中国，越来越多的互联网平台从单一功能转向多功能的复合媒体，而其中"功能巨无霸"的中国特有平台（如微信）的产生为品牌影响创造了诸多接触点，我们将这种独有且复杂的社会后媒体定义为复合媒体。

复合媒体是指平台支持搜索、交友、通信、娱乐、游戏、购物及社交功能，且总用户数大于5亿。在中国，微信、支付宝、淘宝、QQ目前都可被定义为复合媒体。除了复合媒体外，中国社会化媒体生态格局中核心社会化媒体和衍生社会化媒体，仍然扮演重要角色。

核心社会化媒体重关系平台，用户可通过用户关系，建立和维护社会关系，比如微博、贴吧、豆瓣等。而衍生社会化媒体重内容平台，用户可从内容生产者处获取符合兴趣的信息，比如知乎、头条、B站等。

因此传统的公众舆论引导机制无法与现阶段的社会化媒体环境相适应，中国社会化媒体已成为中国互联网的重要组成部分。互联网上的信息可以更迅速地在不同的平台间传播，品牌与企业更主动积极地利用社会化媒体，同时，企业在社会化媒体上的活跃表现也推动了社会化媒体平台进一步地繁荣与发展。

第二节 短视频、直播平台

一、短视频概述

短视频（Short Video）又叫短片，是指长度在15分钟以内的视频，主要是在移动智能终端上进行拍摄、美化编辑或加特效，并可以在网络社交平台上进行实时分享的一种新型视频形式。

短视频有时间短、信息承载量高等特点，更符合当下数字用户手机使用行为习惯。随着智能移动端的数字用户规模的不断扩大，很多移动手机数字用户得以充分利用碎片时间拍摄、观看短视频。视频的数字用户流量创造了巨大的商机，因此有很多的互联网巨擘竞相注资开发短视频平台。

不同于微电影和直播，短视频制作并没有像微电影一样具有特定的表达形式和团队配置要求，具有生产流程简单、制作门槛低、参与性强等特点，又比直播更具有传播价值，超短的制作周期和趣味化的内容对短视频制作团队的文案以及策划功底有着一定的挑战，优秀的短视频制作团队通常依托于成熟运营的自媒体或IP，除了高频稳定的内容输出外，还有强大的数字化用户渠道；短视频的出现丰富了新媒体原生广告的形式。

短视频应用特征如下：

短视频制作模式正朝着PUGC（"专业用户生产内容"或"专家生产内容"）形式转换，一个场景、一种情绪，自拍加上特效，就能突破传统视频，这种自由随性也能减轻受众的心理负担。主动、自我的视觉演绎表演机会增多能进一步满足受众对短视频碎片化时间的消费需求和"潮流趋势"，大众对视觉内容也有更多个性化、分散化的要求，数字用户能透过短视频屏幕看到对方的世界，更多的是看与被看的关系。某视频网站上的一位原创内容作者，通过短视频分享采摘玉米、做农活等田园生活，数字用户们通过屏幕可以"看到"她的生活。

短视频面向更小众群体精准推荐，各种短视频APP每天会实时根据数字用户喜欢的、关注的内容进行推送，伴随短视频内容垂直化程度的加深，社交平台根据数字用户喜好推荐的短视频内容更加准确。平台根据大数据的算法功能，分析数字用户日常观看短视频的习惯，进行更准确的分析和推算。例如快手数字用户数量短时间的快速增长也得益于其引入了智能算法（指在实践中，经常会接触到一些比较"新颖"的算法或理论）进行精准推送，算法提升了数字用户体验及短视频分发效率。

相比于传统视频，短视频的传播更为年轻人所青睐。例如抖音和火山可以在线上分享到朋友圈、微博、QQ空间等应用平台，更符合当下年轻人的视听模式，加上明星和网络达人的助推，短视频的社会传播效力巨大。

在社会化媒体中，裂变式传播已成为短视频的核心特征，商业化的短视频更需要强化受众黏性。裂变式传播的基础是内容和关系链，优秀的内容在强关系（指的是交往的人群从事的工作、掌握的信息都是趋同的，人与人的关系紧密，有很强的情感因素维系着人际关系）中传播形成虚拟的社交网络，数字用户更倾向于相信圈子内部流通的信息，形成"口碑式传播"，推动社会化商业进程。

目前很多短视频都是普通数字用户自己创作，从场景、服装到十分生活化的内容，进一步体现了短视频平台的低门槛和草根化。虽然数字用户以年轻人为主，但也不乏一些老人和小孩，也能获得不错的点赞量和评论数，形成人人可创作、人人可分享，有中国特色的社会化媒体平台。

二、直播概述

直播是指在现场随着事件的发生、发展进程同步制作和发布信息，具有双向流通过程的信息网络互联网应用平台发布方式。其传播形式也可分为现场直播、演播室访谈式直播、文字图片直播、视音频直播或由电视平台（第三方）提供信源的直播。同时互联网应用平台具备海量存储、查询便捷的功能等。

随着移动互联网络技术、5G（第五代移动通信技术）市场的发展，直播的概念有了新的发展方向，更多的数字用户关注网络直播，特别是短视频直播互联网生态链备受关注。直播按移动互联网端领域细分为：

（1）社交直播类：强调互动，突出社交属性的直播平台；

（2）综合直播类：直播内容涵盖直播带货、电竞、秀场、社交、明星等；

（3）教育直播类：侧重输出具有学习教育意义的内容，如在线课堂讲座、行业沙龙、峰会等；

（4）游戏直播类：侧重电子竞技直播，如LOL、Dota等；

（5）秀场直播类：主要直播内容为唱歌、跳舞、脱口秀等；

（6）体育直播类：侧重体育赛事，如中超、意甲、NBA等；

（7）带货直播类：主要直播内容、产品、品牌、分享带货等；

（8）官媒直播类：侧重官方媒体宣发。

（一）直播应用特征

例如穿衣搭配节目，商家可以把品牌服装加入节目中，让品牌服装出现的频率更高，这就是广告效应；商家也可以在直播平台中直播自己的店铺、产品，这些都会获得关注度，也会获得不错的销量。直播的过程能增加数字用户的信任感，同时增加了数字用户的黏性，更好地转向社会化商业进程。

（二）直播经济的优势

直播最明显的优势，就是交流体验的随时性。数字用户可以随时与主播进行交流，数字用户还可以与其他数字用户交流，是当下数字用户最喜闻乐见的一种传播方式，引发全民参与，实现各方利益最大化。强有力地改变原有经济结构，线上线下销售融合互通。

（三）直播经济的主体

主播分为娱乐主播、带货主播、知识主播三类，都是通过个人影响力，打造个人IP，并搭建自己的自媒体矩阵，从而获得盈利。

娱乐主播主要是靠数字化用户打赏或者平台流量分成获得盈利，而带货主播是通过与商家合作通过线上宣传品牌、销售产品、利润分成获得盈利。知识主播是通过自身专业能力知识分享获得盈利。

除了主播个人以外，对应的MCN机构（Multi-Channel Network，是舶来品，是一种多频道网络的产品形态，将PGC内容联合起来，在资本的有力支持下，保障内容的持续输出，从而最终实现商业的稳定变现）用于招募主播、培养商业主播吸引数字用户，对主播进行专业培训，策划与之特点相符合的形象进行IP打造，抓住数字用户的眼球，从而实现商业变现。

（四）直播营销

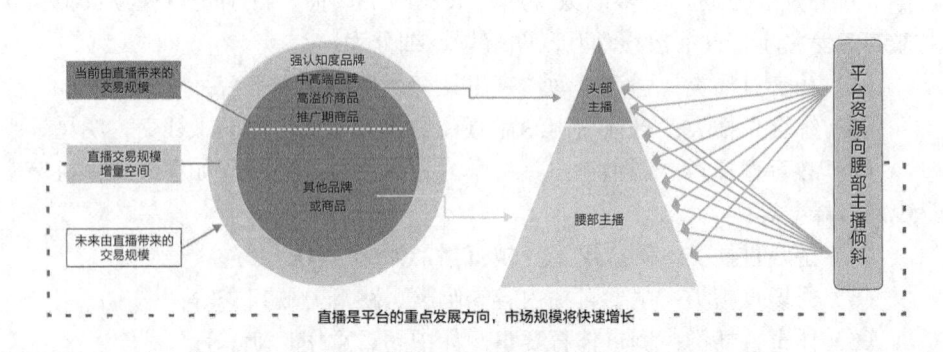

图5-2 直播营销的发展方向

直播营销是一种营销形式上的重要创新，也是非常能体现出互联网短视频优势的特色板块。对于广告主而言，直播营销有着极大的优势：

从某种意义上说，在当下的语境中直播营销就是一场事件营销。除了本身的广告效应，直播内容的新闻效应往往更明显，引爆性也更强。一个事件或者一个话题，相对而言，可以更轻松地进行传播并引起关注。

能体现出数字用户群体的精准性。在观看直播短视频时，数字用户需要在一个特定的时间共同进入播放页面，这其实是与互联网短视频所倡导的"随时随地性"背道而驰。但是，这种播出时间上的限制，也能够真正识别出并抓住这批具有忠诚度的精准目标人群。

能够实现与数字用户的实时互动。相较传统媒体传播形式，短视频直播的一大优势是能够满足数字用户更为多元化的需求。不仅仅是单向观看，还能进行实时互动交流，甚至还能动用民意的力量改变节目进程，具有互动的真实性和立体性。在我国互联网应用技术不断发展的过程中，短视频也涌现出了更多的呈现方式，例如，AR技术[增强现实（Augmented Reality）技术，是一种将虚拟信息与真实世界巧妙融合的技术]直播、VR技术（又称灵境技术，是20世纪发展起来的一项全新的实用技术。虚拟现实技术囊括计算机、电子信息、仿真技术，其基本实现方式是计算机模拟虚拟环境从而给人以环境沉浸感）直播等。

在去中心化的社会化网络环境下，数字用户在日常生活中的交集越来越少，尤其是情感层面的交流越来越浅。有仪式感的直播内容播出形式，能让一批具有相同志趣的人聚集在一起，聚焦在共同的爱好上，情绪相互感染，达成情感气氛上的高位时刻。如果品牌能在这种氛围下做到恰到好处地助推，其营销效果能获得更有效、更精准的作用。

（五）直播营销人群特征

无论是大品牌还是个人，在利用直播进行营销时，往往离不开以下几个流程。

1. 精确的市场调研

直播是向大众推销产品或者个人，推销的前提是我们深刻地了解到数字用户的需求是什么，我们能够提供什么，同时还要避免同质化的竞争。因此，只有精确地做好市场调研，才能做出真正让数字用户喜欢的营销方式。

2. 项目自身优缺点分析

精准分析自身的优缺点，在直播的过程当中，营销经费充足，人脉资源丰富，可以有效地实施各类营销方式，有力提升品牌竞争力，对大多数公司和企业来说，没有充足的资金和资源储备，这时就需要充分地发挥自身的优点来弥补，一个好的项目也不仅仅是资源、财力的堆积就可以达到预期的效果，只有充分地发挥自身的优点，才能取得理想的效果。

3. 受众人群定位

营销能够产生结果才是一个有价值的营销。我们的受众是谁、他们能够接受什么等一系列的问题，都需要做恰当的市场调研分析，才能精准地找到合适的受众，这才是做好整个营销的关键。

4. 直播平台的选择

直播平台种类多样，根据属性可以划分为私域流量直播、公域流量直播两个领域，所以，选择合适的直播平台也很关键。

5. 良好的直播方案设计

成功的关键就在于最后呈现给受众的方案。在整个方案设计中需要营销策划、广告策划、脚本撰写及直播间运营和主播的共同参与，让产品在营销和视觉效果之间流畅转换。值得注意的是，在直播过程中，过分的营销往往会引起数字用户的反感，所以在设计直播方案时，如何把握视觉效果和营销方式，都需要各方的配合协作，形成良好的团队运作。

6. 后期的有效反馈

营销的最终目的都要落实在转化率上实现对应的商业价值。营销的落地要根据市场反馈来优化迭代。通过数据反馈可以不断地修整方案，将营销方案可实施性不断提高。

在中国社会化媒体转向社会化商业，在高速发展的进程当中，互联网应用技术不断地提升，我国涌现出一批为全球翘楚的互联网短视频应用平台，如抖音、快手、B站等。

三、平台分析——抖音

（一）概述

抖音是一个帮助数字用户表达自我、记录美好生活的互联网短视频直播平台。

抖音于2016年9月上线，数字用户可以通过这款软件选择歌曲，拍摄音乐短视频，形成自己的作品，并通过直播，实现真正意义上的社会化商业变现，在我国互联网高速发展的今天，抖音已成为数字用户不可或缺的社会化媒体身份之一。

2019年，抖音入选2019中国品牌强国盛典榜样100品牌，截至2020年，国内总用户数超10亿，日活跃数字用户量已突破4.5亿，同年火山小视频和抖音宣布品牌整合升级，火山小视频更名为抖音火山版，并保持高速增长。

自影像技术诞生以来，全世界范围内最受欢迎的短视频呈现方式是音乐短视频（music video）。受限于MV拍摄对专业要求过硬，数字用户无法参与其中，而抖音短视频直播平台的出现降低了制作门槛与表达成本，增加了内容趣味性，融入数字用户生活当中，为我国的互联网直播短视频行业发展奠定了基础。

（二）抖音发展历程

2017年11月10日，抖音母公司（字节跳动）以10亿美元收购北美音乐短视频社交平台Musical.ly，与抖音合并，使中国互联网短视频直播社交平台面向国际。

2018年4月10日，抖音上线反沉迷系统。第一期上线的反沉迷系统，主要包括两部分：一是时间提示功能，当数字用户连续使用90分钟后，提醒数字用户注意时间；二是时间锁功能，由数字用户设定密码开启，一旦单日使用时长累计达到2小时，系统将自动锁定，数字用户需要重新输入密码才能继续使用。

2018年5月6日，抖音邀请社会各界、广大数字用户代表和专家学者，面对面地研讨拟订《抖音社区公约》，用于规范社区环境、保护数字用户权益等。

（三）抖音的商业模式

用短视频内容吸引数字化用户，建立信任，引流到直播间，或者通过官方在直播广场、同城页、官方活动等方面给予的精准流量推荐，为短视频内容增粉，这样的双向导流更有利于达人突破量级、出圈。在此基础上，"种草+带货"的精准营销得以实现。

在整个生态环境中，不仅头部（顶级流量）、肩、腰部（二线流量）达人的天花板更高，尾部达人（三线流量）也拥有直播带货冷启动（指无资源优势、无流量数据基础的达人）的机会。在其他电商、直播平台中，头部达人占据大部分流量红利，创作者从0到1的可能性大大降低。

从达人带货的逻辑和现状可见，抖音正在基于平台独有的生态，构建一个直播带货的新业态。

平台生态离不开"人、货、场"三点，数字用户可通过直播广场、同城页、官方活动、精准推荐，多端进入直播间，满足娱乐和购物需求。随着购物车、抖音小店等功能的完善，数字用户使用体验和达人的带货体验也逐渐提升，自2019年开始直播带货以来，他们能感受到平台在直播流量上的倾斜力度加大。另外，对于消费者来说，对达人的信任、减少选品步骤、消除选择恐惧等这些购物体验也大大提升，同时满足了品牌与数字用户的购物需求。

（四）抖音受众群体分析

抖音在搭建数字化用户从社会化媒体转向社会化商业的过程中，对现有数字用户人群做了精准分析，将该互联网短视频直播平台定义为有娱乐或表达需求的数字用户群体。该群体可分为三类。

1. 专业生产者

通过组织、团队等强运营手段，拍摄精美图片制作视频，主要通过该平台进行导流、商业变现或营销宣传。

2. 内容分享者

记录生活点滴、有模仿欲、新鲜感、喜欢表达自我。

3. 娱乐消遣者

有一定的娱乐需求，通过该平台打发时间或参与社区互动获得满足。

（五）对数字用户的行为需求分析

1. 娱乐消遣

短视频给予了抖音数字用户表达自我的全新渠道。通过音乐短视频，抖音逐渐形成了一个大的生活分享社区，成为宣泄欲望，幽默搞笑，满足虚荣心、好奇心的情感入口，也成为数字用户分享信息、分享快乐的方式方法。

2. 社区认同

抖音的社区化让数字用户和数字用户之间产生了频繁的互动。数字用户在五彩缤纷的视频和评论中寻找共鸣，在理解和被理解之间获得了心理的愉悦。抖音的去中心化算法以及视频与音乐，拥有较强的代入感，在抖音里看每一个视频都会很容易激发数字用户记忆中的条件反射，也更容易触发共鸣。

3. 营销推广

抖音作为一个迅速崛起的流量新星，自然而然被众多商家数字用户作为新兴的产品服务推广渠道。

4. 简单易用

在内容爆炸的时代，短视频的诞生满足了数字用户注意力逐渐衰减的事实。在全屏+刷新的全新数字用户体验下，快节奏、简单易用的抖音获得了数字用户的青睐。

5. 信息获取

对比起很多网站枯燥的文字攻略，信息传播类视频成为一匹黑马。视频+文字+声音的短视频模式促进了各行业领域一系列信息的传播。

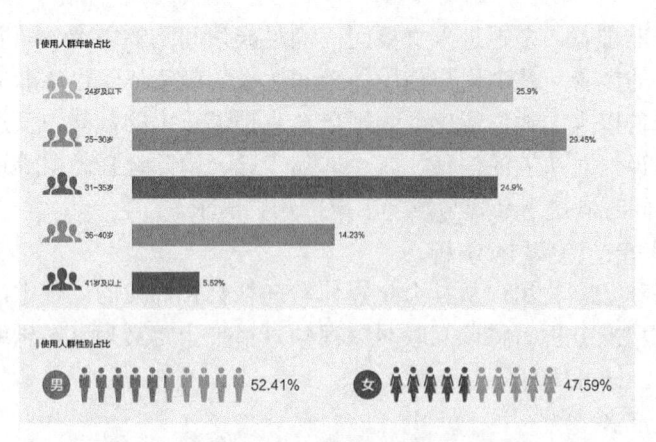

图5-3 抖音使用人群年龄性别构成

从图5-3可以看出，抖音的数字用户25—30岁占比最高，达到了29.45%。24岁以下的用户占到25.9%。这部分群体相对年轻，接受新鲜事物及追赶潮流的变化速度比较快。而41岁以上的用户仅达到了5.52%。

从人群性别方面对比，男女比例相对平均，男性稍高于女性。说明我们选择运营产品的范围相对较广，不必针对某一性别做偏向营销。

从地域方面分析，以沿海地区和一、二线城市分布占比较多，这部分用户文化水平及消费能力都较高。所以在产品定位方面，可以重质量和特色品质，轻低价走量模式。

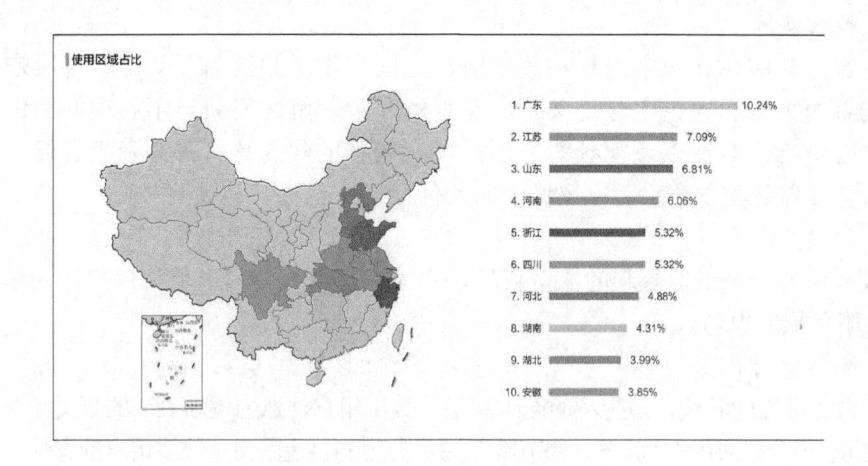

图5-4 抖音使用人群使用区域

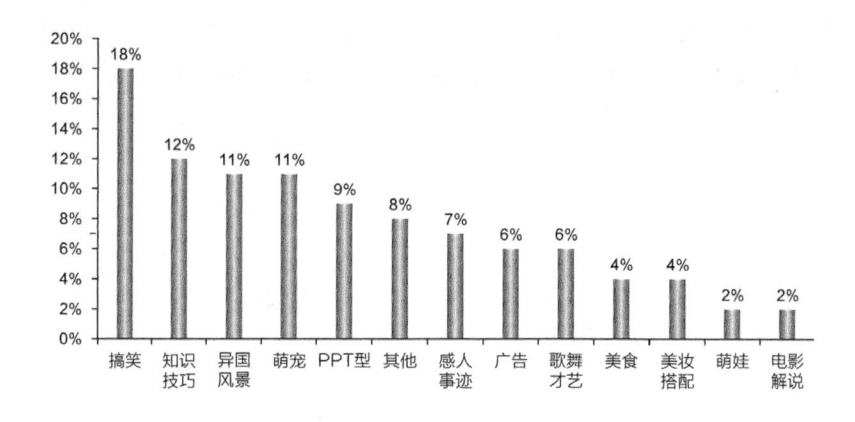

图5-5 抖音短视频主题分类

从视频主题分类来看，搞笑类目占比最大，大部分的抖音用户更倾向去观看搞笑类视频，可见用户使用抖音更多的是一种放松娱乐的方式，其次是知识技巧分享类，在娱乐的同时也能学到知识，增强用户黏性。

四、平台分析——快手

（一）快手概述

快手是我国较早涉足互联网短视频手机应用的平台，其前身为2011年面世的一款制作、分享GIF图片应用"GIF快手"，该应用于2012年转型为短视频社区，并于2014年更名"快手"至今。截至2017年11月，其总使用者已达7亿，日活1.7亿。

（二）快手平台发展历程

2012年，"GIF快手"转型为短视频社区。

2014年更名为"快手"并开始迅速发展，2015年6月数字用户突破1亿。2016年快手加入直播功能。

2020年6月6日上午，快手宣布智能云大数据中心项目落地内蒙古乌兰察布市，投资达上百亿元，预计2021年投入使用。

（三）快手商业模式

快手是率先提出直播短视频与互联网电商有序结合的平台，对数字用户来说，相比于传统线下门店店主和线上网店店主，快手通过对主播个人IP的塑造，完成数字用户对符号象征意义的消费投射，从而形成新的电商销售业态，快手具备独特的"人+内容"型社交互联网销售平台。基于这种业态产生了数字用户与品牌之间的信任感，从而拉升了公域流量和私域流量的整体商业价值。

快手平台在电商板块大致可以分为两类：一类是已有数字用户认知品牌，相对于市场具有一定知名度。另一类则是尚未形成广泛认知度的中小品牌，或者尚未有品牌认知的商家，快手平台则通过自身公域流量和私域流量的运作，形成品牌效应，并带来销售转化。

（四）快手数字用户受众分析

快手电商生态发展较为成熟。大多数数字用户追求高性价比、实用型商品。食品饮料、个人护理、精品女装占比总销量的63.3%。相对于品牌知名度以及产品口碑，快手数字用户更信赖主播的推荐，也更为追求产品的高性价比与实用性，快手数字用户相对于抖音数字用户更为理性。

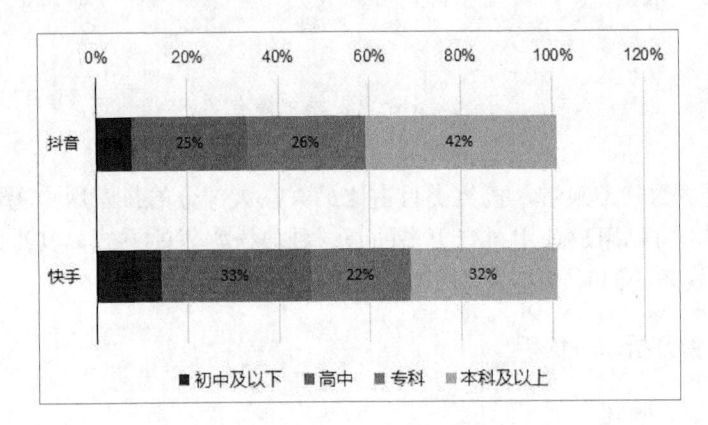

图5-6 抖音与快手用户画像对比 男女比例

快手数字用户与抖音有所重叠。抖音与快手数字用户在画像上有共同之处，一是年轻数字用户比例较高，二是女性比例较高，且重合比例不断攀升。

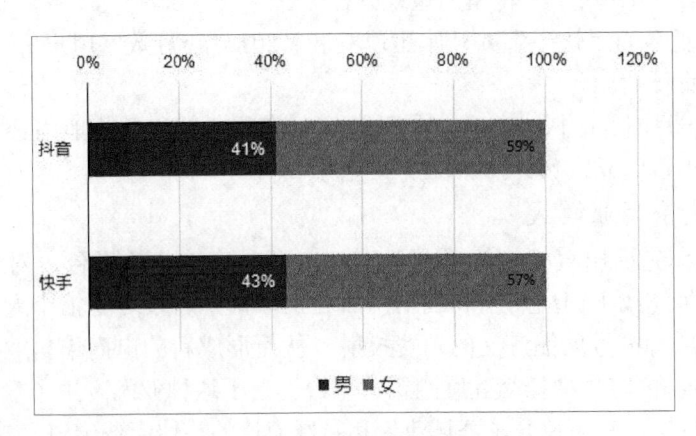

图5-7 抖音与快手用户画像对比 学历

快手在三、四线城市渗透率更高。从城市角度来观察抖音、快手的数字用户，抖音在一、二线城市渗透率较高，而快手在三、四线城市渗透率较高。从收入和学历来看，快手数字用户相对抖音学历水平较低、收入水平较低。

五、平台分析——B站

（一）B站概述

哔哩哔哩（英文名称：bilibili，简称B站）现为中国年轻世代高度聚集的文化社区和视频平台，该网站于2009年6月26日创建，并被数字用户亲切地称为"B站"。B站早期是一个ACG（动画、漫画、游戏）内容创作与分享的视频网站。经过十年多的发展，围绕数字用户、视频创作者和视频内容，构建了一个源源不断产生优质内容的视频生态系统，B站已涵盖7000多个兴趣圈层的多元文化社区，曾获得QuestMobile研究院评选的"Z世代（指1990—2009年间出生的群体）偏爱APP"和"Z世代偏爱泛娱乐APP"两项榜单第一名并入选"BrandZ"报告2019最具价值中国品牌100强。截至2019年第三季度，B站月均活跃数字用户达1.28亿，移动端月活数字用户达1.14亿，18—35岁数字用户占比达78%。2020年1月9日，胡润研究院发布《2019胡润中国500强民营企业》，哔哩哔哩位列第180位。2020年3月18日，B站2019年Q4及全年财报：全年营收67.8亿元，同比增长64%。

图5-8 B站的发展历程

（二）B站的内容生态

bilibili目前拥有动画、番剧、国创、音乐、舞蹈、游戏、知识、生活、娱乐、鬼畜、时尚、放映厅等15个内容分区。生活、娱乐、游戏、动漫、科技是B站主要的内容品类，并开设直播、游戏中心、周边等业务板块。

（三）B站数字用户受众分析

B站82%的用户来自Z世代，位列Z世代偏爱的APP榜首。能抓住Z世代的注意力，就意味着抓住了未来的用户市场。B站可以从以下方式吸引Z世代：

游戏是Z世代重要的娱乐消费，也是B站主要的收入来源。Z世代对于游戏的偏好度更高，并且在游戏上的消费意愿也更强。他们更偏好高协作度的游戏，并会从中挖掘潜在的社交价值。游戏+社交会成为吸引95后的切入点。B站可以多投入线上协作类游戏，并通过与腾讯协作，增加游戏的社交度。

兴趣爱好是彰显Z世代个性的重要维度，也会构成他们自发传播的内容。B站可以在动态模块更细分兴趣圈子，提高社交性。相同爱好的用户在兴趣圈内会有更一致的特征、更高的参与度和服务意愿。同时，B站可以围绕兴趣打造营销闭环，以Z世代的兴趣为中心，渗透消费决策的完整流程，在兴趣圈层内实现流量变现。

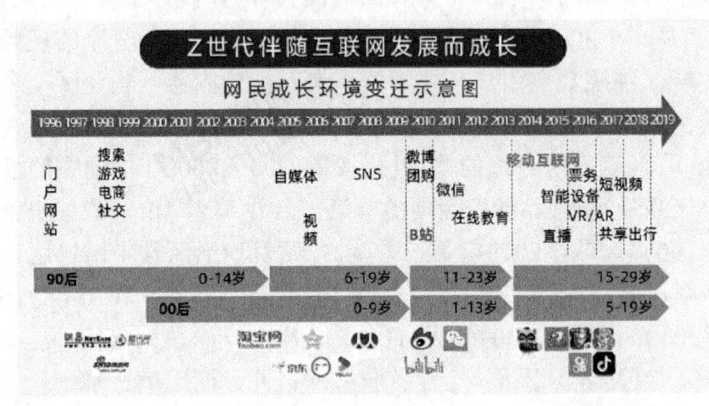

图5-9

（四）B站商业模式

品牌入驻需格外注意以下几点：

（1）拒绝"两微一抖"（微博、微信、抖音）的营销模式。B站数字用户是一群对内容要求非常高的年轻人，品牌号若被数字用户发现内容产出比不高、套路转发其他平台内容，会引起数字用户反感。数字用户会认为品牌缺乏入驻诚意，并且未融入B站文化。

（2）拒绝高高在上，站在"讨好"视角。品牌在B站营销需站在"讨好"视角，融入到群体，维持B站社区氛围的平衡是入驻的首要职责。

（3）输出有趣和有价值的内容。B站数字用户原创内容和播放量内容较高的为生活类、科普类、游戏类和二次元。从内容风格上可以看出，数字用户更在意内容是否有趣或者有价值。

（4）匹配UP主风格，共创内容。知名UP主在B站相当于KOL，拥有大批忠实数字化用户。B站营销的首选方式大多数是和UP主共创内容，视频种草或者广告植入。

（5）B站不仅需要在自己的优势领域，比如PUGC社区、动画番剧等业务功能方面不断打磨，提供最好的用户体验，还需要在其他具备营收潜力的业务上不断发力，比如直播、电商、广告等，力争营收多元化。要使产品和营收都具备竞争力，需要B站在直播、电商等功能模块上投入更多的资源去打磨，提升用户体验，扩大用户规模。虽然B站还在亏损，但是高黏性、高忠诚度的用户就是B站最为珍贵的财产。对于个性张扬的Z世代来说，不管自己在这个世界有多么孤独，有多么地不被人理解，B站总能给予最大的包容度和归属感。

六、小　结

随着中国社会化媒体市场的不断发展，我国社会化媒体平台将更高效持续地加深"社交+内容"媒体多元融合互动，社会化媒体版图不断扩张。短视频直播营销价值凸显，在新的市场环境下，社会化营销从"品效合一"走向"品销融合"。前沿的互联网科技，积极扩大了私域与公域流量的流量池，摆脱流量焦虑，形成了高传播力的价值观、深化的传播认同，并且定位社会化商业内容，将我国互联网视频平台有效地分为三个板块：以抖音为首的泛娱乐短视频直播平台；以快手为首的融合型电商短视频社交平台；以B站为首的原创多元化社区分享平台。

短视频负责种草（宣传某种商品的优异品质以诱人购买），直播负责带货，已经成为普遍的共识，都是以视频类内容为主打。"短视频+直播"的模式，可以充分发挥二者长处，这也是众多主播和商家未来的必选项，因此，两者之间的关系用"伴侣"来形容更为合适。

短视频经过多年的积累，以及抖音、快手等平台的加持，已经形成更为成熟的运作模式，垂类内容更加丰富。各大短视频垂类内容几乎都有自己的头部大号和规模庞大的粉丝群体。

直播带货则成为网络经济的新风口，通过直播打造的线上消费场景，让无数用户纷纷下单购买。直播搭建起了线上消费场景，在促成用户转化消费上的能力不可小觑，而且有着更大的可能性和探索空间。短视频和直播这对"伴侣"，又根据其自身的特性，有着不同的特点，二者究竟是什么关系呢？短视频内容力强，直播互动性高；短视频为直播助力引流；直播促成用户消费转化。总体来说，短视频和直播互为助力，互相补位：短视频内容品质精良，用户留存时间长；直播则实时互动性强，更易促进用户转化消费。

2020年全面建成小康社会之后，网络扶贫的步伐持续深入，更多明星、网红加入公益直播队伍，如新东方等机构也加入了这一行列帮助农民卖货，帮助农产品销售，带动更多普通人开播，实现农业信息的对称，让贫困户脱贫。

5G技术的发展将会催生新技术变革，推动云计算、人工智能和VR技术走向成熟，短视频、直播行业也将进入下一个快速发展阶段，迎来自己的"第二春"。

借助这套组合拳，丰富的内容表现形式最大程度地为平台带来流量，也为短视频和直播行业的发展注入活力。随着数据用户兴趣圈层消费潜力的不断释放，我国独有的互联网网络生态圈形成，这将引领全球互联网平台市场，助推数字经济，将社交文化属性打造成新的阵地，持续影响品牌与数字用户之间的连接，寻求新的机遇。

第三节 移动新闻客户端平台

一、现状及特点

移动新闻客户端是一种手机应用，提供新闻资讯、报纸订阅、休闲、服务等，重大事件发生以推送的方式直接向数字用户推荐，满足多层次数字用户需求。

移动互联网的极速增长，以及手机功能体验的丰富和操作的便捷性，使得数字用户使用手机APP成为一种日常习惯。同时5G网络的全面覆盖、流量资费的降低，使得数字用户通过手机新闻客户端浏览新闻更加快捷、方便，再加上客户端信息传播更高效、更及时，客户端频道更加丰富多样化，内容更加广泛，能进行多媒体、全方位展示，因此，通过手机新闻客户端阅读新闻，已成为大多数数字用户的选择。

（一）手机新闻客户端的现状和优势

根据数字用户对手机应用使用率统计，浏览新闻资讯的需求仅次于即时通信和搜索引擎，有58%的手机数字用户上网是为了获取资讯，新闻类应用使用频率高达67.6%。在新媒体环境下，读者生活节奏加快，阅读时间减少，这预示着手机阅读的影响范围将会越来越广。手机阅读既能快速获取新闻信息，同时契合了碎片化时代读者的便捷性、片段化和主动性的需求。

手机新闻客户端是一种新的新闻传播载体，区别于过去的传播路径，通过智能手机上的新闻客户端浏览新闻，不仅更便捷，而且以其内容的丰富海量、呈现形式上的图文并茂，以及强烈的互动特色、草根风格，成为令使用者耳目一新的新体验。

（二）新闻客户端的显性特征

在大数据时代，"海量"已经成为互联网的特点，近几年"喷薄而出"的各式各样手机新闻客户端的内容亦是如此。特别是门户网站的新闻客户端，如今日头条、澎湃新闻、百度、搜狐、腾讯、网易等，能够聚合各门户网站、行业网站、中央传媒、地方媒体等超过上千个新闻内容来源，并通过"个性化推荐"技术为数字用户提供所需的新闻内容，成为普通百姓、企业高管、媒体人士、政府宣传等各个阶层获得资讯的利器。

在海量的内容包围下，数字用户需要根据自己的需要对资讯进行筛选。当下的新闻客户端信息量虽然多，但绝非杂乱的堆砌，一般根据新闻类别进行整合，将资讯细分为12—20个常见板块，包括头条（要闻）、国际、体育、财经、军事、娱乐、民生等。网易新闻客户端的板块设置更细，单在足球资讯方面，就可以细分为中超、英超、西甲、意甲、足彩等，平行板块多达50多个，将数字用户的体育喜好做了进一步细化；而百度新闻客户端巧妙地应用"标题云"，将一个个热门话题集结成云形，供数字用户选择感兴趣的话题、标签。除此之外，大部分新闻客户端还允许客户根据自己的喜好，手动定订栏目的顺序先后，做到真正的个性化定制。

（三）新闻客户端的商业模式

注重新闻发布的官方媒体，新闻客户端正在全面转向优质内容生产的UCC（数字用户生成内容）自媒体新闻与短视频。UGC即数字用户创造内容（User Generated Content），指的是基于新媒体环境开放性、互动性、社会性的特点，数字用户在个体驱动、群体驱动、社会驱动、技术驱动等因素影响下，借助一定的媒体平台发布文字、图片、音频、视频等内容的行为模式。

对于数字用户制造内容的必然性和重要性，中国传媒大学教授田智辉有如下表述：这是一个互动传播的时代，在这样一个传播媒介和传播科技相互融合的时代，传播的方式呈现出多样化，信息流动的自由达到了前所未有的时间维度和空间维度，信息社会中的受众比以往任何时候都更需要有主动性和参与性，也更富有独特个性，网络媒介的发展，使传播者和受众的区分变得模糊，使接收者与传播者角色的交换变得容易和简单——数字用户从被动地阅读、收听和观看媒体传播的信息内容，变为主动地去寻求信息，积极地参与到制作、传播交流中去。

在新媒体环境下，融合各种媒体手段的全媒体形态，为数字用户提供了全方位、立体化、移动化创造内容的低成本平台，UGC模式完全打破了之前的传受关系，受众经历了从"被动接受者"到"内容反馈者"再到"积极主动创造者"的过程，模糊了传者与受者之间的界限，二者身份趋向并促成了使用者制播内容的公民新闻、全民新闻等媒体新生产新模式。让数字用户制造独有的内容，经过审核之后再推送，人人都可以成为新闻制造者，这类的信息往往更实用，更有亲和力，更受大众喜爱，全面挑起数字用户积极性，与传统新闻形成互补互助的关系。

5G时代，移动短视频将成为移动互联网的第一应用。视觉化呈现新闻就是用图片、视频呈现新闻，将新闻事件真实直观生动地还原。新闻短视频一目了然、通俗易懂，不受年龄、性别、语言以及时空的限制，信息传递效果最佳，且与长视频相比，短视频短小精悍，满足快节奏碎片化的时代所需。两类新闻资讯APP占据市场——媒体新闻客户端、聚合新闻客户端，前者目前市场份额占比较高，优质内容、优秀算法将成主导，视频、直播、VR、AR将成为新闻资讯的全新呈现方式。

二、学习强国平台

"学习强国"学习平台是由中共中央宣传部主管，以习近平新时代中国特色社会主义思想和党的十九大精神为主要内容，立足全体党员、面向全社会的优质平台。

2019年1月1日，"学习强国"学习平台在全国上线。2019年12月6日，学习强国入选"2019年中国媒体十大流行语"。

（一）平台建设意义

2019年2月26日，国资委党委宣传部在京举办中央企业"学习强国"学习平台培训班，98家中央企业党委（党组）宣传工作部门有关负责同志260多人参加"学习强国"学习平台培训。

该平台首次实现了"有组织、有管理、有指导、有服务"的学习，极大地满足了互联网条件下广大党员干部和人民群众多样化、自主化、便捷化的学习需求。

建设"学习强国"学习平台，是贯彻落实习近平总书记关于加强学习、建设学习大国重要指示精神，推动全党大学习的有力抓手，是新形势下强化理论武装和思想教育的创新探索，是推动习近平新时代中国特色社会主义思想学习宣传贯彻不断深入的重要举措。建好用好学习平台，必须突出思想性、新闻性、综合性、服务性。要坚持鲜明主题、突出重点，全面呈现习近平总书记关于改革发展稳定、内政外交国防、治党治国治军的重要思想，打造学习宣传习近平新时代中国特色社会主义思想全面、丰富的信息库。要坚持立足全党、面向全社会，围绕党中央关于理论武装的工作部署，着眼于提高广大干部群众思想觉悟、文明素质、科学素养，丰富学习内容和资源，创新学习方式和组织形式，为建设马克思主义学习型政党、推动建设学习大国作出贡献。要坚持开门办、大家办，发挥各方面积极性，齐心协力打造内容权威、特色鲜明、技术先进、广受欢迎的思想文化聚合平台。

事业没有止境，学习就没有止境。对共产党而言，把马克思主义立场、观点、方法学到手，才谈得上拥有"看家本领"。当前，国际国内形势复杂多变，我们党要团结带领人民夺取中国特色社会主义新胜利，前所未有地面临着统一思想、凝聚力量的艰巨任务，更加需要学习和实践马克思主义，不断从中汲取真理力量和实践力量，更加需要坚持不懈用党的创新理论武装全党、指导实践、推动工作，在学懂弄通做实上下功夫，不断坚定自信、鼓舞斗志，实现同心同德、团结奋斗。这正是我们用好"学习强国"平台的重要意义所在。

学懂"学习强国"学习平台的最终目的是用好用活它。平台设计科学、内容全面、操作简单，为基层党员群众，尤其是流动党员和行动不便的老党员开展自学，带来了极大的方便，让学习变得更简单，基层党组织通过查看学习积分，可以对党员学习情况实现科学评价和有效管理。除此之外，党员干部还可以通过学习"学习强国"平台上的内容，真正用活习近平新时代中国特色社会主义思想，切实做到权为民所用、情为民所系、利为民所谋。

思想田野里的每一寸躬耕，总能在实践中寻得收获。党员干部要利用好"学习强国"学习平台，"干什么学什么，缺什么补什么"，打磨理论思维，使主观世界更符合客观实际，从而更好地指导实践、推动事业发展。

"来一个大学习"是习近平总书记向全党发出的号召。在学习之前冠一个"大"字，当然因为这是一项重大的政治要求、一项重大的政治任务、一项覆盖全党的重大战略举措。

以学宣智，以学修身，以学增才。中国共产党人依靠学习走到今天，也必然会依靠学习走向未来。

(二) 中国社会化媒体的商业变革

网络口碑的研究和社会化媒体的运用已经不属于个人或组织的单独管理范围。"社会化媒体"的迅猛发展和网络口碑日益提升，正在改变企业的商业模式和组织架构，这些改变的意义远大于"沟通"，并通过广告、公关、市场、销售、人力资源以及客户服务改变着品牌和消费者的关系和沟通方式，使得品牌不得不开始调整客户服务体系来应对和回复网上众多消费者的问题和意见。

这些都意味着企业或组织中的某个部门不仅仅需要适应或实现"社会化"，而是需要重建或者至少是"重审"如何更好地用"社会化媒体"的网络口碑资讯向"社会化商业"转化。于是吹响了"中国社会化媒体"的新篇章，用"新服务""新技术""新应用软件"和"新系统平台"去实现"社会化商业时代"的新组织体系和流程管理，一整套社会化商业支持系统能使企业在整个组织中更有效地利用社会化商务智能，为品牌、代理和媒体等各类组织建立、开发和管理自身的社会化商业知识，应用可向组织内外部互联网提供服务系统支持。

(三) 多元化发展之路

中国社会化媒体的运用学习已从简单的数字用户线上生活普及化，转向社会化商业，不断地发展以内容驱动的传播。社会化媒体平台以多元化内容为载体、IP（指个人对某种成果的占有权，在互联网时代，它可以指一个符号、一种价值观、一个共同特征的群体、一部自带流量的内容）矩阵式传播（在多个平台上为同一个企业或个人打造形象的营销手段，让目标用户不管到哪一个平台，都能覆盖并传播）、公域（初次主动或被动参与到开放平台的内容曝光中的流量）私域（私域流量是在初次产生"关系"基础上相对封闭的信任流量）流量联动，形成了有中国特色的社会化媒体平台。

自2009—2010年的爆发期之后，中国的社会化媒体受众越来越分散，应用功能变得越来越复杂。例如，戴尔、英特尔等社会化媒体实践的先行企业为了更好地管理和应对社会化媒体带来的巨大商机与挑战，建立了社会化媒体聆听中心，有专门的团队负责社会化媒体的战略规划、培训和评估。回归商业本质，所有社会化媒体的核心都是人际互动关系。因此无论是企业还是个人如果希望借助社会化网络的强大品牌力量，就必须全方位覆盖中国社会化网络，才能更好地运用中国社会化媒体平台，从社会化网络人际互动关系中迈向"社会化商业"强有力的转换社会化网络人群，精准的网络数字用户，使得网络数字用户黏性保持不断增长。

媒体可以利用大数据技术建设数字用户生态系统，通过对数字用户的精准分析和内容匹配，增加数字用户的参与感，提升数字用户的满意度，增加数字用户黏性。积累有效数字用户、长期数字用户和黏性数字用户，媒体才能基于数字用户去创造价值，才能产生传播力和影响力，重塑商业模式。

中国社会化媒体在转向社会化商业的道路中，形成了社会化网络人群。如果按照影响力大小划分，仍然可以把中国社会化网络数字用户大致分为三类。

（1）网络红人：他们处于社会化网络的核心，鹤立鸡群，影响力巨大。虽然他们人数极少，直接贡献的内容有限，但他们的一举一动都能制造热点话题。狭义的网络红人，在生活中默默无闻，却在网络上大放异彩，广义的网络红人，是指在现实生活中名人以实名制身份登录社会化网络，为广大网民所关注。

（2）网络达人：他们精通网络语言，在网络社区非常活跃，他们是网络社区内容的建设者、网络文化的传播者。网络达人在社会化网络中承上启下，起着举足轻重的作用。

（3）网络路人：他们数量庞大，但面目模糊，在社会化网络上时隐时现，难以捉摸，他们相对较少发声，即便发声也多采取匿名方式。

（四）小结

在世界社会化媒体的发展进程中，中国不断地从社会化媒体中学习；互联网技术的提升，将社会化媒体无缝转向社会化商业，同时从多个维度的实践中，让中国的社会化媒体平台做到了真正意义上互联网生态圈产业的融合，为数字用户及品牌提供了有利的市场环境，我国播发平台的发展由高速增长进入稳定发展阶段。

三、今日头条新闻客户端平台分析

（一）平台概述

今日头条是一款基于数据挖掘的推荐引擎产品，为数字用户推荐信息，提供连接人与信息的服务型产品。其特色是通过庞大的算法为数字用户提供他们感兴趣的海量优质内容，可以理解为大量新闻资讯及文章的收集分发。目前据最新统计,今日头条已经累计达到6亿的激活数字用户量,其中有1.4亿活跃数字用户,数字用户平均每日使用时长达76分钟。

（二）平台的显性特征

今日头条是基于个性化推荐引擎技术,根据每个数字用户的兴趣、位置等多个维度进行个性化推荐,推荐内容不仅包括狭义上的新闻,还包括音乐、电影、游戏、购物等资讯。

根据其社交行为、阅读行为、地理位置、职业、年龄等挖掘出兴趣。通过社交行为分析,5秒钟计算出数字用户兴趣;通过数字用户行为分析,数字用户在每次浏览行为分析后,10秒内更新数字用户模型。

对每条信息提取几十个到几百个高维特征,并进行降维、相似计算、聚类等计算去除重复信息;对信息进行机器分类、摘要抽取,LDA（数据降维的方法）主题分析、信息质量识别等处理。

根据数字用户的特征、环境特征、文章特征三者的匹配程度进行推荐。

根据数字用户所在城市,自动识别本地新闻,精准推荐给当地用户。可根据数字用户年龄、性别、职业等特征,自动计算并推荐其感兴趣的资讯。

（三）产品形态

今日头条选择以APP的形式切入市场在移动互联网大潮中无疑是正确的选择。智能移动终端本身就适合碎片化阅读,如今数字用户阅读习惯改变,碎片化必将是新闻客户端后续发展的重要因素。

（四）平台定位

"你关心的,才是头条。"从今日头条的这条 slogan（广告语）能看出其产品定位更突出信息传递的个性化,通过数字用户行为分析、推荐引擎技术支持,实现个性化、精准化的头条概念,不仅限于新闻还包括自媒体资讯,在丰富的信息库中,利用精准推荐+SNS的社交化信息,为数字用户提供更加多元化的内容。新闻客户端产品具有工具属性,产品目标是获得更大的市场占有率,通过大数据不断优化迭代产品。

（五）今日头条数字用户画像及阅读偏好行为分析

1. 数字用户规模数据及行为特点

今日头条已经形成稳定的活跃数字用户人群,以月活量2.6亿、日活量1.4亿,人均单日使用次数12次,位居综合资讯类平台榜首。日使用次数在10—20次以上占比约40%,远远超过其他资讯平台使用的频次,使用30分钟以上约占总使用人数30%以上。活跃度领先时段分布于凌晨,比其他平台数字用户同时间活跃度领先2个点以上,当然在午间及晚间领先也比较明显,相比其他平台领先1个点,相比而言,凌晨这个活跃度领先其他平台较明显。

2. 今日头条数字用户受众分析

男性占比高女性10个百分点，19—35岁占七成，且35岁以上用户对头条使用偏好度特别高，可以称为重度用户，70%的用户分布在二、三、四线城市。男性用户在一线新一线城市中比例较高，虽然19—35岁占据六成，但36—45岁用户，尤其是41—45岁用户非常偏爱使用头条，与此不同，女性用户虽然19—35岁占据六成，女性用户却多分布在三线以下城市，且46岁以上为重度使用者。其中用户比较多的前十大省份是：广东、江苏、四川、山东、河南、浙江、河北、湖南、广西、湖北。其中四川和广西使用偏好度高于其他省份。用户比较多的前十大城市是：上海、北京、重庆、广州、成都、深圳、西安、天津、武汉、哈尔滨。

今日头条致力于搭建高效简洁的信息获取和分享移动互联网平台，互联网技术对于传统媒体行业的开发与重塑从未停止，让数字用户更快地获取"个性化"信息。移动互联网时代是大势所趋，今日头条利用机器算法代替了传统人工编辑的方法，筛选高质量的新闻资讯，同时满足于数字用户对社会化阅读的需求，无疑是顺应大势的。在未来，今日头条也更具潜力，经过长期的数字用户数据挖掘与算法优化，也将更加人性化、智能化。

第六章 融媒体商业运营

第一节 融媒体资本运营

一、融媒体资本运营概念及其动因

（一）传媒资本运营概念

资本运营是用尽可能低的成本获得使用和转换资本来满足公司的战略性资本需求，对筹集和运用企业资本、提高企业经营效率、扩大企业规模，以及建立合理的企业治理结构等方面都具有重要作用。

传媒资本包括人才资本、实物形态资本、价值形态资本和无形资本。融媒体资本运营就是将融媒体所拥有的有形资产和无形资产，还有融媒体经营的其他产业部分，均视为经营性的价值资本，通过价值成本的流动、兼并、重组、参股、控股、交易、转让、租赁等途径，进行经营优化融媒体资源配置，扩展融媒体资产规模，实现最大限度增值目标的一种经营手段。

（二）融媒体资本运营动因

资本经营是社会经济发展到一定阶段的产物，它的顺利开展既需要外部社会条件（如国家政策、法规、资本市场等）的完善，也需要有专门化的人才。在我国，传媒资本运营是在社会主义市场经济环境下建成拥有强大实力和传播力、公信力、影响力的新型媒体集团的必由之路。当前时期，媒体融合向纵深发展，传统媒体开始向融媒体转型，传媒行业市场竞争加剧，传媒业生存与发展需要大量资金支持，融媒体资本运营是传媒企业适应当前激烈的市场竞争环境的需要。此外，在当今西方话语权主导的大环境下，融媒体资本运营是加强我国传媒业国际传播能力建设、增强国际话语权、打造具有较强国际影响的外宣旗舰媒体的必然选择。

二、融媒体资本运营的意义

（一）增强传媒市场竞争力

融媒体资本运营有助于增强传媒企业的市场竞争力。我国传媒业与国外传媒业相比，虽然发展迅速，但实力差距仍然悬殊。跨国传媒集团华特迪士尼2019年营业收入为695.70亿美元，而我国中央电视台2019年度收入总计约34.10亿元，二者收入差距悬殊。在我国，虽然外资只获准进行国内传媒业的一些边缘业务，但要完成占领受众市场与舆论阵地这项重要任务，就必须在激烈的传媒竞争中站住脚，我国的传媒业需要在短时间内做大做强，就需要大量资本的投入。

（二）盘活资本资产的手段

我国传媒企业资产结构优质经营性资产较少，大部分资产运作效率不高。经过多年的建设和发展，我国传媒已积累起一定规模的资产。这些资产包括核心业务和非核心业务两部分，传媒企业核心业务是利润的主要来源，如采编、广告、发行、节目制作与传输等；非核心业务收入和利润只占总营收的很小比重，如印刷、物业、写字楼、星级酒店等。

融媒体资本运营是盘活传媒资产的重要手段。通过重组、兼并、联合等方式，能够将传媒企业的核心业务和非核心业务两方面资产有效连接，盘活不良资产。此外，通过股票上市可以募集大量资金，实现传媒资产的快速增值。

（三）推动传媒体制机制改革

资本运营实现了投资主体多元化，有效推动了适应市场发展的新的体制机制的建立。融媒体资本运营不仅能够解决传媒发展所需要的资金，还能够实现传媒企业资本来源的多元化，促使传媒转变体制、机制，实施现代科学的企业管理制度，加速公司化、股份化改革力度，形成更加有利于传媒发展的运行机制和企业文化。

（四）拓展盈利模式

融媒体的资本运营有助于突破固有运营模式的束缚，形成新的收入来源。传媒企业通过股票上市募集资金，以发行基金等形式进行投资或并购，完善传媒文化产业链，能够有效拓展盈利模式。以上报集团为例，通过发行基金进行投资，孵化了大批现代新兴科技公司，在2020年疫情的外部环境下，传统广告营收受到影响，但版权服务、技术输出、审核管理、付费咨询、职业教育等多元化收入基本未受影响，且收入逐年增长，成为企业平稳健康发展的重要调节器。

三、融媒体资本运营方式

（一）并购重组

并购重组是企业资本运作的重要形式，也是融媒体企业跨越式发展的重要手段。传媒并购有助于打通上下游企业，完善传媒产业链，形成规模效应，实现多元化发展，是做大传媒集团的主要路径和必然选择。传媒企业的一系列并购促进了传媒资本的迅速集中，推动生产要素在不同企业间的优化配置，壮大了一批企业规模，加快了企业成长进程，促进了产业结构的升级。

我国传媒企业的并购重组大致经历了四个阶段。1996—2002年处于萌芽期，邓小平南方讲话以后，关于传媒集团化的讨论逐步兴起并获得实践；2003—2010

年进入起步期,文化体制改革试点工作正式启动,我国开始以事业和产业两条路径推进文化建设,以资本为纽带的实质性并购重组在传媒市场上正式起步;2011—2015年进入加速期,党的十七届六中全会将文化改革发展作为中央全会的主题,在政策层面和消费需求层面等多重驱动下,社会资本投资传媒产业的积极性高涨;从2016年至今进入盘整与纵深推进期,受国际经济形势、国内有关政策调整、证券市场整体环境以及此前发展中一些积累矛盾的爆发等因素的影响,传媒产业一些细分行业发展产生分化,影视、游戏行业并购及对外文化投资下滑,短视频、直播成为投资并购热点,行业巨头持续推进结构调整,国有资本布局和结构调整取得新成效。

近年来,5G、AI、VR、短视频、直播等一些新兴业态经过大规模整合后市场集中度大幅提升,行业发展更加成熟,成为引领传媒产业发展的新动能。但总体来讲,当前传媒产业总体发展水平仍然不高,"小、散、弱"的问题依然突出,一些细分行业特别是传统行业的市场集中度较低,具有行业引领能力的企业仍然不足。

(二)传媒基金

基金指具有特定目的和用途的资金,成立基金能够增强传媒对资本的掌控能力,发挥股权投资基金对融合发展的引导作用。设立文化新媒体产业基金主要是为了解决国有传媒集团发展新媒体过程中遇到的投入问题,充分发挥基金专业团队的优势,克服传统体制、机制、人才、技术上的障碍和壁垒,通过较少的投入,撬动社会资本,扩大项目规模,实现相对较好的投资回报。

承担资产运营职能的传媒集团要向功能性投资平台发展。有效投资是经营工作的核心能力,媒体新的造血机能只有在投资实践中才能孕育养成。例如,上报集团自成立以来先后发起设立了八二五基金、瑞力创新母子基金和众源母基金,截至2019年底三大基金累计投资项目311个,投资子基金20余支,管理规模达到120亿元,孵化了包含微念科技、微盟科技、CMC Live、极链科技、Boss直聘、魔筷科技、树兰医疗在内的新兴业态项目。

(三)金融贷款

国内金融资本授信传媒业,双方均有内在驱动力,是互利双赢合作。一方面,新兴业态引领下的传媒产业发展势头良好,还贷能力较好。另一方面,由于国家政策限制,海外资本难以直接涉足我国传媒业,传媒产业寻求金融贷款只能通过受到国家政策支持的国内银行业。此外,以银行贷款的形式融资对传媒影响小,能够最大限度地保障媒体在宣传工作上的独立性。如2020年疫情期间,农发行新疆分行审批新疆广电网络股份有限公司1亿元贷款用于当地疫情相关的宣传工作;广西广电网络获国家开发银行3亿元专项贷款,加快融资推进全区5G网络和数字设施等信息网建设。

（四）股票上市

上市融资是传媒公司资本运营的重要手段。通过上市，传媒企业可以筹集更多的发展资金，扩充和增强集团实力，降低在激烈的市场竞争中所承担的各种风险。2010年政府出台《关于金融支持文化产业振兴和发展繁荣的指导意见》，支持符合条件的传媒文化企业上市，推进媒体的产业化。

传媒公司上市主要有借壳（买壳）上市、投资上市、依附上市、剥离上市、上市公司投资媒体、整体上市六种途径。借壳（买壳）上市是指传媒公司通过收购、兼并、控股等形式入主上市公司实现买壳上市，相比直接上市，借壳上市可以绕过证监部门一系列审查，缩短上市时间，减少交易成本。如浙报传媒将下属新闻类经营性资产整体注入原上市公司上海白猫股份有限公司，更名为"浙报传媒"（后变更为"浙数文化"）在上海证券交易所成功上市。投资上市即投资其他产业实现上市，传媒公司将在核心业务上的收入投资到其他有回报的产业中去或与上市公司联合进行其他业务的开发，此方式需要有大量闲散资金。依附上市即传媒公司将自己的全部或部分股份卖给上市公司，成为上市公司的一部分后实现上市。剥离上市即在国家控制传媒业的背景下，传媒公司将新闻传播方面的核心业务保证国有资本的绝对控制，而技术性、市场性较强的业务剥离成立子公司申请上市。上市公司投资媒体即一些有实力的非国有资本上市公司通过创办媒体或投资媒体的形式入驻传媒业。整体上市主要是指传媒公司不再将采编和经营拆分，而是将完整集团一体化上市，一般而言难度较大。

从实践情况看，传媒企业由于其特殊性必须进行资产的剥离，电视新闻类资产、报纸编辑类资产由于政策原因上市难度较大。"制播分离"改革为广电行业资本运作创造了可能，制播分离下播出类、新闻类资产保留在集团，包括节目制作在内的所有其他广电业务资产可整体改制上市；在报纸行业方面，时政类报纸原则上需要将采编剥离，采编和经营分离将形成关联交易，除采编资产外其他业务可整体上市。出版发行业原则上需要确保上市后国有资本的绝对控股，此外无其他限制。有线电视和电影产业由于意识形态较弱，原则上改制上市没有产业政策的限制。

四、融媒体资本运营面临的问题

（一）开放程度不够高

近几年，国家陆续颁布了很多有关文化领域投融资的法规和文件，并渐进式地提出了一些优惠政策来引导和鼓励民营资本进入文化领域，促进文化领域的产业化和市场的实质性发展，但是对于文化产业的核心圈层的传媒产业，民营资本进入的程度还很低。

我国严格控制意识形态领域，传媒业由于与意识形态密切相关而受到严格控制，虽然我国积极推动传媒企业市场化运作，但目前行业外资本投资媒体只能获得一定期限的经营权与收益权，产业化进程较慢。传媒业的发展仍然被列入政府计划，其资本数量的大小取决于政府；许多传媒的所得收益被列为各级政府的预算外资金统一管理，须向主管部门缴纳，传媒的主管部门有权任意调拨传媒的资产，传媒的职工不能成为资本的股东。在资本运作方面，我国还没有为系统外资金进入媒体制定相关的法律法规，对媒体经营中具体经营项目政策规定模糊，这使得投资者在实际运作中很难依法保护自身利益，许多投资传媒的社会资本长期持观望态度。传媒业形成投资主体单一、筹融资结构单一、资本主体单一的资本结构，制约了行业发展的积极性。

（二）条块分割下权责不明确

传统媒体集团控制着绝大部分的传媒资本，但是受行政条块分割的影响，媒体资产的配置按照行政条块分割，短时间内仍难以消除。所谓条块分割，就是比喻两种把整个国家行政运行体系分割成不同领域的指挥体系，可能会导致权责不清、结构混乱的问题。

当前国家尚未真正建立起来对传媒资产的监督管理制度，传媒资产的经营者与所有者之间的利、权、责十分模糊。例如，教育电视管理由教育部负责，电视业、电影、广播、图书、音像以及报刊的管理由国家新闻出版广电总局负责，宣传内容和舆论导向由中央宣传部负责，在这样的管理格局下，传媒行业在机制方面无法与市场接轨，虽已有众多上市公司，但也是条块分割，无法形成资本优化整合的合力。

（三）价值评判标准有失偏颇

传媒资本运营普遍存在重有形资本轻无形资本、重价值形态资本轻人力资本、重经济效益轻社会效益的问题。媒体价值最重要的评价指标是社会效益方面的，但实际上由于资本运营中价值评价的需要，一些有针对性的指标才被商业化机构陆续开发和使用，比如页面浏览量和活跃用户数等。无形资产有着扩张的成本极低、投资少，收效高的显著特点。依托雄厚的无形资产，某些西方知名的传媒集团才可以不断地发展壮大进而对外扩张，其无形资产甚至数倍于有形资产。传媒资本运营所必需的人才资源也是极度缺乏的。有形资本和无形资本的运营要服务于人力资本的运营，尽量留住传媒人力这一核心资本。

（四）政策性风险较高

我国传媒业存在着较高的行业政策性风险。由于传媒行业的特殊性，传媒业上市公司业务背离传媒核心业务的现象十分突出，在事业单位企业化运作的整体环境下，与其他行业相比，其上市过程中所遇到的障碍也较为复杂，上市传媒公司不得不将采编业务与经营业务相剥离。例如，浙数文化（浙报集团）上市后，2017年起，开始剥离新闻传媒类资产，聚焦数字娱乐、大数据、数字体育等互联网新兴产业，数字娱乐产业已成为其核心业务，2019年全年总营收占比超过70%。另一方面，由于涉及意识形态，传媒企业经常面临着更高的政策性风险。在移动互联网时代，人人都有麦克风，广大网民也可以是内容生产的主体，海量用户生产内容涌入各种新兴媒介，同时意味着更高的政策性风险，传媒企业不得不组建专门的审核机构来处理大批上传内容，特殊情况下还要面临政府约谈的风险，一定程度上影响了其经营发展。

五、融媒体资本经营的趋势

（一）参与主体增多

从2014年起我国第三产业超过第二产业成为对国民经济贡献最大的产业。传媒产业是第三产业的重要组成部分，在国家大力推动文化产业发展的背景下，市场上将会有更多主体加入传媒行业。更多社会资本将进入大型传媒公司，由专业人士操盘，行业将会愈加专业和规范化。

（二）加强无形资产运营

无形资产是传媒集团的核心资源。传媒产业是典型的以无形资产为主的产业类型，以生产承载社会公众所需要的思想、舆论、娱乐和其他信息的传媒产品为主要产品。我国在文化传媒领域起步较晚，长期以来对无形资产的价值认识不到位，对于传媒集团来讲，无形资产比有形资产具有更重要的价值。相对而言，国外在无形资产的运营方面更加成熟，以IP（Intellectual Property）知识产权价值运营为例，根据市场研究公司TitleMax的报告，宝可梦是有史以来销售额最高的媒体IP，它总共通过游戏、电影和特许经营方式盈利超过900亿美元。

近年来文化体制改革和文化产业发展受到中央和各级政府的重视，传媒集团在并购、重组、跨媒体、吸收社会资本等方面的尝试受到鼓励。在这种政策环境下，传媒集团势必会更加重视无形资产的管理和运作，在学习借鉴已有成功经验的基础上，继续探索无形资产运营的其他方式。

（三）归核化战略

归核化是指传统传媒业从多元化经营战略重新回归核心业务的趋势。传统传媒集团通过资产出售、资产剥离分立缺乏盈利能力的非核心业务。以西方媒体为例，传统的纸质报刊图书资产成为被剥离的对象，留下的核心业务多是金融资讯服务、教育出版及服务、影视娱乐等新兴媒体业务。时代华纳在2008年分拆其有线电视业务，2009年又把美国在线业务剥离出去，2014年2月将子公司时代华纳有线出售给康卡斯特，同年6月，又将杂志集团Time Inc分拆，将其多元化战略转变为主打电影电视节目制作发行战略。归核化是传媒业相对成熟后强化资本运营的转型方向，对于我国传媒业而言，归核化为时尚早，在短期内扩大经营、完善上下游产业链、拓展多元化盈利手段仍然是必经阶段。

第二节 融媒体广告营销

一、媒体广告经营现状

广告经营一直以来都是媒体经营最重要的收入来源。近年来,在新媒体的冲击下,广告市场被瓜分,传统媒体广告额持续下滑,受众流失广告主转向投放互联网,不少传统媒体被迫转型,媒体经营策略和结构亟待调整。

表6-1 2016—2019年传统媒体和互联网媒体广告经营额数据(亿元)

广告经营额		2016	2017	2018	2019
传统媒体	电视	1239.00	1234.39	1564.36	1341.28
	广播	172.64	136.68	136.66	128.83
	报社	359.26	348.63	312.57	373.49
	期刊社	60.31	64.95	58.79	67.58
	总计	1831.21	1784.65	2072.38	1911.18
互联网媒体		2305.21	2975.15	3694.23	4366.59

(一)传统媒体广告份额大幅下滑

随着移动互联网的发展,越来越多的受众开始转向网络媒介,报刊、广播、电视等传统媒体的受众大幅减少,传统媒体的发行量、收听率、收视率大幅下降,与之对应的广告份额也大幅下滑。据市场监管总局最新数据,2019年我国广告市场总体规模达到8674.28亿元,广播、电视广告经营额分别呈现5.73%、14.26%的负增长。作为电视台主要收视人群的中老年群体及三、四线受众,也在2019年遭遇到互联网下沉市场的快速分流。

(二)广告经营趋于互联网化

传统媒体广告经营额流向新媒体广告,新媒体广告平台发展迅猛,在广告投放的数据化、可视化、可控化的今天,拥有传统媒体无可比拟的优势和发展前景。从早期的门户网站,到后来的社交媒体、直播、短视频,新兴广告平台大批涌现,直接导致了传统媒体广告市场份额的剧变。2019年中国四类传统媒体广告经营规模下滑到1911亿元左右,与之对应的是,互联网广告市场广告经营额仍然增长至近4400亿元。互联网广告与传统媒体广告的占比变化约为70%与30%,相较于2018年的67%与33%,中国广告市场的互联网化趋势愈发明显,以互联网和移动互联网为代表的新媒体广告份额持续增长。

(三)传统媒体经营模式单一

传统媒体广告经营的困境一方面来自外部新媒体环境的冲击,另一方面则体现在其陈旧的广告经营模式上。传统媒体的广告经营策略通常是借助低价或免费策略销售媒体产品,并以获得受众认可来获得广告收入,这一单一的广告经营模式很难在受众注意力流失的今天继续为媒体带来稳定的收益,如此一来,拓宽广告经营渠道、创新广告经营模式显得尤为迫切。部分传统媒体开始尝试转变广告经营的重心,搭建新媒体广告平台,拓展新的投放媒介,创新广告内容和形式,加速传统媒体广告经营转型。

但在互联网新媒体的冲击下传统媒体仍然有其难以替代的竞争力。例如,报业的资源如政府资源、客户资源、产业资源等相对互联网新媒体有显著的优势,重要的是经营战略要跟着市场走,要把资源变成生产力,产品或项目一定要落地,要有有效的产业布局。通过整合资源形成整合营销传播的态势,才能够在融媒体的环境下爆发新的活力。

二、融媒体广告经营策略

(一)创新多元化广告形式

传统媒体大多为硬性广告,且广告的创新性不足,广告传播途径无法实现全网化,同时传播费用较高。随着互联网技术的发展,如何让融媒体广告更能被用户接受并喜爱开始成为媒体不得不考虑的重要因素,越来越多的为了提升用户体验的广告形式不断被创新,在媒体融合背景下,设置式广告及点播式广告开始进入受众视野。以电视广告为例,传统广告形式包括电视广告、栏目冠名、赞助、标板、贴片广告、电视信息片等,在融媒体环境下,为了适应媒体融合的趋势,电视广告需要注重广告形式的创新,既要满足企业进行产品宣传的要求,又要给受众带来良好的审美体验。近年来商业视频网站出现了大量创新性的广告形式,如贴片、暂停广告、后期植入、弹幕广告、口播广告、移动摇一摇、创意中插等,兼具趣味性与商业性,在保证用户体验的同时实现广告价值。

例如,创意中插已成为视频类广告的重要形式之一。创意中插广告即在特定的场景设计中,由剧中人通过"情景短剧"来演绎广告片,以温情、搞笑、洗脑等方式进行产品卖点的宣传,让观众轻松记忆产品功能特点,达到促进品牌形象建设和产品销售的效果。创意中插根植于内容,保持原汁原味的内容调性,与剧共生共存,创意融入产品充分传达品牌理念及特点,使广告和内容融为一体。

创意中插最早追溯到2006年的《武林外传》,该剧中的诸如"白驼山壮骨粉"等中插广告还是纯属搞笑,但随后的几年越来越多的影视作品开始应用与《武林外传》相类似的呈现方式,都换成了真实存在的现代品牌。近年来各大综艺、影视剧均采用了这种广告形式,如芒果TV亲子类综艺节目《爸爸去哪儿5》,

广告方面不仅有综艺节目中固定的广告时间,还在节目之中增加了广告主系列产品的曝光量,将这些产品作为亲子游戏活动的道具,提升产品的曝光度,另外还为多达十家广告主打造了专属小剧场,招商总额在3亿左右。

图6-1 创意中插从早期喜剧的恶搞到商业化变现

(二)广告营销与终端特点相适配

信息生产与消费的规模化促使广告空间持续被拓展,但是信息生产与消费的迥异又使广告空间存在零散的问题。因此,这就需要广告侧重于多样性,在此基础上以融合化的沟通体系去应对广告空间的琐碎性。以往的媒体融合,仅为一种条块式的整合,只是将差异化类型的媒体简单地结合在一起,在时间与频率上予以组合。在当今环境下,公众化终端媒体应运而生,媒体组合在类型、时间及频率上的全新结构更烦琐,因此,广告的内容也要依附于各融合媒体性质进行有指向性的创作,把差异化的媒体终端属性进行有机结合,在此基础上设计出和各终端相匹配的风格,最终实现媒体融合背景下广告差异化战略经营。

在市场营销领域,终端是指与消费者直接接触的最后一个环节,不同的媒介终端因为其信息传播的方式不同,广告主和媒体在实际的商业化应用层面也应有所侧重。新媒体时代的代表性终端主要有智能手机、平板电脑、智能可穿戴设备、智能电视、智能音箱等。智能手机是目前最主要的终端形式,它融合了文字、图形、视频、音频等多种媒体形态,在信息的呈现上更具碎片化和及时性;平板电脑介于PC与手机之间,兼具便携性与轻量化办公、娱乐的特点,对信息的呈现相对而言更加完整;智能可穿戴设备则由于其屏幕最小,视觉信息传播受限,通常需要借助语音、体感等辅助操作;智能电视不仅能在原有的电视节目显示上具有更好的音画质,而且能够通过接入互联网丰富应用生态,同时具备沉浸感和交互性。针对以上终端的特性,在广告经营方面也应与之相适配,例如针对智能电视终端的广告,在制作上应更具视觉冲击力和内容表现力,因此与内容关联度较高的小剧场较受欢迎;与之对应的是,智能手机终端,由于其应用场景广泛和碎片化,及时展示类的点击交互式广告效果较好。

另外,由于广告投放媒体的不同,又要适应多媒体形态下的广告营销模式,早期以门户网站为代表的媒体侧重于图片和文字形态的信息展视,全屏广告、大背投广告、对联广告、弹窗广告、焦点图广告大量应用;在社交媒体时代,信息流广告成为主流,贴吧广告贴、微博推广、微信朋友圈信息流等形式大量出现;后来随着移动直播、短视频等视频媒体的发展,中插形式的视频短片广告越发普遍。

图6-2 新媒体广告发展

(三)用大数据构建用户画像

随着技术的进步和消费多元化的发展,用户行为数据化,数据精准营销的技术被越来越多地运用到广告营销、推广的环节中,并获得显著的成效。对于融媒体而言,为更好地服务品牌和广告主、进一步优化广告投放效果、更加精准地找到目标用户，需要利用微信、微博、移动客户端、头条、抖音等在线平台产生的大量用户属性数据和行为数据构建用户画像，通过各种数据了解用户的类型和偏好，并以此为基础进行更精准的广告创作和人群投放。

用户画像即用户信息标签化，构建用户画像的核心任务是给用户贴"标签"，而标签是通过分析用户信息获得高度精练的特征标识。用户画像的构建通常需要数据收集、行为建模、构建用户画像、精准营销、反馈评估五个阶段。数据收集阶段，对消费者的行为数据、服务内行为数据、用户内容偏好数据和交易数据之类的基本数据进行收集并以此为依据将消费者进行细分；行为建模阶段，以收集到的消费者行为数据为基础建立数学模型，以抽象出用户的事实标签；构建用户画像阶段，则是基于大数据及算法、模型，并具体结合广告主或媒体战略目标、数据情况、应用场景构造模型标签；精准营销阶段，通过标记用户的基本属性、购买能力、行为特征、爱好、心理特征、社交网络等来构造用户画像预测标签，并制订精准营销策略；反馈评估阶段，则是通过交易数据和反馈信息，进行反馈评估精准营销策略，完善用户画像，以制订针对性的营销活动。

以今日头条为例，今日头条客户端实行推荐系统冷启动的方式，首先引导用户设置他们所关心的新闻标签，抓取用户在客户端内的阅读、点赞、评论等行为数据及所在地域，通过对这些信息进行分析计算，可充分了解用户的阅读偏好和兴趣，依据每个用户的关注点、位置等多个维度进行个性化推荐。2019年6月今日头条巨量引擎商业算数中心公布的用户画像报告显示，今日头条客户端集中在19—35岁阶段的高线城市男性用户，每日12点和21点为全天高峰时段，其中衣食住行等行业文章最受欢迎，此外，垂直领域分类的用户画像差异明显，例如关注时尚话题的女性用户远高于男性用户，汽车类话题则相反。因此，融媒体可基于用户画像针对不同类型的品牌主推出与之适配的广告营销产品，调整广告刊例价格，在实现广告主品效合一的同时获取广告经营收入。

（四）线上线下结合，新旧媒体共同发力

在融媒时代，传统媒体为了提升广告经营效果，应充分了解自身优势，与新媒体形成合力，构建线上线下相结合的广告传播活动的互动传播模式，两种活动形式相互配合，以此获得良好的互动传播效果。例如，线上进行一系列的媒体发布和电商销售，线下设立产品体验店，通过媒体发布和线下活动的互动整合，将客户的体验效果与媒体的传播效果有机融合起来。用户一旦能够取得良好的体验效果，便能够将广告的作用充分发挥出来，去线下参与体验的人数也会随之增加。在此期间，为受众在新媒体平台进行互动提供了机会，受众能够及时将广告效果反馈给广告商及媒体。

传统媒体与新媒体相融合，能够最大程度实现媒体传播的功能和作用。在广告传播渠道上，可以把电视、广播、报刊、微博、网站、客户端及微信等信息传播形式进行整合，形成一种新型的矩阵传播模式。在广告呈现上，坚持移动优先原则，先在公众号、客户端、媒体网站、微博等新媒体上第一时间发布，之后再借助传统媒体对广告素材进行进一步的挖掘和二次创作，在两种媒体的结合下，实现广告流动传播，从点面传播到分散传播，再到不同群体的传播，广告效果显著增强。

三、融媒体广告经营实践

（一）触电新闻打造数字化营销平台

在数字时代，媒体平台通过利用大数据技术，打造数字化营销平台，优化媒体广告营销服务，抓住用户碎片化行为，揣摩用户心理，分析用户喜好，帮助广告主实现数字化的营销模式，从而提升客户品牌形象，进而实现媒体机构营收的增长。

广东广播电视台以触电新闻项目为依托，打造了包括融媒体生产系统、互联网传播平台、舆情监测分析系统、数字化营销系统等在内的一整套拥有完全自主知识产权的触电新媒体平台。

在广告经营方面，触电新闻通过多种渠道发力，形成融合策划整合营销模式，率先实现流量转化，于2018年第四季度成功接入4A广告，逐步生成内生资金发展动力。同时，基于省级技术平台的技术和内容支持，触电新闻打造了数字化营销系统，将电视资源、新媒体资源、线下资源整合到系统内，通过对这些资源进行画像分析，并匹配合适的广告投放资源，一方面增加长尾资源的利用率，增加经营收入，另一方面，广告主通过营销系统进行下单及广告投放，可以大大减少运营成本，同时提高广告效果。

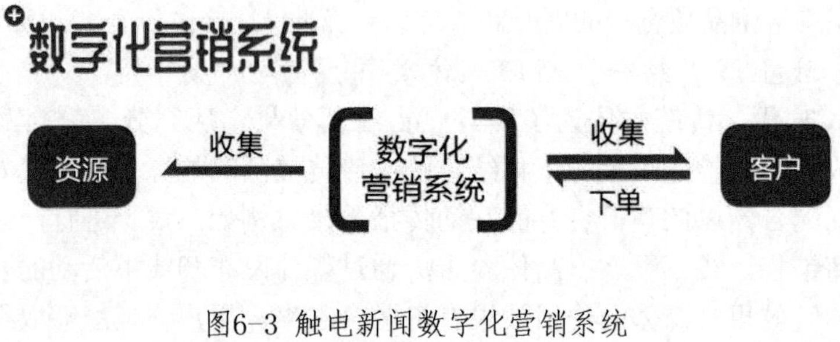

图6-3 触电新闻数字化营销系统

触电新闻以县级融媒体建设为契机，为个别资金困难的县级融媒体中心提供支持，为其配置数字化营销系统，将当地媒体广告资源进行整合并进行数字化交易，以此助推县级融媒体中心的可持续发展。

（二）《广州日报》融媒体矩阵广告

传统媒体广告流失的主要原因是媒介受众注意力的流失。媒体融合在向传统媒体要质量的同时也向新媒体要流量。《广州日报》通过打造全媒体矩阵在互联网的内容池中圈住私域流量，满足广告主的一站式全网分发全媒体触达，为广告主提供权威媒体品牌效应和全媒体流量曝光的整合服务。

近年来《广州日报》依托自身的党报公信力和"中央厨房"的内容生产能力，构建起"报+网+端+微+院+库"的融媒体矩阵，媒体矩阵的用户和粉丝总量超过8000万。《广州日报》作为自媒体孵化器扶持各类新媒体账号，形成网络自媒体矩阵。2019年，广州日报新媒体数字报累计用户1000万，广州日报官方微博粉丝1370万，官方微信粉丝135万；广州参考客户端用户接近2000万，广州参考微信粉丝接近50万；大洋网时均UV（Unique Visitor，独立访客）146万，PV（Page View，单页点阅率）1760万次。

报社自媒体在广告营销中探索出了很多新的模式，在创造流量的同时也在瓜分流量，在市场中形成了强有力的竞争。报纸与自媒体并不是单纯的竞争关系，而是存在各种形式的合作，2018年160个政府机关、教育、医疗、社会团体的新媒体公众号与《广州日报》签约，入驻"中央厨房"。另外，在广告经营中也与各大自媒体公号、行业大V（大V是指在新浪、腾讯、网易等微博平台上获得实名认证，拥有众多粉丝的微博用户）、KOL（关键意见领袖）紧密合作，让客户在《广州日报》即可一站解决全媒体触达。

（三）人民日报移动客户端广告

据CNNIC《第45次中国互联网络发展报告》最新数据，截至2020年3月，我国手机网络新闻用户规模达7.26亿，占手机网民的81%。随着媒体融合的不断推进，各级传统媒体为了适应新媒体的发展，都先后布局了新媒体产品矩阵，两微一端成为标配。但由于长期以来各融媒体机构限于其导向作用和立足定位，推出的各类新闻客户端缺乏有效的盈利能力。广告作为传统媒体主要盈利手段之一，势必面临着向移动新媒体端的迁移，而问题的关键在于如何平衡主流媒体与商业媒体之间的关系，在坚持主流定位的同时兼顾市场效益。

人民日报客户端自2014年上线以来，以"一流内容、一流的用户体验"为目标，旨在向用户提供权威、准确、丰富、多样的新闻信息。通过几年的产品迭代，不断优化产品设计，人民日报客户端下载量已突破亿级，成为移动互联网上的主流新闻门户。自2016年起，人民日报客户端开启了商业化进程，在客户端的启动页面首次出现了广告。但区别于商业媒体平台，人民日报客户端广告以品牌广告为主，在阅读界面没有植入任何信息流广告，这在一定程度上平衡了主流媒体调性与市场经营效益。

图6-4 左图为人民日报2016年1月1日第一则广告，右图为2020年8月12日广告

相比商业媒体平台，主流媒体新媒体平台覆盖受众人群，从政府领导、企业高层、社会意见领袖到大众消费者，从PC端产品到移动端产品，为广告主定制社会化营销、品牌宣传页面、APP下载推广、品牌舆情调查等服务，帮助广告营销人员完成各种移动点击的KPI（Key Performance Indicators，关键绩效指标），助力广告主实现新媒体立体传播。

四、融媒体广告的挑战与机遇

（一）融媒体广告经营面临的挑战

融媒体时代的到来，使广告传播模式发生了重大变化。以往偏向引导与劝服的单向传播模式的广告容易令受众产生抵触情绪，广告效果尤其是品牌效果很难实现，而受众处于主体地位，根据自己的兴趣爱好来选择广告，并且能够与其他好友分享进行二次传播产生社交裂变的新媒体双向互动式的广告传播优势显著。

新媒体对传统广告经营产生冲击。在商业新媒体平台的影响下，传统媒体受众锐减，造成了收视率、收听率、发行量的大量减少，导致广告额大幅下滑。正如前文所述，传统广播、电视、报刊、杂志的广告经营收入与互联网新媒体广告经营收入差距不断拉大，已经使得传统媒体面临巨大挑战。

（二）融媒体广告经营的机遇

媒体融合发展为传统媒体广告经营带来了新的机遇。自2014年以来，随着媒体融合上升到国家顶层设计层面，党和国家开始在政策制度、财政拨款、技术开发、人才培养、智力支持等方面为传统媒体融合发展保驾护航，传统媒体向融媒体转变，全面提升传播力、影响力、公信力、引导力迎来前所未有的机遇期，单一的传统媒体广告经营开始向新旧媒体融合下的融媒体广告经营转变，从形式、渠道、平台到技术、经营模式、制度创新各个方面都将步入新的台阶。

例如，媒体融合大幅度提升电视广告的传播速度，扩大了受众群体。过去电视媒体有着信息无法保存和回看的弊端，借助手机台、移动客户端的及时性和共享性，可以实现信息的回放，弥补了传统电视媒体的不足。其次，广告的交互性得到提升。媒体融合加强了广告主和受众的互动交流，广告主和媒体通过与受众的交流实时地收集受众反馈的信息，同受众沟通，收集受众需求，及时优化广告效果。

（三）融媒体广告经营发展建议

面对融媒体时代的冲击，传统媒体应积极与新媒体行业建立紧密的联系，不断调整广告经营策略，提高广告效益，以此来推动传统媒体广告行业的持续发展。报业、广播、电视等传统媒体仍然具有一些可以使用的先天优势，比如公信力、权威性、影响力、对国家政策的解读能力、对当地情况的熟悉程度，另外还包括资源整合能力、和政府沟通的能力等。运用好传统媒体的优势，处理好以下三方面关系获得更多媒体资源提升广告价值。

一是加强与相关部门的资源整合关系。从全国各地情况来看，一些报业获得了文体赛事场馆、展览场地以及各类园区运营权，县级融媒体建设主导权、党委与政府智库、网络技术服务、智慧城市服务等各种资源，有力地反哺了媒体发展。

二是处理与外部企业的资源合作关系。融媒体中心的商业化经营团队建设还不全面，也不是全能的，要为党政部门做全方位服务也需要进行适当的外部资源合作。在合法合规的前提下，减少风险同时实现利益共享，需要形成一套风险共担的体系。

三是建立高效的内部人才协作关系。市场的转型需要人才的转型，无论是展现媒体刊例的销售价值，还是承接政务服务，都需要聚集一批快速转型的专业人才，通过内部培养或通过外部引进的方式培育出一支专业化团队，以适应新时代发展需要。而从原有的广告经营方式转向新的经营策略，必然要求管理、考核、保障等原有体系的升级。

第三节 传媒电子商务

一、传媒电子商务概念及其发展动因

（一）传媒电子商务概念

传媒电子商务运营主要是指报刊广播、电视等传统媒体机构以信息网络技术为手段开展的以商品交换为核心的商务活动，是传统商业活动各环节的电子化、网络化，也是将传统媒体机构潜在商业价值进行充分挖掘的一种有效策略。

（二）传媒电子商务发展动因

1. 受众群体分散

新媒体快速发展，其以开放性、互动性、便携性、及时性以及新颖的内容和形式俘获了越来越多的用户，传统媒体作为内容渠道的强优势被互联网打破，传统媒体受众数量有所减少，受众范围缩小。众多互联网平台分割为数不多的受众流量，使得传统媒体的受众流量进一步分散。

2. 资本投入持续低迷

传统媒体面临受众大幅减少的危机，报纸、广播和电视经营陷入困境，广告市场份额逐渐缩减。在这种情况下，资本开始对传统媒体产生质疑，纷纷转向新媒体。传统媒体所能获得的资本投入不断减少，寻找新的经营创收路径迫在眉睫。

3. 广告市场占有率下降

自2014年以后，纸媒的广告经营呈现下滑趋势。2020年新冠肺炎疫情发生后，传统媒体广告经营更是出现了断崖式下滑，根据CTR监测的报纸刊例价数据，2020年1月，全国报纸广告同比下降31.2%，环比下降47.2%。2月疫情影响进一步凸显，报纸广告同比下降47.2%，环比降幅达60.7%。1—2月累计降幅为36.7%。新媒体广告数据可监测，广告形式多样，成为品牌主青睐的宣传渠道之一，传统媒体广告市场占有率下降，急需寻找新的经营创收路径。

二、传媒电子商务发展的意义

（一）广电创收多元化

广电布局电子商务，打破了以往单纯以"二次售卖"为经营方式的广电媒体经营方式，开辟了多元化的流量变现渠道，有效丰富了机构创收方式，提升平台经济实力，为拓展媒体融合发展宽度和挖掘融合深度打下坚实的经济基础。

（二）重振媒体公信力

2020年，在疫情之下，广电媒体发挥主流媒体公信力优势，积极响应政策号召，探索出了一条以直播带货为主要方式的扶贫助农电商化道路。广电机构入局直播电商，为贫困地区的农民带货，主播接地气的直播话语、亮眼的销售额，收获众多网民好评。直播带货助农的电商发展路径极大强化了媒体品牌与社会效益，有效重振了媒体公信力。

（三）探索广电经营新机制

电商直播加速营销市场变革，新的商业秩序还在塑造中，这为广电媒体提供了接入最新的营销环境、改革创新经营模式的契机。广电媒体的资源因此有机会配置到多元、高效的业态中去，抓住时机做大做强媒体产业链，以实现信息内容、技术应用、平台终端、管理手段共融互通。

三、传媒电子商务发展优势

（一）媒体公信力强

传统媒体公信力强，发展电子商务机构的公信力背书强大，鉴于对传统媒体专业、为人民服务的信任，相较于其他平台，消费者对于传统媒体电商平台的信任度更高，可以有效促成下单行为。

（二）宣传渠道广阔

传统媒体机构既有宣传渠道广阔，同各基层和职能部门联系密切。在电商业务布局中，传统媒体可以利用电视、广播、微博、微信公众号等多种组合渠道来为活动造势，吸引用户关注。传统媒体同文旅、商务、农林等部门联系紧密，资源调动便利，可对接资源丰富。

（三）既有合作客户资源丰富

传统媒体经过多年经营，积累了一批较为稳定的广告客户资源。基于多年合作建立起来的互信关系和对传统媒体影响力的乐观估计，客户对传统媒体的电商尝试是乐见其成。

（四）主播人才专业能力过硬

直播带货一旦成为媒体机构布局电商的重要渠道，"人"（主播）这一要素就成为影响销量的关键要素。粉丝量庞大的主播自带流量，业务素质能力强的主播可以快速上手完成一场带货直播活动。另一方面，传统媒体团队中专业级的摄像人才、设备和场地也为直播带货这一商务活动形式提供了强大的技术支撑。

四、传媒电子商务发展路径

（一）创建线上自有店铺

自建购物网站的电商发展路径在2015年以前较为集中。如《华西都市报》创建的"8小时购物网"、《京华时报》旗下的"京华亿家网"、《南方都市报》开设的微店平台"南都乐购"以及《钱江晚报》的"钱报有礼"等。

自2019年7月29日起，黑龙江广播电视台进行机构改制，建立了七大一线业务中心，并推出五个工作室，开启短视频内容布局和直播带货。同期，黑龙江广播电视台同淘宝共同打造了"黑龙江卫视官方商城"，并开启了店铺直播。店铺选品以区域特色农产品为主，价格都在100元以下，搭建起了从农田到餐桌的便农、助农、惠农平台。据报道，未来黑龙江电视台欲将此店铺打造成集公信力、品牌曝光量、销售额于一体的媒体官方商城。

浙江广播电视集团FM93浙江交通之声开通了微信有赞商城官方店铺——"氧气商城"。商城商品种类丰富，包含了车品、生活用品、数码电器、文创、美食、旅游、养生、美妆、水果等多类别产品，价格从几十到几百不等。在氧气商城，用户还可以在这里订酒店、看游记、报名旅游团。FM93浙江交通之声紧抓"车"这一要素，拓展了关于爱车养护、旅游出行的产品售卖专栏，瞄准车主这一消费群体，实现垂类商品变现的独特优势。

（二）开设电视购物频道

早期线上购物节目以电视购物为主。1992年广东省的珠江频道率先播出了中国大陆第一个购物节目，至今中国的电视购物已有28年的历史。商家通过电视购物的方式，向广大的消费者提供产品以及配送服务。例如，依托中央电视台的品牌效应，中央电视台开辟了中视购物频道；中央人民广播电台打造了"央广购物"平台，其以电视购物频道为主体，辅助以广播、网络、手机APP等全通路开设电子商务业务。

（三）打造线下社区服务平台

传统媒体进一步深耕垂直资源，搭建社区服务平台，为进一步创新盈利模式积极尝试。《北京青年报》是国内媒体中较早开始尝试社区服务拓展的传统媒体之一。2013年，《北京青年报》开启媒体转型和媒体融合的尝试，成立了北青社区传媒，致力于搭建社区生活移动互联平台。2015年，北青社区传媒打造的OK家APP正式上线服务，为北京60余个生活圈成百上千家小区居民提供生活服务，从快递代收、物业报修、闲置品置换，到各区资讯、相关公告等，便利了北京居民生活，也盘活了资源，带来了经济效益。北青社区传媒已经建立起"社区媒体+"的模式，在北京打造出了一个社区服务综合平台，成为社区居民、政府、商家共同倚重的一个新兴平台。

（四）联合共建电商基地

广电媒体积极联合电商平台、内容机构共同建造电商基地，优势互补带来更加适应市场快速发展的竞争优势。2020年，《重庆日报》同阿里巴巴展开合作，共同打造淘宝大学电商直播西南分校，以培养更多的主播。

浙江广电集团与杭州萧山区政府合作打造了直播电商园。产业园由浙江广电集团好易购频道主体运营，将构建全国首个以超级头部主播为核心，集头部平台、主播、产业链、企业品牌、物流管理、大数据运营、孵化培训等于一体的全国首家直播电商生态圈。

中央广播电视总台控股的上市公司中视传媒同佛山电视台、电商直播内容服务公司北京灿烂星光、顺控集团多方联合打造了中视大湾区产业直播基地。直播基地位于佛山电视台内，基地为产业带提供从全案营销、直播制作、供应链整合到电商培训、打造产业达人等全链条服务。

（五）打造MCN机构

MCN（Multi-Channel Network）是一种多频道网络的产品形态，将PGC内容联合起来，在资本的有力支持下，保障内容的持续输出，从而最终实现商业的稳定变现。MCN机构作为内容电商产业链条上的中间环节，承担了连接商家和消费者的重要责任，以培育红人实现流量变现为经营举措。广电媒体积累了品牌合作资源、主播人才优势、内容生产流程化等优势，打造MCN机构成为广电入局电商市场的重要利器。

2018年7月，长沙广电旗下国有控股的上市公司中广天择传媒股份有限公司打造了中广天择MCN。2018年10月，湖南娱乐成立Drama TV，并对标市场化的MCN机构改革内部机制，成为全国首家电视媒体成功转型的短视频MCN机构。Drama TV成功打造了"张丹丹的育儿经""叨叨酱紫""维密也小曼"等IP矩阵，矩阵日更视频超过200条。目前，Drama TV已经建立了"引入达人→产出内容→平台运营→广告/电商推广"的商业化变现完整链条。

2019年，黑龙江广播电视台在网生内容和产业运营上深度布局，和贝壳视频打造了短视频品牌"龙视频"，意在打造东北区域具有一定影响力的融媒体创新平台矩阵。

（六）直播带货

随着视听媒体技术的进步，广电媒体开始探索不一样的线上购物节目表现模式，直播电商的购物节目模式由此产生。2018年，中央电视台财经频道联合财政部、商务部和国务院扶贫办共同举办了2018年央视财经"厉害了我的国·改革开放40年"中国电商扶贫行动。活动开展期间，央视联合十多家媒体平台在贫困县对农产品进行源头地直播。在本次活动中，央视财经客户端同步上线"中国电商扶贫行动"专区，用户可以登录APP进行购买。

2020年新冠肺炎疫情加速了直播购物节目的火热。2020年上半年，一些广电媒体纷纷同其他社交电商平台合作，开启直播带货，如央视4月6日举办的"谢谢你为湖北拼单"活动、湖南卫视4月15日在《向往的生活》剧组举办的帮助西双版纳果农销售滞销水果的带货直播、黑龙江广电联合济南广电于4月29日举办的"广电严选嘉年华"助商助农公益盛典、山东卫视5月9日举办的《家有好物》栏目等。此类广电直播带货节目有效强化了广电媒体的品牌效应，最大化节目的社会效益，成为媒体融合创新发展的另一条路径。

五、传媒电子商务发展问题

（一）媒体公信力舆情风险

媒体公信力是媒体发挥舆论导向作用、整合社会的重要手段，同时也是检验媒体受众亲和力、社会影响力和市场生存能力的一个重要指标。没有公信力，就谈不上传播力、影响力、引导力，甚至有可能误导舆论，造成不良社会影响。媒体在发展电子商务的同时，要做好新闻报道工作，加强媒体自身品牌文化建设，打造媒体公信力的内生动力。

（二）直播内容可控性弱

直播电商作为一种流量快速变现的方式吸引了众多电商参与者，高互动性的直播电商也带来了内容安全风险隐患。电商直播内容审核后置，传统广告营销内容中存在的虚假信息、片面追求感官刺激、宣扬低俗内容、违背社会风尚、鼓励用户冲动消费等问题，在网络平台上被进一步放大。

（三）电商运营经验不足

媒体和电商两个领域专业相隔较远，传统媒体要想入局电子商务领域，在供应链管理、售后服务、物流运输等方面都需加强劣势补足。

第一，就供应链管理来说，目前市面上部分MCN机构、店铺店主、主播有其长久合作的供应链机构，在直播电商火热的发展态势下，供应链还会根据直播间消费者的需要来调整出货节奏和数量，"柔性供应链管理"可以有效减少仓库库存积压，提升对市场消费需求的反应速度，而传统媒体离供应链较远，供应链合作较为浅薄，难以共同形成在市场上游竞争力的合作关系。

第二，就售后服务和物流运送来说，传统媒体的售后服务和物流运送难以匹敌互联网电商平台的服务速度。媒体自建电商平台，不仅要在前期宣传做到位，售出后的物流配送以及商品退换货处理等幕后环节更需重视。

第三，消费者需求重视不够。传统媒体电商业务团队在选品的过程中，并不能以完全满足用户需求为主导原则，而是要综合多方因素和利益来决定，用户需求在整个决策过程中，仅为一部分因素，因而，广电媒体对消费者需求的反应速度也较为缓慢。

六、传媒电子商务发展建议

（一）组建专业电商直播团队

人才队伍建设是事业长足发展的关键。以往的媒体电商团队人员，多由现有的机构人员编制内临时抽调或一人身兼多职，原有的记者编辑团队缺少商务运营经验、电商思维，难以适应市场化组织运转逻辑。

发展电子商务，需培养并选用电商领域的专业人才。这就要求媒体组织在人事系统内部构建灵活高效的组织架构、运营机制和薪酬激励制度，以此来吸引和留住人才。同时，需定时组织电商直播专题培训与集中学习，提升广电媒体电商从业人员素质。

（二）加强数据能力，提升市场需求反应速度

长久以来，广电媒体发展电子商务脱离了消费者消费的真正需求，在选品方面滞后于一些市场化组织。现如今，数据和算法已经成为文化产业的"新生产要素"，广电媒体需加强数据采集、挖掘和分析能力，衡量机构财力物力人力，逐步建设广电系统自有的消费者管理系统，深刻洞察目标区域消费者消费需求变

化,及时做出调整举措,提升对市场需求的反应速度。

(三) 打造多元主体参与的电商直播综合治理体系

2020年7月,人民优选平台在中国消费者协会、中国广告协会的支持下,携手地方政府、电商平台、短视频直播平台、MCN机构等,共同组建"人民优选直播联盟",人民网"直播投诉平台"同步上线。由于直播电商兼具内容文化产业和商业属性,目前行业监管措施尚未完善,参与各方职责尚未完全明晰,仍需网信、文化、广电、市场监管等部门的协同治理。广电媒体是电商市场的参与者,作为国家公信力的输出机构,同时也应是直播电商规范的自觉践行者。

第四节 融媒体技术输出

媒体技术作为承载人类文明、实现人类社会发展对自身不断超越的手段,从结绳记事、甲骨文、造纸术、印刷术到电磁波、移动互联网,不断跨越自我而步入今天的融媒体新时代,并成为新闻出版、新媒体、广播电视以及各种信息应用领域不可或缺的强大推动力,持续创造人类信息传播的新进步和新发展。在"思想引领社会发展、技术推动社会进步"的互动与整合中,媒体技术正在用"0"和"1"来变革新闻、出版与传播的格局,重构融媒体发展的新环境和新模式,创造媒体技术服务社会与经济发展的新机遇。

一、媒体技术发展及其动因

媒体技术的创新源于20世纪80年代初传统模拟技术向数字技术的变革,并在数字技术和通信技术不断创新发展与应用优化中,从根本上改变了媒体信息内容的媒体准备、媒体信息产品的制作与制印、媒体信息产品的组织与管理、媒体信息产品的应用与体验,进而不断拓展媒体技术的外延和深化媒体技术内涵。

从本质上来看,媒体技术的创新涉及需求和技术两大内因。其中,需求内因是在全球化和社会与经济发展中,社会各个阶层对媒体信息需求的实时化、多元化、大众化、生活化和体验化。技术内因是在Post、PDF、XML的基础上,首先创建了能灵活描述媒体信息的页面描述语言,并不断优化与提升其性能及其应用便利性,其次研发与普及了能快速有效处理各种复杂的文字、图形和图像的计算机软硬件,再次就是广泛使用了能按照工业生产要求速度运行、成像方法多样、价格合理的数字化输入输出设备(如扫描仪、数字成像设备),进而支撑与保障了全数字化、高性价比设备对高质量生产的支持。

技术服务与作为媒体的信息服务功能,是网络经济与传媒产业实现对接的最佳选择。新技术的背后,是全媒体发展格局深刻变革、科技创新引擎作用越发凸显的现状，许多大型融媒体机构从成立之初就注意到了这一点。在与第三方技术公司合作的同时，这些机构也开始培养起自己的技术团队，从物质技术输出、设计技术输出、技术能力输出三个方面着手，有力推动了自身由"输血"向"造血"转变。

二、物质技术输出

物质技术输出主要是向用户提供成套设备、主机和重要零部件等。这是技术制品的转移，也是技术供应方能获得较多收入的重要渠道之一。

东方明珠新媒体股份有限公司是上海广播电视台、上海文化广播影视集团有限公司（SMG）旗下统一的产业平台和资本平台。在2015年重组前，它的前身百视通公司是国内领先的IPTV新媒体视听业务运营商、服务商。

IPTV系统由前端、网络传输和终端设备三部分组成。早在2010年，法国电信运营商Orange出资上千万元引进了上海文广百视通的"三屏融合"技术，覆盖法国和欧洲200多万用户，通过电视、电脑、手机的"三屏融合"，对上海世博会盛况进行播出，让法国和欧洲观众通过IPTV、手机电视、电视屏幕等观看上海世博会开幕式和相关视听内容。"三屏融合"的新媒体技术，将进一步解放观众观看节目的时空限制，电视节目可通过电脑、手机等终端随意点看切换。

2017年2月19日，新华社正式启动"现场云"全国服务平台，旨在与国内媒体共享成熟的"现场新闻"直播态产品，为国内媒体提供融合发展新平台，包含中央媒体、地方媒体、地方党政机关在内的首批102家机构同步入驻该平台。

为了吸引更多用户进入平台，"现场云"以基础网络资源为切入口，将统一解决入驻单位的服务器、带宽等系列资源，支持用户实现零成本运营。

三、技术能力输出

技术能力输出就是从计算机软件技术输出起步，将场景化深度融合。这就需要涉足越来越多的垂直行业，进而由点及面向各产业赋能。这更像是"模块化"赋能，需要将复杂的技术封装在底层，给客户提供简单易用的接口，让客户可以在上层进行搭建和创新，进而加速产品的价值转化与创新节奏。技术需求方可以按照这些设计生产自己所没有或需要的产品。

2017年12月26日，新华社在成都发布媒体人工智能平台——"媒体大脑"。作为国内首个媒体人工智能平台，融合云计算、物联网、大数据、人工智能等多项技术，为媒体机构提供线索发现、素材采集、编辑生产、分发传播、反馈监测等服务，使新闻场景下的应用和服务更加智能化。

2018年9月13日，新华社向全球发布了媒体大脑2.0——"MAGIC"智能生产平台。以大数据处理技术、智能算法技术和人机协作技术为核心，包括智能数据工坊、智能媒资平台、智能生产引擎、智能主题集市等四大智能系统。2019年1月，宁夏永宁县广播电视台签约"媒体大脑MAGIC"短视频智能生产平台，成为首家MAGIC 签约客户，截至2020年6月，"媒体大脑MAGIC"已经服务全国上千家用户。

"中国蓝云"作为浙江省级融合媒体技术平台，是一朵融合了采、编、发、用、管、存等媒体服务特质的媒体云。它不仅支撑整个集团的融媒体业务，还具备服务地方台租户的能力，主要体现在内容汇聚、生产以及诸如转码、合成、检索等媒体服务方面，还为各地方台提供技术、存储、数据库等通用资源的托管服务等，形成完整的"一省一平台"运营体系。

浙江广电集团在推进浙江省市县媒体融合的具体实践过程中，探索总结出三种接入模式。第一种是轻业务接入模式。浙江省的市县媒体可以使用"中国蓝云"上的浙江省新闻通联业务和"中国蓝新闻"新媒体客户端业务。这种模式投入成本低、见效快，适合已经建有融媒体中心的市县媒体。第二种是融媒体接入模式。在第一种模式的基础上，增加融媒体中心各项业务功能，适合需要建设融媒体中心的市县媒体。第三种是全业务接入模式。在前两种模式的基础上，增加本地应急生产系统和"中国蓝云"上的节目生产能力，满足日常制播业务及融媒体中心功能需求，适合技术系统需要全面升级的市县媒体。

例如青田传媒集团前期投入1400余万元委托浙江广电"中国蓝云"建设和指导融媒体中心。青田县融媒体中心设立中国蓝云接入系统、中央厨房指挥报道系统、媒资及本地制作系统、报纸排版系统、网站及手机APP开发五大系统，与之前"采访前预报题，采访间隙通过电话、微信等方式二次描述现场信息"模式相比大大提高了快速、准确获取新闻热点的能力。

四、技术服务输出

技术服务包括技术运维服务、技术培训等方面，帮助用户形成具有自身特点的适用技术。

2018年甘肃新媒体集团按照全省关于县级融媒体中心建设的方案要求和"统一建设、分级运营、融合联动、分头输出"的原则，负责搭建为全省县级融媒体中心宣传服务、党建服务、政务服务、公共服务、增值服务等提供技术和内容支撑的省级技术平台"新甘肃云"。"新甘肃云"平台包括报道指挥系统、生产系统、发布管理系统、工具集和传播效果分析五大基础模块，以及舆情服务、培训服务、新媒体内容生产工具、客户端增值及其他个性化定制服务等可选模块，使得县区可集中入驻。

在技术服务上，甘肃新媒体集团按照区域划分，专人专管各自区域，进行日常运维、技术培训等保障服务。

在运维方面，运维团队对各县融媒体中心信息、硬件设备、软件系统、网络安全保障系统等进行建档和信息化管理，对"新甘肃云"网络、主机、存储、数据库、中间件运行情况进行监测、管理和维护，对软件系统进行日常巡检，在平台出现故障或网络安全风险时进行应急响应，并向各县融媒体中心提供实时远程技术支持服务。为确保系统安全可靠运行，新媒体集团及合作技术公司需要7×24小时的系统运行，对网络安全进行检测管理，快速处理软、硬件系统运行过程中出现的各种问题，及时解决各县的服务请求，远程或者现场处理云服务的各种故障。

在技术培训方面，只要客户有需求，提前预约后，技术工程师必深入实地，面对面进行新媒体技术系统工作原理、配置、操作及相关产品运用等技术讲座。

第五节 政府购买服务

一、政府购买服务的概念和意义

（一）政府购买服务的概念

在我国，政府购买服务是在社会主义市场经济环境下，根据社会组织和企事业单位提供服务的数量和质量，把政府直接提供的一部分公共服务事项以及政府履职所需服务事项，通过直接拨款或公开招标方式，交给具备条件的社会组织和企事业单位来完成，按照一定的标准进行评估后支付服务费用。通常要遵循积极稳妥，有序实施；科学安排，讲求绩效；公开择优，以事定费；改革创新，完善机制的原则。

政府购买服务的主体是各级行政机关和具有行政管理职能的事业单位，承接政府购买服务的主体则是需要满足包括依法设立，治理结构健全，具有独立、健全的资产管理制度，具备提供服务所必需的设施、人员和专业技术能力等基本条件的企事业单位。购买主体需按照国家财政部发布的购买目录确定政府购买服务的种类、性质和内容，主要包含基本公共服务、社会管理性服务、行业管理与协调性服务、技术性服务、政府履职所需辅助性事项等。

对于融媒体机构而言，可以通过承接政府购买服务的方式，为各级政府和相关事业单位提供其需求的专业服务实现创收，具体而言，这些服务包括内容产品服务、技术产品服务和其他公共文化类服务。

（二）政府购买服务的意义

融媒体机构承接政府购买服务是互利共赢的发展模式，既是媒体转型之需又是社会发展之需。

一方面，融媒体机构承接政府购买服务是传统媒体向融媒体转型拓展盈利手段的选择。近年来,传统媒体受到新兴媒体市场的冲击,经营每况愈下,在媒体融合背景下,传统媒体向融媒体转型,拓展经营领域,走多元化经营之路,是传统媒体走出困境的必由之路,而通过政府购买服务创收则是传统媒体商业运营的重要路径。融媒体机构依托自身专业的内容生产能力,通过为各级政府及有需求的事业单位提供媒体代运营、拍摄专题纪录片、输出技术等方式既获取了收益,同时又在一定程度上扩大了融媒体机构的影响力,有助于形成并进一步提升融媒体的品牌形象。

另一方面,政府和事业单位委托融媒体机构提供服务有助于减轻政府压力,促进政府职能转变,提高政府管理水平。政府职能过大,一定程度上会导致行政效率的低下,形成滋生腐败的土壤,不利于提高服务能力,而通过引入市场机制,向社会组织和媒体购买公共服务,让专业的人做专业的事,既可以减轻政府压力,提高政府管理和服务社会效率,也能促进社会组织和媒体自身的良性发展。

二、政府购买融媒服务的类别

融媒体通常通过输出融媒产品、技术产品和文化类服务承接政府购买项目。

(一)融媒体产品服务

内容生产能力是媒体机构的核心业务模块,随着市场化运营的开展,部分剥离意识形态宣传的业务,如影视制作等业务则可以下放到市场中与商业机构公平竞争。融媒体机构通过成立商业化传媒子公司,承接重大节庆活动策划、政府和事业单位采购宣传片等内容产品制作业务。

例如,《诸暨日报》以"新闻+服务"为抓手,依托媒体优势,重点提供公共文化产品服务。政府出资20万元购买"诸暨发布"平台提供的编辑服务,"诸暨发布"成为群众获取权威资讯的重要途径;报社通过竞争性谈判,承接了由市水电水利局出资10万元的主要用于防汛宣传的4分钟动漫设计项目;由《诸暨日报》编印的《诸暨小商品市场报》每月一期发行到各个摊位,其内容包括市场工作举措、商品信息、市场需求等,小商品市场管委会每年为此支付报社28万元的服务费用。

(二)融媒体技术服务

随着我国经济的发展和互联网技术的广泛应用,为扭转传统媒体的颓势,应对商业媒体带来的冲击,传统媒体开始了融合发展之路。对于多数传统媒体尤其是地方媒体而言,融媒体技术研发并不占优势,因此为了更加高效快捷地建设融媒体中心,减少重复建设,更好地利用政府专项资金,传统媒体多采用政府采购的手段,在硬件设施、运行维护、软件开发、平台建设等多个方面与商业平台或有实力的中央和省级媒体机构展开合作。

例如,由省委宣传部牵头,甘肃新媒体集团负责搭建以移动互联网技术、云计算及大数据为支撑的省级移动新媒体平台，以"云"端统一中央厨房、传播平台、大数据为保障，逐步贯通省、市（州）、县（市）三级，实现用户、技术、数据、传播平台的互联互通，形成"全省一张网"。各（区）县级融媒体中心按照"一地一端"原则，委托指定唯一供应商甘肃云新媒体集团有限责任公司，依托该平台采购融媒体指挥策划、融媒体内容生产系统、移动采编客户端、融媒体多端发布系统、融媒体运营与传播数据分析系统、订阅号服务、区县融媒体中心运维等产品服务，建设本地客户端，平均每个（区）县融媒体中心一次性建设费用80万元，每年运维费用30万元。

（三）多元化文化服务

对于传媒机构而言，除了内容和技术服务之外，根据其自身业务能力的不同可提供多元化文化服务，如赛事承办、重大节日活动策划、媒体托管服务，甚至基于自身设备、人员以及品牌优势可以开展婚庆业务、文化旅游项目，如历史文化街改造、文化产业园建设等。

以邳州广电为例，邳州广电在体制机制改革过程中，借力"融媒+产业"，先后成立了文化传媒公司、商业贸易公司，经营范围向酒水零售、电商服务、教育培训等领域拓展，不断增强自我造血功能，为"银杏融媒"发展提供坚强的经济保障。邳州广电以"项目制"为抓手，通过融媒+项目的模式，自主立项，自由组队，完成阶段性、创新性项目操作。如承接某镇"形象展厅设计"工作，完成展厅设计、展厅内部音视频内容整合、展厅施工等工作；承接徐州地区水上应急演练工作，完成整场应急演练的策划、导演、执行及直播全过程；开展"砥砺奋进的五年"大型宣传活动，通过电视新闻、专题片、广告片、报纸专栏等形式宣传全市各机关单位成绩等。

三、融媒体承接购买服务的优势

政府购买融媒服务在运作以来为传统媒体向融媒体转型发展提供了诸多帮扶措施，为主流媒体提升传播力、引导力、影响力和公信力，建设形成形式多样、手段先进、具有竞争力的新型主流媒体，形成了积极影响，为媒体融合的纵深发展做出了积极贡献。

（一）提供融媒发展资金支持

融媒体机构借助政府购买服务的经费资助得以维持或扩大规模。我国的传统主流媒体尤其是县市级地方媒体在融合发展过程中资金短缺通常是普遍性的限制性因素。传统媒体机构向融媒体转型升级，参与到政府购买服务中，承担原来由政府其他部门和事业单位提供的公共服务是它们获得资金的重要途径。

融媒体机构可以利用政府财政资源开展服务，创造社会价值，营造良好社会形象，同时解决资金短缺问题。政府购买服务中资金流向传统媒体机构，可以助力传统主流媒体扩大经营规模，巩固融媒体时代党和国家宣传阵地，以更好地教育和引导人民，同时提升政府综合治理和服务人民的能力。

例如，对于地区政府和文化旅游局而言，形象宣传片代表了城市的形象，因此宣传片制作要求较高，专业性强，而通常政府机构和相关事业单位不具备相应的专业能力，需要向社会公开招标购买宣传片拍摄服务。反过来，对于脱胎于广播电视媒体的地市级融媒体中心而言，视频拍摄和制作通常是其核心竞争力，专业的人才、技能、设备和多年的视频制作经验保障了视频作品的质量。因此政府和文旅相关事业单位可以通过购买服务的形式向融媒体中心采购城市宣传片，这不但解决了本身的宣传需求，有助于城市旅游形象的建设和对外传播，而且资金的流动为融媒体机构提供了造血的新路径，解决了发展过程中可持续发展的问题。

（二）打造"新闻+政务+服务"

推动传统媒体和新兴媒体融合要坚持先进技术为支撑、内容建设为根本，推动传统媒体和新兴媒体在内容、渠道、平台、经营、管理等方面的深度融合，融媒体既是"瞭望者、记录者、守门人"，同时也是新生活方式和新生产方式的发起者、组织者、建设者，新闻+政务+服务是未来媒体融合的发展方向。

通过政府购买服务，能够更新提供公共服务的理念和方法，进一步转变政府职能，提高政府的服务效率及管理质量，实现社会公共服务资源的合理配置。"媒体+政务+服务"旨在将各个部门政务平台进行链接，将社保、公积金办理等当地更多的政务服务融入到统一平台，方便百姓与政府沟通，为转变政府职能、提升政府治理水平现代化提供新思路。与此同时，将水电费缴费、话费充值、打车、地图等综合服务模块进行整合有助于更好地做好便民工程，提升人民生活质量和水平。

以玉门市融媒体建设为例，在政府部门的统一筹划下，玉门市广播电视台整合了区域内机关事业单位和社会新兴媒体平台，形成资源共享、载体多样、渠道丰富、覆盖广泛的传播矩阵，打破了不同媒体形态和机构的壁垒。随后，广播电视台以建设智慧玉门为契机，两年间建成了覆盖全城公共场所的免费无线Wi-Fi；基于"资讯+应用服务"为一体的智慧城市爱玉门APP综合信息服务平台上线运行。爱玉门APP将每天的新闻、玉门的历史文化资料、自然资源禀赋、政务预约办理、党政信息、招商引资优惠政策等进行全面分类整合，在不同板块即时推送。通过爱玉门APP投票功能，玉门市广播电视台配合相关部门开展创意作品大奖赛评选、市标、城市口号投票活动，玉门市民广泛参与。此外，爱玉门APP将持续延伸服务功能，通过与政府和相关事业单位的合作，增加餐饮娱乐、招聘就业、互动交流、便民服务等板块，使其具备信息发布、政务办理、在线购物、购票、订餐、生活缴费、电视节目点播、直播等200多项功能。

（三）拓展多元化经营手段

近几年来，传统媒体受到新兴媒体的市场冲击，报纸发行量、电视收视率持续下降，传统媒体经营每况愈下。在此情况下，拓展经营领域，走多元化经营之路，是传统媒体走出困境的必由之路。在传统广告和版面营收的基础上，拓展政府购买服务渠道是其中的一条重要路径，它有利于提升融媒体经营能力，开展多元化经营业务，实现技术、内容、运营、渠道全方位多层次发展。

融媒体机构通过承接政府举办的各类活动等形式实现双赢。一方面，融媒体机构为政府相关职能部门提供专业的创意、设计等方面的服务，为政府更有效地开展治理工作提供服务支持；另一方面，融媒体机构反过来以政府购买活动为契机，借力推广自家新媒体平台，提高客户端的下载量和活跃度，为进一步的新闻舆论宣传和政务服务、民生服务等工作提供支持。例如，景泰县教育局、共青团景泰县委联合景泰县融媒体中心举办校园主持人大赛，通过掌上景泰、景泰融媒微信公众号进行报名，一方面为教育系统提供了发声渠道，起到了融媒体线上宣传的作用，为活动的开展进行了前期的造势宣传，另一方面，县融媒体中心则利用这次活动借力强推了自家新闻客户端，短时间内提升了客户端的下载量和活跃度。

融媒体机构通过技术输出实现盈利。对于多数地方媒体而言，技术能力相对较弱，通常通过采购第三方技术公司等机构的技术产品服务进行融媒体建设，而部分融媒体机构则凭借其自身的技术优势实现了技术对外输出，与商业机构共同竞争媒体技术服务。例如吉林省农安县融媒体中心主要由新华社新闻信息中心和新华移动传媒公司负责建设。目前，新华移动传媒公司为农安县搭建了一个融媒体集成系统平台，包括采集端（直播）、制作端（后台）、分析端和客户端四部分的技术支持。采集端可通过"e采编"系统进行多媒体素材的移动端采集，制作端则以飞鸽系统实现一键排版和多端分发，分析端可进行应用分析、用户分析和内容分析，客户端则重点打造"农安之声"发力智慧城市和移动办公。

四、存在的问题

（一）机制不完善导致模式单一

到目前为止，不少地方尚未建立健全方式灵活、程序规范、标准明确、结果评价、动态调整的购买机制，无法通过"竞争性谈判、竞争性磋商"和"优质为先"的方式确定承接主体。我国政府购买公共服务的方式一般主要有定向委托的方式、公开招标的方式、合作的方式、竞争性谈判的方式和直接资助的方式，但实践中政府购买公共服务的模式基本是单一的自上而下的模式，大部分政府购买融媒体服务只是形式性购买，不属于完全意义上的购买关系，这实际上是政府行政职能上的一种延伸，是"由上至下"的传统模式，由承接主体以定向投标的方式购买，缺乏必要的竞争机制。同时，公共文化服务信息平台建设的滞后、文化机构难以跨越地域参与公开招标等原因，导致承接主体的选定缺乏科学性。

（二）缺乏监督与评估

政府购买融媒服务缺乏对招标机构的考核监督，往往在招标过程中政府没有完全建立监督和管理体系。在已经开展的服务购买实践中，普遍存在重购买、轻监管的问题，即使有监管也流于形式，例如，在购买融媒服务的价格评估上，政府部门往往没有制订统一的标准，在融媒体机构所提供的公共服务质量的评估方面也缺少一套完整的机制。在不完善的监督机制下，容易产生服务质量差和中饱私囊的可能性，也未能形成服务质量评价，未能形成良好的反馈机制改进服务质量，这在一定程度上造成了政府财政资金浪费，并损害了政府威信。

（三）传统媒体自身输出服务能力不足

社会组织和企事业单位的专业水平决定了服务实施的效果。专业素质过硬的良好的融媒体组织可以提供高质量的服务。反之，专业化能力弱，还处于融合初级阶段的媒体组织难以提供令社会公众满意的公共服务。目前具有一定对外输出融媒服务能力的融媒体机构较少，现有机构所能提供的服务范围也多限于传统内容产品购买层面，对开展综合性政府服务项目的考虑也较少，难以在与相关市场化商业主体竞争中取得相对优势地位。

五、优化措施

（一）加大政策支持与资金投入

对于政府而言，要建立全面的政府购买服务法律体系，形成可操作性强的政策依据，提高政策的连续性和制度化水平；完善落实配套政策，明确购买的主体和承接主体，规范购买的流程和标准，为各级政府购买媒体服务提供坚实的基础和保障；同时，对基层融媒体中心要明确其资金少、任务重的发展现状，加大对相关媒体机构的资金扶持力度，增加经费投入，鼓励当地政府和事业单位优先考虑其作为购买对象，提供持续稳定的财政支持。

（二）完善政府购买监督评估体系

监督评估是实现政府购买融媒服务优质高效的重要保障。规范政府购买服务活动实施，合理选择采购方式，明确招投标程序、合同签订与履行、信息公开等程序，保障评标环节公正，为政府购买服务提供一个规范有序的监管环境，形成一套科学合理的政府向融媒组织购买公共服务的评估指标体系，同时积极鼓励政府、第三方机构、社会公众及媒体等担负起监督责任。

（三）提高融媒差异化服务水平

能力不够是制约融媒服务购买工作发展的关键要素。提高融媒服务水平，要依靠媒体自身的品牌影响力，通过富有新意的创意策划，为政府提供高质量的文化产品、技术产品和多元化产品服务。融媒组织自身要提高服务意识，放低姿态，在充分沟通的基础上为购买主体提供差异化、个性化、多样化的融媒服务，从文化角度挖掘不同购买主体需求，从创意、设计、制作、布展上全方位为其服务注入新内涵。对于技术方面的服务，在保证基础技术服务的同时，注重售后回访和长期运维培训服务的支持，继而增强市场竞争力。

第七章 技术支持体系

第一节 融媒体技术基础架构

随着网络信息技术的发展和普及，人类社会已经进入融合媒体时代。推动传统媒体和新兴媒体融合发展，是落实中央全面深化改革部署、推进宣传文化领域改革创新的一项重要任务，也是广播电视部门适应媒体格局深刻变化、提升主流媒体传播力、公信力、影响力和舆论引导能力的重要举措，同时也为广播电视科技创新工作指明了方向，提出了新的更高要求。

近年来，广播电视系统深入贯彻落实中央部署，大力实施创新驱动发展战略，积极推动广播电视数字化、网络化、智能化发展，取得了显著成效。当前，随着云计算、大数据等新一代信息技术的迅猛发展和广泛应用，广播电视媒体融合发展面临新的机遇和挑战。

一、融媒体概述

（一）融媒体的概念

随着现代传播技术的不断进步，媒体形式呈现出新的发展变化和趋势，传播内容、传播媒介和传播功能全面融合渗透，为此人们常使用"全媒体"一词来代称。目前，学术界对于全媒体的概念还未正式提出一个合适的标准定义。

融媒体的概念是在全媒体的基础上进一步发展和形成的，同样没有一个非常准确的权威定义。根据《电视台融合媒体平台建设技术白皮书》的定义：融合媒体是全媒体功能、传播手段乃至组织结构等核心要素的结合、汇聚和融合，是信息传输渠道多元化下的新型运作模式。这一概念是随着信息技术和通信技术的发展、应用和普及从以前的"跨媒体"逐步衍生而成的。对"融媒体"目前的理解就是融合多种跨界媒体，其所指并不是一个个体概念，而是一个集合概念。

（二）融媒体的特征

融媒体是传统媒体与新兴互联网媒体融合的产物，在融合形势下，媒体形式、生产平台和传播方式都发生了很大变化。融媒体的主要特征包括媒体信息的交互性、实时性、协同性和集成性。

1. 媒体信息的交互性

由于融媒体时代下多种媒体形式共存，信息的传播者和接受者均可以实现信息的传递、控制、编辑。融媒体的交互性，不仅能让使用者可按照自己的意愿解决问题，同时还可借助这种沟通方式来提高工作的效率。这一特点是传统广电媒体所不具备的。

2. 媒体信息的实时性

融媒体下的媒体信息实时性主要是指在人的感官系统允许条件下实现媒体信息的交互，也就是像面对面一样，音频、影像均实现连续性传播。融媒体实时分布系统融合了通信网络的分布性、计算机技术的交互性、广播电视媒体的真实性。

3. 媒体信息的协同性

由于各种媒体的传播、发展都具有各自的规律，若要实现多种媒体之间保持协调一致则需保证各个媒体实现有机的配合。融媒体技术融合了多种媒体传播技术，可在空间、时间等方面实现多种媒体逐渐协调，由此保证了所有的媒体信息传播协同性的实现。

4. 媒体信息的集成性

融媒体实现了多种媒体的有机集成。在融媒体中，完全覆盖了图像、图形、文本、语音、视频等多种媒体信息，但"融媒体"体现的不是"跨媒体"时代的媒体间的简单连接，而是全方位融合——网络媒体与传统媒体乃至通信的全面互动、网络媒体之间的全面互补、网络媒体自身的全面互融。总之，"融媒体"的覆盖面最全，技术手段最全，媒介载体最全，受众传播面最全。

（三）融媒体分类

融媒体是一个集合的概念，对其分类，可以从多个角度描述。根据媒体的一般属性，可进行如下分类。

按传播载体类型，可分为报纸、杂志、广播、电视、音像、电影、出版、网络、电信、卫星通信等。

按传播内容所依托的各类技术支持平台，可分为下一代广播电视网、宽带通信网和下一代互联网。

按功能，可分为视觉媒体、听觉媒体和视听两用媒体。视觉媒体包括报纸、杂志、海报、日历、户外广告、橱窗布置、实物和交通等媒体形式。听觉媒体包括无线电广播、有线广播、宣传车、录音和电话等媒体形式。视听两用媒体主要包括电视、电影、戏剧、小品及其他表演形式。

按影响范围，可分为国际性媒体、全国性媒体和地方性媒体。国际性媒体如卫星电视传播、面向全球的刊物等。全国性媒体如国家三大台（中央电视台、中央人民广播电台、中国国际广播电台）、全国性报刊等。地方性媒体如省、市电视台、报刊，少数民族语言、文字的电台、电视台、报刊、杂志等。

按受众类型，可分为大众化媒体和专业性媒体。大众化媒体包括报纸、杂志、广播、电视。专业性媒体包括专业报刊、杂志、专业性说明书等。

按媒体传播信息的时间长短，可分为瞬时性媒体、短期性媒体和长期性媒体。瞬时性媒体如广播、电视、幻灯、电影等。短期性媒体如海报、橱窗、广告牌、报纸等。长期性媒体如产品说明书、产品包装、厂牌、商标、挂历等。

按传播内容，可分为综合性媒体和单一性媒体。综合性媒体指能够同时传播多种信息内容的媒体，如报纸、杂志、广播、电视等。单一性媒体是指只能传播某一种或某一方面信息内容的媒体，如包装、橱窗、霓虹灯等。

二、主要技术基础

（一）因特网

因特网（Internet）是一组全球信息资源的总汇。有一种粗略的说法，认为Internet是由许多小的网络（子网）互联而成的一个逻辑网，每个子网中连接着若干台计算机（主机）。Internet以相互交流信息资源为目的，基于一些共同的协议，并通过许多路由器和公共互联网而成，它是一个信息资源和资源共享的集合。

计算机网络只是传播信息的载体，而Internet的优越性和实用性则在于本身。因特网最高层域名分为机构性域名和地理性域名两大类，主要有14种机构性域名。

它连接着所有的计算机，人们可以从互联网上找到不同的信息，有数百万对人们有用的信息，你可以用搜索引擎来找到你所需的信息。搜索引擎帮助我们更快更容易地找到信息，只需输入一个或几个关键词，搜索引擎会找到所有符合要求的网页，你只需要点击这些网页，就可以了。

（二）云计算

从广义上说，云计算是与信息技术、软件、互联网相关的一种服务，这种计算资源共享池叫作"云"，云计算把许多计算资源集合起来，通过软件实现自动化管理，只需要很少的人参与，就能让资源被快速提供。也就是说，计算能力作为一种商品，可以在互联网上流通，就像水、电、煤气一样，可以方便地取用，且价格较为低廉。

总之，云计算不是一种全新的网络技术，而是一种全新的网络应用概念，云计算的核心概念就是以互联网为中心，在网站上提供快速且安全的云计算服务与数据存储，让每一个使用互联网的人都可以使用网络上的庞大计算资源与数据中心。

（三）物联网

物联网（IoT, Internet of Things）即"万物相连的互联网"，是互联网基础上的延伸和扩展的网络，将各种信息传感设备与互联网结合起来而形成的一个巨大网络，实现在任何时间、任何地点，人、机、物的互联互通。

物联网是新一代信息技术的重要组成部分，IT行业又叫"泛互联"，意指物物相连，万物万联。由此，"物联网就是物物相连的互联网"。这有两层意思：第一，物联网的核心和基础仍然是互联网，是在互联网基础上的延伸和扩展的网络；第二，其用户端延伸和扩展到了任何物品与物品之间，进行信息交换和通信。因此，物联网的定义是通过射频识别、红外感应器、全球定位系统、激光扫描器等信息传感设备，按约定的协议，把任何物品与互联网相连接，进行信息交换和通信，以实现对物品的智能化识别、定位、跟踪、监控和管理的一种网络。

（四）语义网

语义网是对未来网络的一个设想，与Web 3.0这一概念结合在一起，作为3.0网络时代的特征之一。简单地说，语义网是一种智能网络，它不但能够理解词语和概念，而且还能够理解它们之间的逻辑关系，可以使交流变得更有效率和价值。

语义网的核心是：通过给万维网上的文档（如HTML文档、XML文档）添加能够被计算机所理解的语义"元数据"（Meta data），从而使整个互联网成为一个通用的信息交换媒介。

语义网不同于WWW，现有的WWW是面向文档，而语义网则面向文档所表示的数据，语义网更重视于计算机"理解与处理"，并且具有一定的判断、推理能力。语义网的实现意味着当时会存在一大批与语义网相互依赖的智能个体（程序），广泛存在于计算机、通信工具、电器等物品上，它们组合形成环绕人类生存的初级智能网络。

（五）知识图谱

知识图谱（Knowledge Graph），在图书情报界称为知识域可视化或知识领域映射地图，是显示知识发展进程与结构关系的一系列各种不同的图形，用可视化技术描述知识资源及其载体，挖掘、分析、构建、绘制和显示知识及它们之间的相互联系。

知识图谱是通过将应用数学、图形学、信息可视化技术、信息科学等学科的理论与方法与计量学引文分析、共现分析等方法结合，并利用可视化的图谱形象地展示学科的核心结构、发展历史、前沿领域以及整体知识架构达到多学科融合目的的现代理论。它能为学科研究提供切实的、有价值的参考。

（六）虚拟现实

所谓虚拟现实，顾名思义，就是虚拟和现实相互结合。从理论上来讲，虚拟现实技术（VR）是一种可以创建和体验虚拟世界的计算机仿真系统，它利用计算机生成一种模拟环境，使用户沉浸到该环境中。虚拟现实技术就是利用现实生活中的数据，通过计算机技术产生的电子信号，将其与各种输出设备结合使其转化为能够让人们感受到的现象，这些现象可以是现实中真真切切的物体，也可以是我们肉眼所看不到的物质，通过三维模型表现出来。因为这些现象不是我们直接所能看到的，而是通过计算机技术模拟出来的现实中的世界，故称为虚拟现实。

虚拟现实技术受到了越来越多人的认可，用户可以在虚拟现实世界体验到最真实的感受，其模拟环境的真实性与现实世界难辨真假，让人有种身临其境的感觉；同时，虚拟现实具有一切人类所拥有的感知功能，比如听觉、视觉、触觉、味觉、嗅觉等感知系统；最后，它具有超强的仿真系统，真正实现了人机交互，使人在操作过程中，可以随意操作并且得到环境最真实的反馈。正是虚拟现实技术的存在性、多感知性、交互性等特征使它受到了许多人的喜爱。

（七）人工智能

人工智能（Artificial Intelligence），英文缩写为AI。它是研究、开发用于模拟、延伸和扩展人的智能的理论、方法、技术及应用系统的一门新的技术科学。

人工智能是计算机科学的一个分支，它企图了解智能的实质，并生产出一种新的能以人类智能相似的方式做出反应的智能机器，该领域的研究包括机器人、语言识别、图像识别、自然语言处理和专家系统等。人工智能从诞生以来，理论和技术日益成熟，应用领域也不断扩大，可以设想，未来人工智能带来的科技产品，将会是人类智慧的"容器"。人工智能可以实现对人的意识、思维的信息过程的模拟。人工智能不是人的智能，但能像人那样思考，也可能超过人的智能。

人工智能是一门极富挑战性的科学，从事这项工作的人必须懂得计算机知识、心理学和哲学。人工智能是包括十分广泛的科学，它由不同的领域组成，如机器学习、计算机视觉等，总的说来，人工智能研究的一个主要目标是使机器能够胜任一些通常需要人类智能才能完成的复杂工作。

（八）区块链

区块链是一个信息技术领域的术语。从本质上讲，它是一个共享数据库，存储于其中的数据或信息，具有"不可伪造""全程留痕""可以追溯""公开透明""集体维护"等特征。基于这些特征，区块链技术奠定了坚实的"信任"基础，创造了可靠的"合作"机制，具有广阔的运用前景。

2019年1月10日，国家互联网信息办公室发布《区块链信息服务管理规定》。2019年10月24日，在中央政治局第十八次集体学习时，习近平总书记强调，"把区块链作为核心技术自主创新的重要突破口""加快推动区块链技术和产业创新发展"。"区块链"已走进大众视野，成为社会的关注焦点。

三、融媒体平台架构

融合媒体平台是指以云计算、大数据等现代信息技术为基础打造的"媒体云平台"，平台将基于融合发展云架构，通过能力建设、开放接口、流程重构，支持电视台敏捷生产和新业务的弹性部署，在满足传统业务流程的同时，满足媒体融合的多业务流程，满足新业务运营的基础性要求，能够为新业务提供统一的内容支撑、技术服务、数据分析、运营计费等服务一体化技术业务平台，有效支撑"媒体融合"背景下电视台创新业务的快速发展。

（一）平台总体框架及建设要求

云计算的核心是将计算资源、存储资源、网络资源以虚拟化和自动化的方式通过网络来提交，但是与技术实现手段相比，它更多地体现为一种商业模式。对于电视台融合媒体平台，应该以全局化思路配置云架构，具体而言，就是要从纵向和横向两个方向架构云体系，提供云服务。

从纵向角度而言，和其他任何行业相近，电视台云架构应该具有三层体系架构。纵向角度的三层划分体现了云的基本特性。从横向角度考虑，为了充分达到生产融合的效果，为了集中体现与互联网间的业务融合的目标，为了与用户间实现密切的沟通和交互，建议采用"公有云、私有云和专属云"三云互动的方式进行融合媒体平台建设。

（二）架构示意图

融媒体平台体系架构如图7-1所示。

图7-1 融媒体平台体系架构示意图

1. 自建媒体私有云

媒体私有云立足于整合台内现有资源，以云架构替代原有的全台网架构，提升内容生产能力，满足面向融合媒体业务转型的需求。媒体私有云完全由电视台自主建设和运维。

（1）整合台内有效资源。媒体私有云的建设，需要针对自身现有系统特点，最大化地利用台内的现有系统和设备，在满足业务不间断的情况下，采用分步实施的策略，逐步整合台内的设备资源，使得现有台内系统能够平滑过渡到云计算体系架构中。

（2）构建技术支撑体系。私有云建设的重点在于能力构建，通过整合各大厂商提供的基础能力，利用开放接口为用户提供服务。目前各厂商提供的能力很多是共性的，不同业务可依据自身需要进行能力的调用，通过智能引擎进行能力串联和应用封装。

（3）提高节目生产能力。全台网系统普遍采用管道式建设方式，各业务板块相对独立，通过ESB、EMB进行相互之间的交互，在运行效率方面存在不足，资源难以共享。私有云的建设应以融合媒体为业务需求，以提高节目生产能力为根本，打破内容交换的瓶颈，实现资源融合、效率提升。

（4）支撑媒体融合业务。媒体私有云的建设既可以满足传统制播业务的需求，也面向融合媒体的需求，能够充分满足面向互联网的节目生产分发和其他新的业务。媒体私有云需要根据业务发展的情况扩展能力，并通过与行业专属云和社会公有云的互联来满足更多的融合需求。

2. 利用社会公有云

国内外多个企业均已提供了公有云服务，对于其中能够适配电视业务需求、提供技术保障能力，或者满足业务和创新发展要求的服务，电视台可以直接购买使用，也可以在公有云提供的基础设施或者平台服务的基础上，构建符合融合媒体特征的业务平台。

（1）适配电视业务需求。融媒体业务不仅需要与互联网进行融合，还需要借鉴或者使用公有云上提供的各行各业的服务，实现以用户为中心的业务扩展。同时，公有云上针对电视行业特点的云服务也会不断增加，电视台应以开放的心态，选择其中适配自身业务需求的服务进行购买使用。

（2）提供技术保障能力。对于公有云提供的服务，电视台只需直接购买使用，无须关注基础资源的建设。同时，公有云是海量用户的聚集地，云服务和软件能够更好更快地满足用户需求并有着强大的弹性扩展能力。因此，电视台可以通过行业专属云的打造与公有云进行对接，为整个融合媒体平台提供在突发业务情况下的资源弹性扩展能力。

（3）优化用户传播渠道。在融媒体环境下，通达用户的渠道除了现有的行业内网络资源外，更多的是与互联网进行对接。公有云上很多成熟的云服务，如部署于不同地域的CDN服务，可用于解决内容快速分发的路由带宽问题，提高用户体验。

（4）建立融合创新平台。融媒体作为电视行业的发展方向，很多创新的业务形式还需要不断探索，需要有一个试错和完善的过程。公有云则提供了创新业务的支撑平台，可以在上面快速开发业务。

3. 打造行业专属云

行业专属云由电视台与相关媒体机构、云服务提供商共同打造，自主运营。作为台内业务与互联网连接的渠道，专属云利用靠近互联网的优势，也可以促进媒体机构的联合，实现内容的共同运营。

（1）弘扬主流媒体的责任担当。作为主流媒体，电视台承担着弘扬主旋律、壮大主流思想舆论的重任。通过行业专属云的建设，使用成熟的公有云基础资源，构建面向互联网和媒体机构的传播平台，可以增强主流媒体的汇聚力、生产力，提升传播力和影响力，更好地担当主流媒体的责任。

（2）探索融合媒体生产模式。媒体私有云承担着台内高质高效的生产任务，但在媒体融合态势下，生产模式发生了相应变化，尚有一部分业务既需要一个靠近互联网的平台，以实现内容随时随地快速上载或更新，又需要拥有较强的数据或内容处理能力，以达到电视专业级内容处理的水平。专属云能够根据业务需要实现与台内媒体私有云以及与互联网的安全对接，提供台内外业务联通的渠道。

（3）搭建业务运营平台。专属云通过部署面向电视业务的PaaS和SaaS服务平台，不仅可以承担内容生产任务，还可以承载版权、内容等面向运营的业务，以及对业务运营过程中获取的大数据进行分析。同时，由于行业专属云上已经聚集了各地媒体机构的资源，可以进一步帮助各个媒体机构实现B2C业务。

（4）强化安全保障。虽然行业专属云构建在成熟的公有云基础设施之上，有专业的安全设备和人才对系统进行有效的维护，但是电视业务有着一定的特殊性，还需要针对媒体特点提供相应的安全保障，从内容、数据、应用、用户等方面进一步强化安全措施，体现行业专属云服务于媒体机构的特点。

（三）私有云、专属云、公有云相互关系及业务部署原则

在采用私有云、公有云及专属云构建电视台云基础架构的过程中，应依据与互联网的距离、依存性选择公有云、私有云；依据服务的安全性、共享性、效率要求取舍本地服务与云端服务的构成及比例。例如，希望拥有更多控制权、更高安全性的这类服务可能会更偏向于选择私有云提供的服务，而较为关注拥有成本、灵活性或可伸缩性的客户更偏向于选择公有云服务。

具体来说，在将业务拆分到私有云、专属云和公有云时，主要关注的要点如下。

1. 信息处理复杂程度。

因为公有云为社会各行业提供的相关服务具备普遍性，而不只针对电视行业，因此建议将具有电视行业特性的、信息处理量较大或信息处理过程复杂的业务部署于私有云或专属云，如高、标清节目制作过程中具有分层实时要求的编辑、特效、特技合成、调色等业务功能。

2. 信息处理实时性要求。

有些业务虽然信息处理量较大或信息处理过程复杂，但其对于信息处理时间没有实时要求，建议可以将该类业务部署于公有云，以充分利用公有云部署周期短、短期使用成本低的优势，如动画生成类相关业务。

3. 内容版权控制要求。

电视台部分业务对内容数据安全或者版权控制具有特殊要求，建议该类业务尽量避免部署于公有云，如影视剧、大型综艺节目生产等业务。

4. 用户参与的要求。

对于针对普通用户开放的业务，如视频分发，建议部署于公有云，以充分利用其靠近互联网的特性；对于只针对特定用户开放的业务，如全媒体新闻记者联

动平台，建议部署于专属云，既能随时随地进行内容上传，又能确保相关内容的安全；而对于只针对台内员工开放的业务，如节目的高码率编辑，建议将其部署于私有云。

5.业务经营的要求。

在融合媒体态势下，除了传统电视制播业务以外，新媒体业务、创新业务的经营模式、要求都不尽相同，因此，应该根据B2B、B2C、C2B、C2C、O2O等不同运营模式的业务要求，分别将其部署于公有云、专属云或私有云，以实现平台优势的最大化。

从目前情况看，三种模式的并存将持续较长一段时间。在并存的过程中，建议以建设私有云为起点，将部分高弹性、安全要求不高的应用迁移到公有云，并完善公有云与私有云之间的应用调度接口。随着技术的不断发展，按照私有云、专属云以及公有云的递进次序，将适合迁移至云端的业务不断增加，最终实现多云并存，全面支撑业务发展的局面。

第二节 主题策划、线索采集等流程相关技术

一般来讲，传统内容产品需要经过市场调研、选题策划、编辑加工、复制发行等流程；与传统内容产品一样，数字内容产品需要经历策划设计、编辑制作、运营发布等流程。

在传统编辑状态下，策划编辑的工作模式主要以"作者→编辑→读者"单向的线性方式进行；而在数字化时代，由于信息的链接是立体的、网状的，因此作者、编辑和读者之间具有更加丰富的交互方式。随之必然带来策划编辑工作模式的转变，在信息流动的过程中，编辑可以快速整合作者的优质资源，紧密围绕读者或用户的需求和体验，实时调整选题策划的设计和实施方式，使作者、编辑、读者处在一个良性友好的互动循环圈，实现以编辑为桥梁和纽带联系作者（PGC）和读者（UGC）的创作和众创融合的社区，从而构建"互联网+"时代选题策划的生态圈。融媒体内容生产业务流程如图7-2所示。

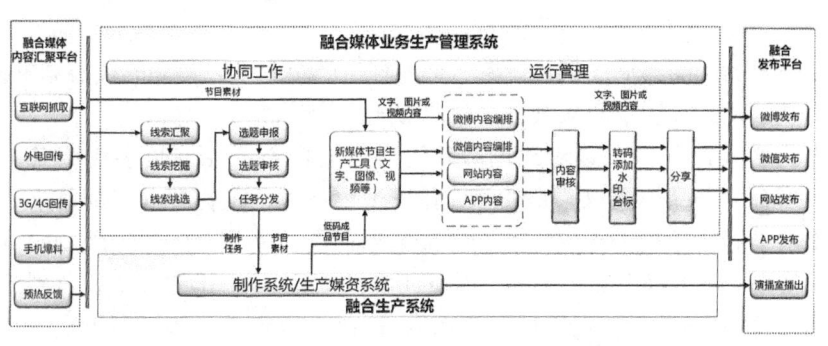

图7-2 融媒体内容生产业务流程示意图

一、融媒体主题策划流程及相关技术

数字内容的选题策划首先要进行准确的目标用户定位，要在内容、形式、市场意识和服务意识方面进行创新；同时，选题策划要深刻分析用户的阅读行为，遵循科学合理的策划方法和策划流程。

（一）策划方法

数字内容产品的策划方法多种多样，但是始终都要围绕设计产品以提升品质、服务用户来占领市场为最终目标。

1. 数字内容生产的"读者中心"

在传统出版转型格局变化中，助推或催生了个性化内容需求的读者群体，他们更关注所消费的内容范围及表现方式。个性化定制、一次创建多次使用、强大而准确的搜索和链接功能、交互功能等以读者为中心的各种功能已经成为数字内容生产区别于传统内容生产的特点与优势。这种区别表明只有通过"产品设计"才能突显"读者中心"，开发创建出适合读者需求的数字出版物和数字化服务，以满足读者的需要。数字内容的"产品设计"就如同传统出版的选题策划，或者是蕴含在传统出版的选题策划环节当中。内容资源的优势不仅仅是信息的海量，也不仅仅是内容的解构与重塑，如果没有市场行为和产品转型，这种优势都是空谈。

传统出版数字化转型需要产品支撑，也是数字时代读者中心的现实需要。

2. 通过"产品设计"再现出版物的内容价值

图书作为内容产业，是以内容为自己的核心产品和核心价值，但从传统出版到数字形态，必然要经历一次次创造性的"内容处理"，每一次内容处理就是产品的设计过程，"内容资源"在数字化处理过程中被赋予了全新的内涵。数字时代出版业载体在变、形式在变，但不变的是产品内容价值，出版社所擅长的正是将产品内容通过产品设计做到极致，让读者觉得"物有所值"且具独特的阅读体验。在信息与内容海量的互联网时代，如果一家内容生产企业没有与众不同的优质产品，它就不可能出类拔萃，而这些产品注定要由编辑策划人员通过全方位开发的思路设计而来。

（二）策划流程

数字内容的产品布局谋划代表着一个内容生产企业未来市场的核心竞争力。

1. 产品定位：关注重心从核心产品向形式产品转移

传统内容生产行业是以纸质出版物为自己的核心产品，数字化把媒介传播的通路、平台、产品形态以丰富的多元化表现出来时，人们要获得或传播一个信息，即使出于同一功能的考虑，其选择余地也很大。因此，纸质出版物的核心价值的实现呈现"碎片化"的趋势，即它的功能开始被数字化的现实所分割。这就是传统出版业的经营重点开始从以关注核心产品、内容产品为主向重点关注形式产品过渡的非常重要的原因。作为一种对策，数字出版物的产品定位应该在形式多样化、功能完善化方面做得更完美，使纸质出版物功能不及之处通过产品设计、功能外延吸引读者。

在形式产品方面只要找到任何一个市场需求的纬度，如平台纬度、介质纬度、时间纬度、空间纬度，都可以打造出不同形式的同一内容下的不同产品。例如，中南出版传媒集团旗下的八家传统出版社，已经在古典名著、音乐图书、科普图书、新课标教材等领域形成品牌集群，但仅用纸介质这种方式，核心产品价值远未达到最大化的程度。如果能够将这些图书转化为数字出版中的某一种形式，资源不用任何增加，仅将现有的纸质资源变成数字化的产品形态，就足以吸引相当多的单靠纸质图书覆盖不到的那些消费者。例如，国内有的出版集团利用数字化技术，把原有图书内容信息颗粒化、碎片化、结构化，形成数字内容仓库，提供可供消费者选择的匹配内容，多介质覆盖受众，形成一次处理、多次开发滚动使用、多点盈利的运营模式。这样使原有的纸质图书信息因为有了新的媒体形式形成新的受众、新的市场，探索跨媒体发展多点营利的商业模式。

2. 产品设计：传递信息从巨内容到微内容的转变

巨内容是指媒介所关注的社会普遍需要，具有共通性的信息部分。在传统出版中，由于传播通路比较有限、传播容量有限，为了确保社会共通性需要必须关注巨内容。以科技类图书为例，全国有150多家科技出版社，但每家出版社的选题基本都含科普、工、农、医、生活类，这些类别的选题基本上以文字、图片、案例、操作等形式传递给读者，但这些图书无法满足读者因性别、年龄、体质、身体状况等不同而形成的差别化需求。

事实上，读者需要更精准化的信息传递。但在传统出版中过度关注巨内容的图书中，人们在购买图书时往往是因为这本图书的某一个微内容、某一个具有细分意义的内容打动了他，适合他的需要，但却必须为更多的共通性的巨内容买单。数字化技术能够将一些微价值、微内容的资源形成聚合效应，形成强大的社会价值，这些微内容、具有细分意义的内容却是构成读者对数字出版产品形成很强忠诚度最重要的保障，也是数字出版业竞争中重要的优势，这将有助于避免没有差别的巨内容同质化竞争。因此，数字编辑的注意力要从过去对巨内容的关注向对微内容的关注转变，微内容是构成媒介未来个性、未来差异化竞争最重要资源和保护，也是传统出版转型过程中想要获得自己的核心力的重要图谋。

（三）相关技术

1. 大数据分析

大数据分析是指对规模巨大的数据进行分析。大数据可以概括为5个V：数据量大（Volume）、速度快（Velocity）、类型多（Variety）、价值（Value）、真实性（Veracity）。

大数据作为时下最火热的IT行业的词汇，随之而来的数据仓库、数据安全、数据分析、数据挖掘等围绕大数据的商业价值的利用逐渐成为行业人士争相追捧的利润焦点。随着大数据时代的来临，大数据分析也应运而生。

用于大数据分析的工具主要有以下几大类：

（1）用于展现分析的前端开源工具有JasperSoft、Pentaho、Spagobi、Openi、Birt等；

（2）用于商用分析工具有Style Intelligence、RapidMiner Radoop、Cognos、BO、Microsoft Power BI、Oracle、Microstrategy、QlikView、Tableau。国内的有BDP、国云数据（大数据魔镜）、思迈特、FineBI等；

（3）数据仓库有Teradata AsterData、EMC GreenPlum、HP Vertica等；

（4）数据集市有QlikView、Tableau、Style Intelligence等。

大数据分析主要包含以下六个方面。

一是Analytic Visualizations（可视化分析）。不管是对数据分析专家还是普通用户，数据可视化是数据分析工具最基本的要求。可视化可以直观地展示数据，让数据自己说话，让观众听到结果。

二是Data Mining Algorithms（数据挖掘算法）。可视化是给人看的，数据挖掘就是给机器看的。集群、分割、孤立点分析还有其他的算法让我们深入数据内部，挖掘价值。这些算法不仅要处理大数据的量，也要处理大数据的速度。

三是Predictive Analytic Capabilities（预测性分析能力）。数据挖掘可以让分析员更好地理解数据，而预测性分析可以让分析员根据可视化分析和数据挖掘的结果做出一些预测性的判断。

四是Semantic Engines（语义引擎）。非结构化数据的多样性带来了数据分析的新的挑战，我们需要一系列的工具去解析、提取、分析数据。语义引擎需要被设计成能够从"文档"中智能提取信息。

五是Data Quality and Master Data Management（数据质量和数据管理）。数据质量和数据管理是一些管理方面的最佳实践。通过标准化的流程和工具对数据进行处理可以保证一个预先定义好的高质量的分析结果。

假如大数据真的是下一个重要的技术革新，我们最好把精力关注在大数据能给我们带来的好处，而不仅仅是挑战。

六是数据存储、数据仓库。数据仓库是为了便于多维分析和多角度展示数据按特定模式进行存储所建立起来的关系型数据库。在商业智能系统的设计中，数据仓库的构建是关键，是商业智能系统的基础，承担对业务系统数据整合的任务，为商业智能系统提供数据抽取、转换和加载（ETL），并按主题对数据进行查询和访问，为联机数据分析和数据挖掘提供数据平台。

2. 文本分析

文本分析是指对文本的表示及其特征项的选取。文本分析是文本挖掘、信息检索的一个基本问题，它把从文本中抽取出的特征词进行量化来表示文本信息。文本（text）与讯息（message）的意义大致相同，指的是由一定的符号或符码组成的信息结构体，这种结构体可采用不同的表现形态，如语言的、文字的、影像的等。文本是由特定的人制作的，文本的语义不可避免地会反映人的特定立场、观点、价值和利益。因此，由文本内容分析，可以推断文本提供者的意图和目的。

将它们从一个无结构的原始文本转化为结构化的计算机可以识别处理的信息，即对文本进行科学的抽象，建立它的数学模型，用以描述和代替文本。使计算机能够通过对这种模型的计算和操作来实现对文本的识别。由于文本是非结构化的数据，要想从大量的文本中挖掘有用的信息，就必须首先将文本转化为可处理的结构化形式。人们通常采用向量空间模型来描述文本向量，但是如果直接用分词算法和词频统计方法得到的特征项来表示文本向量中的各个维，那么这个向量的维度将是非常的大。这种未经处理的文本矢量不仅给后续工作带来巨大的计算开销，使整个处理过程的效率非常低下，而且会损害分类、聚类算法的精确性，从而使所得到的结果很难令人满意。因此，必须对文本向量做进一步净化处理，在保证原文含义的基础上，找出对文本特征类别最具代表性的文本特征。为了解决这个问题，最有效的办法就是通过特征选择来降维。

3. 网络协同

随着计算机技术、通信技术和网络技术的突飞猛进，网络协同技术应运而生。其中协同OA系统越来越表现为是一种有思想、有模式的管理软件。协同（OA）系统就是采用Internet/Intranet技术，以"工作流"为引擎、以"知识文档"为容器、以"信息门户"为窗口，使企事业单位内部人员方便快捷地共享信息，高效地协同工作；改变过去复杂、低效的手工办公方式，实现迅速、全方位的信息采集、信息处理，为企业的管理和决策提供科学的依据。在基础OA的应用上，环球软件可供企事业机构自行灵活定义符合自身需求的管理工作流程、知识目录架构、信息门户框架，以更便捷、更简单、更灵活、更开放地满足日常OA办公需求。

二、融媒体线索采集相关技术

（一）全文检索

1. 概述

全文检索是以各类数据，诸如文字、声音、图像等作为处理对象，按照数据资料的内容而不是外在特征来实现信息检索的手段。判断全文检索系统检索效果的两个基本指标分别是查全率和查准率。其他指标还包括检索速度（也称响应时间)、收录范围、用户负担、输出形式等。

全文检索的对象一般分为结构化数据和非结构化数据。结构化数据指的是具有固定格式或有限长度的数据，如数据库、元数据等。对于结构化数据，用关系数据库管理系统来管理是最好的方式。非结构化数据指的是不定长或无固定格式的数据，又称全文数据，如邮件、Word文档等。关系数据库管理系统管理大量非结构化数据存在先天不足，特别是查询海量非结构化数据的速度较慢。也有人把XML、HTML等称为半结构化数据，根据实际需要，半结构化数据可按结构化数据来处理，也可抽取出纯文本按非结构化数据来处理。要想高效管理非结构化数据，就要用到全文检索技术。

2. 应用流程

全文检索大体分两个过程：索引创建和搜索索引。索引创建是指将所有的结构化和非结构化数据提取信息，形成索引的过程。搜索索引则是收到用户的查询请求，搜索创建的索引，然后将结果返回给用户的过程。

全文检索的索引创建过程一般包括五个步骤：

第一步：有一系列要索引的原文档；

第二步：将原文档传给分词组件；

第三步：将得到的词元传给语言处理组件。语言处理组件对得到的词元做一些同语言相关的处理，比如将单词变为小写、缩减为词根形式等；

第四步：将得到的词传给索引组件。索引组件会利用得到的词创建一个字典，对字典按字母顺序进行排序，合并相同的词成为文档倒排链表；

第五步：通过索引存储将索引写入硬盘。

全文检索的搜索索引一般也包括五个步骤：

第一步：用户输入查询语句；

第二步：对查询语句进行词法分析、语法分析及语言处理；

第三步：搜索索引，得到符合语法树的文档；

第四步：根据得到的文档和查询语句的相关性，对结果进行排序；

第五步：反馈查询结果给用户。

搜索引擎是目前全文检索技术的典型应用形式，百度和谷歌是搜索引擎的典型代表。

(二) 图像检索

1. 概述

图像检索技术大概可分为三类：基于文本的图像检索、基于图像外部信息的检索和基于内容的图像检索。基于内容的图像检索技术是目前最流行的检索技术之一，传统的搜索引擎公司包括谷歌、百度、Bing都已提供一定的基于内容的图像搜索产品，如Google Similar Images、百度识图等。基于内容的图像检索技术是指由图像分析软件自动抽取每幅图像的视觉内容特征作为索引,如色彩、纹理、形状等。在检索过程中,用户一般只需提供一个示例图像,系统首先抽取该示例图像的特征(如颜色、纹理、形状等),然后根据图像特征的相似性匹配算法,与图像库中相应的特征进行比较,最后将与示例特征相似的图像反馈给用户,以达到一个完整的图像检索过程。

2. 技术实现

基于内容的图像检索在实现上有两大关键点:图像特征的提取和匹配。图像特征提取包括低层次的视觉特征的提取和高层次的语义内容的提取,低层次的视觉特征主要包括颜色、形状、纹理等。由于技术发展水平的限制,比较成熟的检索算法大部分是基于图像的低层次特征的,目前还无法真正支持基于语义的图像检索。

颜色是彩色图像最底层、最直观的物理特征,是绝大多数基于内容的图像检索数据库中使用的特征之一。颜色特征的描述方法主要有四种:颜色直方图、颜色相关图、颜色矩、颜色一致性矢量。

形状是刻画物体最本质的特征,对形状特征的提取主要是寻找一些几何不变量。目前用于图像检索的形状描述方法主要有两类:基于边缘和基于区域的形状方法。前者利用图像的边缘信息,而后者则利用区域内的灰度分布信息。

纹理是图像的重要特征之一,通常定义为图像的某种局部性质,或是对局部区域中像素之间关系的一种度量,其本质是刻画像素的邻域灰度空间分布规律。纹理特征描述方法大致可以分为四类:统计法、结构法、模型法、频谱法。

图像相似度是指人类对图像内容认识上(即语义)的差异,导致通过计算查询的样图和候选图像之间在视觉特征上存在距离。如果这个距离满足一定条件,就可以说这两个图像相似度匹配。当然,如果能将语义特征和视觉特征结合起来,相似度匹配程度会更高,检索结果也会更精准。

(三)视频检索

1. 概述

视频是非结构化数据,视频检索需要对非结构化的视频数据进行结构化分析和处理,采用镜头检测、关键帧提取、基于内容的相似性检索和视频语义分析等技术,逐步缩小检索范围,直至查询到所需的视频数据,按照要求反馈给用户。

2. 应用流程

从对视频信息处理流程的角度来说,视频检索主要分成三个环节:视频预处理、镜头处理和视频描述。

(1)视频预处理。视频预处理是指载入各种格式的视频资料,并将视频资料上载到视频资料数据库中。预处理环节必须解决视频的存储格式和编码问题,应完成以下工作:

第一,将模拟信号数字化,压缩数字化后的数据并进行存储;

第二,每一种格式的数字信号都要有相应的解码器进行解码;

第三,要具有相应的编解码和转码功能,以便对视频信号做进一步的处理,如存储、格式转换等。

(2)镜头处理。镜头处理环节完成的工作是将视频资料分割成镜头并进行相应的处理,具体包括镜头检测、关键帧提取和视频聚类。

(3)视频描述。视频片断被分割成独立的镜头后,还无法对镜头和关键帧进行检索,原因是还没有设置匹配的标准,此时就需要提取视频片段的特征值并将特征值按标准进行描述,之后才能实现对视频的检索。

(四)网络爬虫

1. 概述

网络爬虫是一种按照一定的规则自动抓取互联网信息的程序或者脚本,是搜索引擎抓取系统的重要组成部分。

从页面分析和下载能否同时进行的角度来说,可以分为单线程爬虫和多线程爬虫;从抓取内容是否具有特定主题的角度来说,可以分为通用爬虫和聚焦爬虫。

网络爬虫的系统框架主要由控制器、解析器、资源库三部分组成。

2. 工作流程

网络爬虫的基本工作流程如下。

首先选取一部分精心挑选的种子URL,然后将这些URL放入待抓取URL队列;从待抓取URL队列中取出待抓取的URL,解析DNS,得到主机的IP,并将URL对应的网页下载下来,存储进已下载网页库中,此外将这些URL放进已抓取URL队列。

接下来,分析已抓取URL队列中的URL,分析其中的其他URL,并且将URL放入待抓取URL队列,从而进入下一个循环。

(五)扫描识别

1. 概述

扫描识别是通过扫描仪或数码相机等光学输入设备将数字、符号和文字以图形信息的形式输入计算机,再由相应的软件进行识别处理,判断出字符的标准编码,并按通用格式存储在文本文件中,让计算机自动完成字符的录入工作。

扫描识别是一种不确定的技术,正确率永远不可能达到100%,识别率的决定因素主要包括:图片的质量,一般建议150dpi以上;颜色,一般对彩色图片识别较差,对黑白的图片识别率较高,因此建议使用黑白TIF格式的图片;字体,如果是手写体,识别率就可能会很低。

2. 应用流程

CR识别的流程通常包括以下几个环节。

(1)图像输入。通过扫描仪、数码相机等将需要OCR处理的印刷体文档转入计算机的过程。

（2）图像预处理。图像预处理是OCR系统中解决问题最多的一个模块，包含了图片正规化、去除噪声、图片矫正等操作，以及将文本图片分段落、分行的版面分析等。

（3）特征抽取。特征抽取是OCR的核心，用什么特征、怎么抽取，直接影响识别的好坏。

（4）字符识别。根据不同的特征特性，选用不同的数学距离函数，将图像中的文字、图片和表格等识别出来。

（5）人工校正。由人工对识别结果进行校正，找出OCR出错的地方，进一步提高待输出结果的准确率。

（6）结果输出。将识别和校正后的结果存储到指定文档的过程。如果要求原文格式重现，则在识别后还需要进行人工排版。

第三节 网络安全

一、边界安全

（一）边界安全内涵

把融媒体的不同安全级别的网络相连接，就产生了网络边界。边界安全就是在网络边界上建立可靠的安全防御措施防止来自网络外界的入侵。

（二）边界安全的来源

边界安全问题的主要的原因是攻击者不可控，攻击难以溯源，很难封杀，一般来说网络边界上的安全问题主要有如下几个方面。

1. 木马入侵

木马通过捆绑或欺骗传播，进入本级的网络后，便主动与其控制者联络，从而让控制者来控制本级的机器，既可以盗用本级的网络信息，也可以利用本级的系统资源为其工作，比较典型的就是"僵尸网络"。

2. 黑客入侵

黑客入侵就是黑客通过互联网进入本级的网络（或其他渠道），窃取数据，篡改数据，或实施破坏行为，造成本级网络业务的瘫痪，这种攻击是隐秘的、主动的、有目的的，甚至是有组织的行为。

3. 网络攻击

网络攻击是针对网络边界设备或系统服务器的，可以说是一种公开的攻击，攻击的目的一般是造成本级服务的中断或中断网络与外界的连接。

4. 病毒入侵

病毒是编制者在计算机程序中插入的破坏计算机功能或者数据的代码，能影响计算机使用、能自我复制的一组计算机指令或者程序代码。一般通过与非安全网络的业务互联和通信来传播病毒，一旦在本级网络中发作，业务将受到巨大冲击，病毒的传播与发作一般有不确定的随机特性。

二、边界防护技术

常用的边界防护技术如下。

（一）防火墙技术

网络隔离最初的形式是网段的隔离，因为不同的网段之间的通信是通过路由器连通的，要限制某些网段之间不互通，或有条件地互通，就出现了访问控制技术，也就是防火墙。防火墙是不同网络互联时最初的安全网关。防火墙技术示意如图7-3所示。

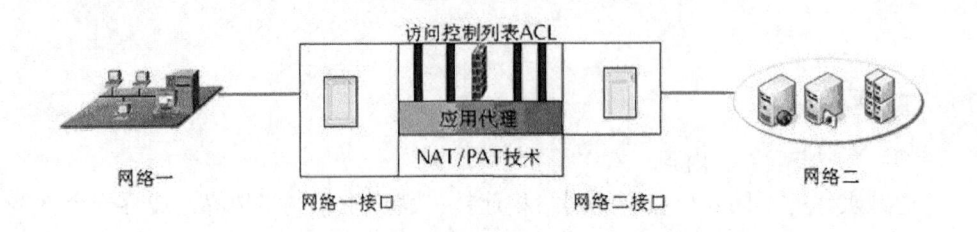

7-3 防火墙技术

防火墙的作用就是建起了网络的"城门"，把住了进入网络的必经通道。防火墙的缺点是不能对应用层识别，不能识别隐藏在应用中的病毒、木马。

（二）多重安全网关技术

多重安全网关就是将多个层面的安全网关组合使用，安全性比防火墙好，对各种常见的入侵与病毒都可以抵御。但是大多的多重安全网关都是通过特征识别来确认入侵的，这种方式速度快，不会带来明显的网络延迟，但也有固有缺陷：首先，应用特征的更新一般较快，目前最长也以周计算，所以网关要及时地"特征库升级"；其次，很多黑客的攻击利用"正常"的通信，分散迂回进入，没有明显的特征，安全网关对于这类攻击能力很有限；最后，安全网关再多，也只是若干个检查站，一旦"混入"，进入到大门内部，网关就没有作用了。

（三）网络安全组

在传统的本地环境中，通常通过防火墙（无论是软件设备还是硬件）来处理网络安全问题。将设备分成不同的小组，然后创建允许或阻止小组之间（或单设备之间）通信的规则。通常情况下，默认规则（至少在大多数受到正确保护的环境中）是指拒绝任何与定义的规则不匹配的流量。

（四）数据交换网技术

数据交换网技术是基于缓冲区隔离的思想，把网络边界处修建了一个"数据交易市场"，形成两个缓冲区的隔离。在防止内部网络数据泄密的同时，保证数据的完整性，即没有授权的用户不能修改数据，防止授权用户错误的修改，以及内外数据的一致性。数据交换技术示意如图7-4所示。

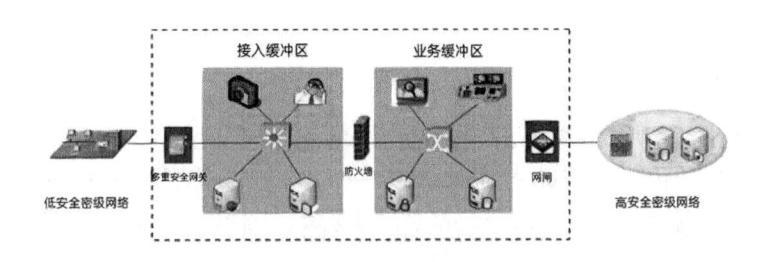

7-4 数据交换技术

（五）DDoS高防产品

当服务器在遭受大流量的DDoS攻击，导致服务不可用的情况下，用户可以通过配置高防IP，将攻击流量引流到高防IP并清洗，无须转移数据就可以防护DDoS攻击，确保源站业务的稳定可靠，DDoS高防服务一般还具有灾备能力。例如，阿里云盾技术示意如图7-5所示。

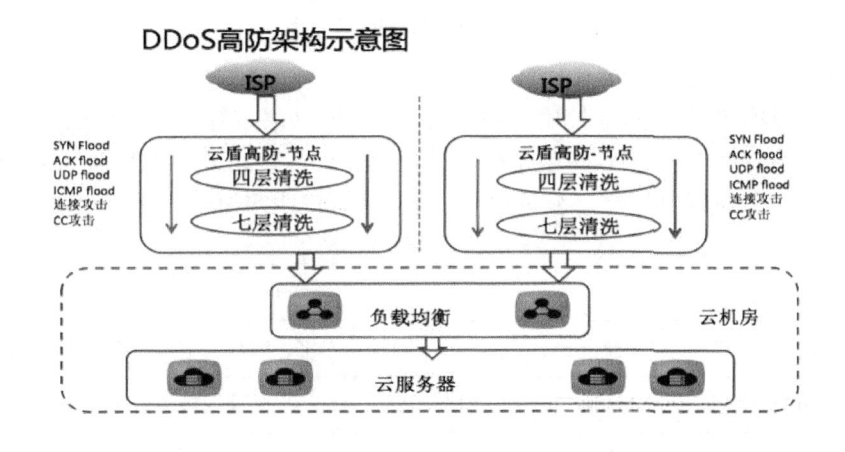

7-5 阿里云盾DDoS高防架构示意图

（六）漏洞扫描工具

漏洞扫描是指基于漏洞数据库，通过扫描等手段对指定的远程或者本地计算机系统的安全脆弱性进行检测，发现可利用漏洞的一种安全检测（渗透攻击）行为。基于不同的技术，漏扫工具可以分成基于网络的、基于主机的、基于代理的、基于C/S的。

第四节 融媒体内容制作、采访相关技术

一、融媒体内容制作技术

融媒体内容制作是对各种内容资源根据需要进行筛选、编排、加工、制作，并对最后的内容产品进行审核，以达到发行、发布的相应标准。融媒体内容的分类，根据内容资源的属性可以分为文本、图形、音频、视频、动画等，这些媒体的融合性、交互性、沉浸性存在不足。随着数字技术、计算机网络技术、移动通信技术的发展，以数字化、交互性、感知性、超时空为主要特征的一系列新媒体出现，打破了仅仅依靠文字、音视频等单向传输、交流的局面，大大提高了交互性。新媒体技术常见的有VR、AR、HTML5、AI等。融媒体内容的分类如图7-6所示。

图7-6 融媒体内容分类

（一）文字编辑技术

文字编辑处理技术即使用文字处理软件，对文字进行输入、格式化、美化、排版，常用的文字处理软件包括微软公司的Word，金山公司的WPS、OpenOffice等。以Word为例对常用文字编辑软件的功能进行说明，如表7-1所示。

表7-1 Word功能

功能	简介
文字编辑功能	编排文档、绘图图形、设计艺术字、编写数学公式等
表格处理功能	自动制表、手动制表、制作图表，表格数据自动计算
文件管理功能	丰富的文件格式模板，方便创建各种专业水平文件
版面设计功能	设置字头和字号、页眉和页脚、图表、图形、文字，并可以分栏编排

制作Web页面功能	部分Web支持，可以方便地以Web视图预览文档，简单编辑并存储为Web页
拼写和语法检查功能	提供了拼写和语法检查功能，提高了英文编辑的正确性，如果发现语法错误或拼写错误，还提供修正的建议
强大的打印功能和兼容性	具备打印个性化设置、预览功能，支持许多种格式的文档，有很强的兼容性

（二）图片编辑技术

图片编辑是对图形、图像进行处理的技术，图形是指矢量图，即由计算机绘制的点、线、面等要素组成的；而图像是指位图，它由相机、扫描仪、摄像机等设备捕捉实际的画面而生成。常用软件有Adobe Illustrator、Corel Draw、Adobe Photoshop。以Photoshop为例对常用图片编辑软件的功能进行说明，如表7-2所示。

表7-2 Photoshop功能

功能	简介
平面设计	图书封面、招帖、海报设计处理
广告摄影	完善广告摄影最终成品效果
影像创意	通过Photoshop编辑制作影像创意
网页制作	Photoshop是制作网页必不可少的网页图像处理软件
后期修饰	增加并调整建筑效果图，人物与配景包括场景的颜色
视觉创意	Photoshop是常用个人特色与风格的视觉创意设计软件
界面设计	Photoshop是优秀的产品和包装界面设计软件

（三）音视频编辑技术

1. 音频编辑软件

专业的音频编辑工具，提供音频混合、编辑、控制和效果处理功能。支持多条音轨、多种音频特效和多种音频格式，可以很方便地对音频文件进行修改和合并，可轻松创建音乐、制作广播短片等。常用的音频独立编辑软件是Adobe Audition。以Adobe Audition为例对常用编辑软件的功能进行说明，如表7-3所示。

表7-3 Audition功能

功能	简介
编辑音频	对各种音频素材进行裁剪、剪切、复制、粘贴，调整电平、音色，设计调整特效，降噪等
混合音频	多音轨音频编辑、混音、特效
录制音频	方便、自由地在音轨上录制、叠录和合成录制音频
修复音频	降低或移除素材中的杂音，如嘶声、嗡嗡声、噼啪声、爆音、咔哒声以及人为噪声

2. 视频处理软件

视频编辑通常是对图文、视频、音频进行综合编辑处理，重点是视频编辑。常用的是非线性编辑软件，这类软件通过对加入的图片、背景音乐、特效、场景、字幕等素材与视频进行混编，对视频源进行切割、合并，通过二次编码，生成具有不同表现力的新视频。常用的视频编辑软件有Adobe Premiere、Avid Media Composer、Adobe After Effects等。以Premiere为例对常用编辑软件的功能进行说明，如表7-4所示。

表7-4 Premiere功能

功能	简介
采集	通过专业接口从各种数码设备采集视频素材，以及通过存储设备和网络导入素材
剪辑	以轨道和时间线对素材进行拆分、剪切、复制、粘贴、组合、叠加等操作
特效	对素材进行视频特技处理，在视频素材之间添加丰富切换效果
美化音频	音频轨道混合器对音频进行混合音轨和剪辑、特效
字幕	方便地添加字幕，并对字幕进行编辑和添加特效与过渡
输出	丰富的导出选择，方便用户进行传输、发布和二次加工
界面设计	利用Premiere可以打造UI界面

3. 多媒体集成平台

多媒体集成平台是将一系列有关动画、声音、图像、文字等多媒体硬件设备集合起来，配合配套软件进行多媒体编辑的平台系统。常见的有大洋、索贝、Edius。以大洋为例对该类平台的功能进行说明，如表7-5所示。

表7-5 大洋非线性编辑系统功能

功能	简介
硬件平台	搭载高主频多核心CPU与高性能专业GPU、配备广播级专业音视频板卡、3Gb-SDI、HDMI与多种数字模拟音视频接口输出
一站式专业级制作套装	智能而灵活的系统管控工具、全新升级的非线性编辑引擎、绝佳而高效的素材转码助手、在线轻松升级、一键式维护更安心
图文创意制作	预置不同图文模板，自由挥洒创意、丰富的图文工具、强大的唱词编辑，拍唱词、展开微调均可、支持图文、视频时间线联动创作、同步输出预监、独立的CG编辑轨道、支持添加活动纹理的动态字幕效果、支持二维物件转化为三维物件，制作方式丰富，效果多样
资源高级管理	多样检索筛选，专属搜索引擎、不同用户资源共享，随时随地分享数据，支持创建双码流网络，进行高低码率编辑、支持项目、时间线完整导入与导出，实现节目整体备份和跨平台迁移、基于数据库的管理模式、可协同制作
调色工具	一流的画质、全新跟踪定位系统，随时监看信号指标、快速颜色吸取工具
先进的模板化制作	海量免费的视觉包装模板，实现快速素材替换、更强更绚丽的模板效果，可定制化服务
高效的交付发布	SDI、HDMI、分量、复合信号全支持、增强的字幕或故事板结构输出、多种输出方式选择、借助XML、AAF、EDL满足协同编辑的需求、实时输出、多种文件存储介质、兼容主流文件结构

4. 短视频制作

短视频是指在各种新媒体平台上播放的、适合在移动状态和短时休闲状态下观看的、高频推送的视频内容，几秒到几分钟不等。内容融合了技能分享、幽默搞怪、时尚潮流、社会热点、街头采访、公益教育、广告创意、商业定制等主题。由于内容较短，可以单独成片，也可以成为系列栏目。常见的发布平台有微博、秒拍、抖音、快手、今日头条等，一般为手机APP，常用编辑软件有剪映、快影、InShot、VUE、美拍、VideoLeap、VLLOVUE、大片、猫饼剪辑、小影、一闪、Lumafusion、iMovie、Filmic Pro等。以Lumafusion为例对常用编辑软件的功能进行说明，如表7-6所示。

表7-6 Lumafusion功能特点

功能	简介
编辑	6个视频/音频轨道，用于照片，视频，音频，标题和图形，具有扩展功能的磁性时间轴、数十个过渡、在外接显示器上显示预览、添加标记、保存有关编辑的信息、在时间轴上选择剪辑以移动，删除，复制和粘贴、用户协作支持
音频	关键帧音频电平和声像移位以实现完美混音、从多个轨道文件中选择轨道、在对话过程中使用自动引导功能降低背景音乐、添加音频过滤器和均衡器
特效	叠加多种样式，模糊，像素效果，颜色和失真效果，全彩色校正、以任意顺序对效果和颜色进行分层、色度键过滤器、添加无限的关键帧、在任何帧上为效果或颜色设置动画
慢动作和快动作	创建慢动作、快进和快退
媒体库	从闪存驱动器、网络驱动器、其他应用程序和邮件导入兼容媒体文件
标题	可创建带有文本、形状和图像的多层标题，并个性化设置
项目管理	创建多种规格的项目、复制，添加注释，添加颜色标签，对项目进行搜索和排序，以便于组织
分享	轻松分享到照片应用程序和闪存驱动器、网络驱动器、支持帧速率调整，4K和IVR设置

（四）动画

动画是一种对事物运动、变化过程的模拟的综合艺术，它是集合了绘画、电影、数字媒体、摄影、音乐、文学等众多艺术门类于一身的艺术表现形式。常见的动画是计算机动画，既有二维的，又有三维的。二维动画制作的软件种类繁多，如Gif Animator、Flash（已改名为Adobe Animate）、Spine、Moho；三维动画制作的软件如3D MAX、MAYA、C4D等。以MAYA为例对常用编辑软件的功能进行说明，如表7-7所示。

表7-7 MAYA功能特点

功能	简介
动力学和效果	使用预构建的图表、动态解算器的可视化编程环境使用户能够以程序方式快速、轻松地创建高水准的特效
三维动画	缓存播放使用户可以查看动画并生成更少的播放预览、借助基于片段的非破坏性和非线性编辑器进行高级动画编辑、在更短的时间内制作高质量、可立即投入使用的绑定角色、用于制作关键帧、程序和脚本化动画的工具组合
绑定	使用新的"接近度固定"（Proximity Pin）和"UV 固定"（UV Pin）节点精确跟踪变形几何体上的位置
渲染和着色	使用Arnold渲染视图，实时查看场景更改，包括照明、材质和摄影机 Viewport 2.0预览更接近最终的Arnold渲染，有助于激发创造力并节省时间 使用Maya中集成的Arnold在CPU和GPU上进行产品级渲染
三维建模	通过重新定义网格上任何区域的拓扑，精确指定模型上需要额外细节的位置 增强的UV编辑器界面包含新的UV工具包，具有更好的工具和功能，生成清理拓扑，保留原始网格形状，同时将曲面拓扑重建为均匀分布的四边形，利用高效库，对多边形几何体执行更快速一致的布尔运算操作
运动图形	MASH工具组合为用户提供了许多新节点（曲线、信号、世界、放置器等），并更新了现有节点
流程集成	更轻松地进行创建和自定义，并将Maya集成到复杂的制作流程中 以Maya嵌入式语言（MEL）或Python脚本语言创建Maya脚本和编写插件

（五）VR

VR（虚拟现实技术，Virtual Reality）是一种可以创建和体验虚拟世界的计算机仿真系统，它利用计算机生成一种模拟环境，使用户沉浸在该环境中，获得沉浸式体验。虚拟现实技术就是利用现实生活中的数据，通过计算机技术产生的电子信号，将其与各种输出设备结合使其转化为能够让人们感受到的现象，这些现象可以是现实中真真切切的物体，也可以是肉眼所看不到的物质，通过三维模型表现出来。因为这些现象不是直接所能看到的，而是通过计算机技术模拟出来的现实中的世界，故称为虚拟现实。常用创作编辑技术有Unity、Unreal等。以Unity为例对常用编辑软件的功能进行说明，如表7-8所示。

表7-8 Unity功能特点

功能	简介
综合编辑	通过Unity简单的用户界面，用户可以完成任何工作，这些为用户节省了大量的时间

功能	简介
图形动力	Unity对DirectX和OpenGL拥有高度优化的图形渲染管道
资源导入	Unity支持所有主要文件格式,并能和大部分相关应用程序协同工作
一键部署	Unity可以让用户的作品在多平台呈现
Wii的发布	Unity让业界最流行的游戏平台软件更容易开发
iPhone发布	Unity让革命性的游戏开发降临革命性的设备
着色器	Unity的着色器系统整合了易用性、灵活性和高性能
地形	低端硬件亦可流畅运行广阔茂盛的植被景观
联网	从单人游戏到全实时多人游戏
物理特效	Unity内置的NVIDIA PhysX物理引擎带给用户生活的互动
音频和视频	实时三维图形混合音频流、视频流
脚本	Unity支持3种脚本语言:JavaScript、C#、Boo
光影	Unity提供了具有柔和阴影与烘焙lightmaps的高度完善的光影渲染系统

(六) AR

AR(增强现实,Augmented Reality)技术是一种将虚拟信息与真实世界巧妙融合的技术,广泛运用了多媒体、三维建模、实时跟踪及注册、智能交互、传感等多种技术手段,将计算机生成的文字、图像、三维模型、音乐、视频等虚拟信息模拟仿真后,应用到真实世界中,两种信息互为补充,从而实现对真实世界的"增强"。常用编辑软件有Vuforia、Wikitude、ARToolKit、Kudan、XZIMG等。以Wikitude为例对常用编辑软件的功能进行说明,如表7-9所示。

表7-9 Wikitude功能特点

功 能	简 介
即时追踪	即时跟踪(Wikitude的位置跟踪) SMART从Wikitude切换到ARKit和ARCore的位置跟踪 扩展跟踪(基于即时跟踪) 平面检测(基于即时跟踪) 保存和加载即时目标(基于即时跟踪)
对象/场景跟踪	设备上的单个对象/场景 设备上的多个对象/场景 基于3D模型的跟踪*测试版*(CAD模型及更多)
图像追踪	设备上的单张和多张图片 基于云的图像识别和跟踪
基于位置的服务与GEO数据	简化了使用地理参考数据,兴趣点的设计和布局可定制
3D增强	可以用Unity3D框架插在增强现实场景中加载和渲染3D模型

功能	
增强和可视化	自定义AR视图、集成Wikitude的渲染引擎、基于Unity的渲染引擎、选择和定制渲染引擎的完全灵活性、渲染各种增强功能（文本，图像，动画图像，视频，透明视频，HTML小部件；声音，静态和动画3D模型，遮挡模型，属性动画）

（七）HTML5

HTML5技术是Web中核心语言HTML的规范，结合了HTML4.01的相关标准并革新，符合现代网络发展要求，在2008年正式发布。HTML5由不同的技术构成，其在互联网中得到了非常广泛的应用，提供更多增强网络应用的标准机制。与传统的技术相比，HTML5的语法特征更加明显，并且结合了SVG的内容。这些内容在网页中使用可以更加便捷地处理多媒体内容，而且HTML5中还结合了其他元素，对原有的功能进行调整和修改，进行标准化工作。常用编辑软件有Adobe Dreamweaver、DevExtreme、JetBrains WebStorm、Visual Studio Code、Sencha Architect、HTML5demos、HTML5 Tracker、HTML5 visual cheat sheet、Switch To HTML5、HTML5 Test、Lime JS等。以WebStorm为例对常用编辑软件的功能进行说明，如表7-10所示。

表7-10 WebStorm功能特点

功　能	简　介
智能代码辅助功能	提供JavaScript和编译为JavaScript语言、Node.js、HTML和CSS的智能代码辅助。享受代码补全、强大的导航功能、动态错误检测以及所有这些语言的重构
调试	内置调试器，可放置断点、逐步执行代码和评估表达式
跟踪	内置了spy-js工具，帮助用户跟踪JavaScript代码
测试	集成了Karma测试运行器、Mocha、Jest和Protractor，可以直接在IDE中运行和调试测试
无缝工具集成	集成流行的Web开发命令行工具；IDE中切换运行Grunt、Gulp或npm任务。集成ESLint、JSCS、TSLint、Stylelint、JSHint或JSLint代码质量工具
IDE功能	以统一的UI处理多种流行的版本控制系统，确保在git、GitHub、SVN、Mercurial和Perforce之间提供一致的用户体验； 无论用户是否使用VCS，本地历史都真的可以保护代码。用户可以随时检查特定文件或目录的历史记录，并回归到以前的任何版本； WebStorm定制化程度非常高。将其调整为完全适合编程风格，从快捷键、字体和视觉主题到工具窗口和编辑器布局

（八）AI

AI（人工智能，Artificial Intelligence）在内容生产方面有着广泛应用，尤其是在新闻写作与制作方面，由此也产生了"机器人新闻"（Robot Jounalism）的概念。机器人新闻是指用人工智能程序写成的新闻，这种程序可以瞬间获取事实并写出报道。机器人新闻利用算法和自然语言生成器对互联网上存储的信息资源进行结构化处理，是一种文本自动生成技术。随着技术的演进，人工智能在内容生产方面的应用正在从机器人新闻延展到内容制作的各个领域，成为传媒产业的重要变革方向。常用新闻写作机器人有新华社的快笔小新、腾讯的dreamwriter、第一财经的DT稿王、今日头条的"张小明"、美联社的WordSmith、《华盛顿邮报》的Heliograf以及《纽约时报》的blossom等。目前，新闻写作机器人已经进入地方融媒体中心，例如《四川日报》的机器人大川，成都双流融媒体中心的机器人双双。以"张小明"新闻写作机器人为例进行说明，如表7-11所示。

表7-11 "张小明"新闻写作机器人功能特点

功能	简介
写作功能流程	采集数据录入数据库，将数据按照语句出现频率以及新闻要素关键词进行分析加工，结合自然语言处理、机器学习和视觉图像处理的技术分析，通过语法合成与排序学习生成新闻
写稿速度快	2秒内完成稿件并上传至媒体发布
发布稿件类型增加	不仅可以发布赛事消息，还可以生成整个比赛的赛事简报
拟人化程度更高	根据比赛选手的排名，赛前预测与实际赛果的差异、比分差异，自动调整生成新闻的语气
图片识别筛选	可以识别图像，在文章中选取插入赛事图片，图文并茂

二、采访技术

传统媒体时代的采访是记者为取得新闻材料，和被获取信息的对象面对面交流，以及观察、调查、访问、记录、摄影、录音、录像等活动；在融媒体时代，传统媒体、新媒体的技术和产品全面融合，媒体产品以视频、音频、文字、图片等方式综合呈现，新闻采访的方式更加多元化，采用的新技术手段更多样。采访技术分类如图7-7所示。

图7-7 采访技术分类

（一）音频采访

1. 电话采访

电话采访是采用电话进行的一种语音采访形式，通过电话语音技术实时进行问答采访，并对采访音频进行录制、加工、实时播出等。它可以单独使用，也可以作为其他采访的补充，使得新闻得以真实迅速地报道出来。具有以下特点：设备简单、方便；形式新颖，活泼，形象生动；跨空间、省时省力；即时性强、可信度高。

2.网络语音采访

该方式也是通过语音进行的采访形式，与电话采访的不同是采用了网络技术传输音频，采访者与被采访对象进行基于网络语音软件的语音交互。适用于网络音频技术成熟方便的情形，一般是作为其他采访的补充。

（二）视频采访

1.面对面采访

面对面采访也就是传统采访，是采访者与被采访者线下面对面交流，通过传统视音频记录设备和文字记录采访资料。这种采访采用的技术包括文字、录音、录像、照相技术。网络时代，采访者通过互联网获取有价值的新闻线索，网络联系采访对象，进行初步交流，确定采访时间、地点，确定采访主题，甚至还可以明确采访问题。采访过程中的记录工具由纸笔和传统录音录像，转向采用现代电子设备和自带设备，如智能录音笔、智能手机等。采访后，录音采用人工智能技术自动将语音转写为文字，图片和音视频经过加工编辑后可以配合发布。

2.网络在线采访

该方式是基于计算机网络技术进行的音视频采访，通过高速网络实时传输音视频数据，采访者与被采访对象通过网络视频电话、即时通信软件、视频会议系统等进行线上的面对面采访。技术手段包括硬件和相应的软件，包括录音设备、录像设备、计算机网络、5G通信网络和网络通信软件，进行音视频的实时在线传输存储、云记录存储，音视频采用大数据和人工智能技术实时进行编辑处理、发布等。

3.短视频采访

短视频采访不同于传统的视频采访，它是随着近几年移动终端普及和网络的提速发展起来的一种视频采访形式，它是基于互联网新媒体，时长在5分钟以内的视频采访。具有短小、精悍、生产流程简单、制作门槛低、参与性强等特点，又比直播更具有传播价值，超短的制作周期和趣味化的内容符合当代视频消费的潮流。采用的技术包括手机、录像设备和移动互联网，以及对应的短视频编辑、发布技术平台。

（三）融媒体采访

1.网络场景协同采访

网络场景协同采访是在计算机网络技术和相应的软硬件平台支持下，多场景、同步进行交互的融合式采访形式。突出特点是融合了线下面对面，线上音视频、电话、语音等多场景，跨时空，大大增强了采访的广度和范围。使用各种场景需要的软硬件技术支持，各场景的协同运行依靠基于计算机网络和移动互联网的云平台，硬件是多端音视频设备，如电视、平板、手机、电脑等。

2.自媒体采访

自媒体是随着移动终端普及和移动互联网的发展，普通大众经由数字科技与全球知识体系相连之后，以现代化、电子化的手段，向不特定的大多数或者特定的单个人传递规范性及非规范性信息的新媒体。自媒体采访是采访者通过融媒体终端及应用软件，在因特网和移动互联网技术支持下，以自媒体为采访对象，对自媒体的观点、内容、形式等进行交流的一种采访形式。

3.AI采访

传统的采访者是人，是采访活动的主导者。随着计算机AI（人工智能）技术的发展，AI虚拟采访者应运而生，AI虚拟采访者可以应用于问卷采访、AI定制问题（专题）采访、AI随机问题采访、分布式AI机器人采访等，大大减轻采访团队的工作强度，并能提高效率，结合AI写作机器人，后台大数据平台支持，AI采访与传统采访方式相比，有着不可替代的优势：①增强时效性。AI和大数据处理减少了制作和传播中信息的发送和接收的时间，大大加快了信息传递和更新速度。②降低成本。互联网信息流具有跨地区、低成本的特点，采访中的交通、通信费用大幅度降低。③扩充深度和广度。通过互联网实现资料检索和数据查询全球共享。检索方便及时，不受时间、地点和文本限制，使采访者、编辑运用新闻背景资料及时、高效。

第五节 融媒体流程支撑、审核、发布相关技术

一、融媒体流程和审核技术

（一）流程管理技术

流程管理是实现融媒体业务流程的定义、执行、管理、监控、调整。典型流程划分为内容收集、内容制作、内容集成、内容发布四个阶段，如图7-8所示。

1.内容收集

内容收集阶段通过多种途径和方法收集融媒体资源，内容收集可以采用的技术包括全文检索、图像检索、视频检索、网络爬虫、扫描识别、

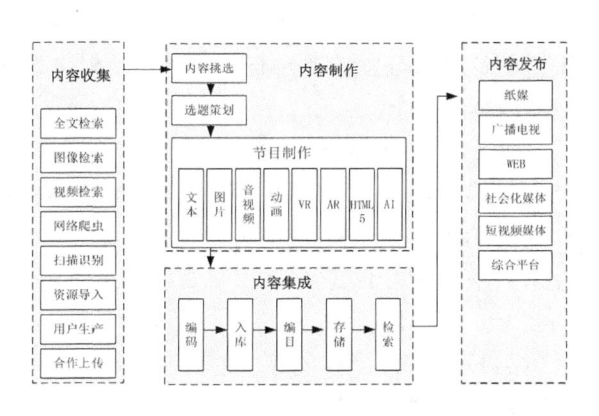

图7-8 融媒体流程管理

资源导入、用户生产、合作上传等方式。收集的内容为内容制作提供编辑制作素材，同时也是选题策划的重要来源。

2. 内容制作

内容收集阶段收集到的素材内容进入媒体库存储，内容制作人员根据需要从中进行选用，平台具有依据业务需要和大数据分析推荐，为内容制作人员推荐相应的内容资源，方便制作人员进行策划和选取内容资源。内容制作人员根据内容的类型和发布需要，选择适合的编辑平台和编辑软件进行编辑制作，制作完成的内容经过编码、审核和编目后存储到媒体资源库中。

3. 内容集成

内容集成阶段跟内容制作阶段紧密联系，并相互衔接。内容制作完成后，内容集成对完成的节目内容进行编码、入库、编目、存储、检索等管理，方便选择发布和继续作为资源供内容制作人员选取使用。内容集成中，节目内容的编码、转码使用多媒体集成平台技术实现；入库存储使用各种存储系统存储，如磁盘阵列、本地云、私有云等。编目是集成系统依据编目策略，在存储的同时对各种完成的内容进行编目处理，存储在数据库中。根据编辑需要和发布需要，平台依据检索规则对数据库中存储的编目和存储信息进行检索，定位资源，供用户抽取或发布使用。该阶段平台亦可结合大数据和云计算，通过数据分析和数据挖掘等，提供内容分析、自动审核、智能编目、智能推荐等服务。

4. 内容发布

内容发布阶段负责内容的渠道分发和管理，内容分发是将审核后的内容通过多渠道、多终端分发展现，如纸媒、广播电视、Web网站、社会化媒体、短视频媒体、综合性媒体、第三方合作平台等。在发布阶段需要对发布内容、终端和渠道进行监督和管理，采用发布审核技术保障发布内容的合规性，对各个发布终端和渠道的信息和分发策略进行统一管理，对分发内容进行监管、检查和控制，确保发布内容的安全。

（二）审核技术

融媒体业务流程的各个阶段，都设置相应的审核机制，保证各阶段的产品符合相应的内容审核标准和技术审核标准，保证内容的安全、可靠；同时，随着网络技术和云计算的应用，流程管理系统的审核由分阶段线性审核向网络协作审核转变，由传统的

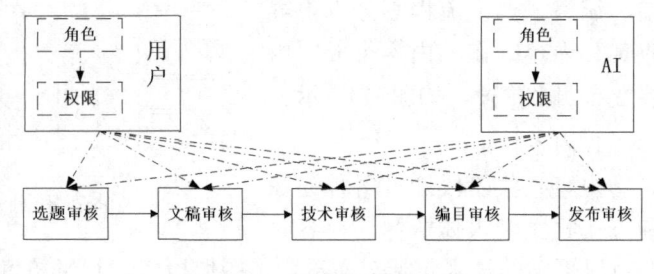

图7-9 审核要素和流程

人工的三审三校向AI辅助的机器审核转变。一般的审核要素和流程如图7-9所示。

1. 选题审核

选题审核是对选题的立意、合规情况进行审查。采用AI机器审核和人工审核结合的方式。AI机器审核系统是基于云计算平台，是按照制定好的规则或机器学习算法对内容进行审核。选题审核首先进行自动审核，自动审核后的选题和无法进行自动审核的选题会被标注，进入人工审核程序。人工审核是根据审核机制，为审核人设置角色等级与权限，审核人通过身份认证登录平台进行基于职权的审核，使用数字签名和数字水印技术保证审核结果的安全签转。通过网络协作审核技术，彻底打破时间和地点的限制，提高了审核的效率。

2. 文稿审核

文稿审核是对选题的文字脚本进行审核。采用AI机器审核和人工审核结合的方式，审核技术与选题审核一致，不同的是审核规则和标准不同。

3. 技术审核

技术审核是对制作内容的审核，采用AI机器审核和人工审核结合的方式，使用人工智能构建的多模态内容审核云服务对视频、音频、图片、文字等进行全面合规性审核，实践证明使用AI机器审核降低了90%人工成本，对新增内容能进行实时地合规性审核，算法判定准确率高达99%以上。对媒体内容进行机器审核的技术，包括以下四种。

（1）图片。采用已成形的识别技术，包括数据标签学习与相似度对比技术、人脸识别技术。

（2）文字。采用关键词过滤，OCR（文本识别技术）、垃圾文本处理、上下语义识别技术。

（3）音频。语音识别技术，包括音频对比、声纹的技术、方言识别、关键词检索。

（4）视频。截帧对比识别技术、图像相似度对比技术等。

4. 编目审核

编目审核是对编目完成的素材和内容的元数据进行审核，确认无误后，即可发布到媒体库。编目工作是融媒体平台的功能之一，采用智能编目技术，自动对内容和素材进行自动分类，同时对内容和素材进行自动关联捆绑，自动与相关元数据进行对应。编目审核一般采用人工审核，审核人员通过编目系统支持对已完成编目内容进行审核。

5. 发布审核

内容进入发布阶段前，必须进行最终审核，该审核主要采用人工审核，因最终发布内容的影响巨大、责任重大，应该分配高级别审核人员负责。审核流程是根据业务的具体需求，通过网络协作下达审核指令，审核人员基于内容资源平台提供的预览、下载等服务，根据审核策略和要求进行协作式审核，阻止不良内容的非法发布，确保发布内容的安全。

二、发布平台技术

融媒体发布是集图、文、声、像、动画等于一体的全平台发布，将审核后的内容通过多渠道、多终端分发展现。全平台包括纸媒、广播、电视、网站、社会化媒体、短视频等。不同分发渠道共同构成了整个融媒体发布方式，但由于面对的用户、采用的传输方式、使用的终端设备不同，根据每种类型分发渠道的特点，应综合考虑其在平台上的逻辑实现和部署，使每种发布渠道都能最大地发挥其优势，更好地为用户服务。发布平台技术如图7-10所示。

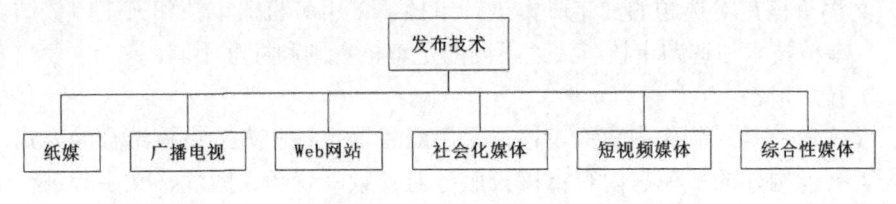

图7-10 发布平台技术

（一）纸媒

纸媒是报纸、杂志等以纸张为载体的媒体，有时间和空间的局限性，在信息传播的过程中都是单向传播的，即媒体机构向受众传播。纸媒发布的技术流程如下：内容制版、内容印刷、印后处理发送。其中，内容制版常用排版软件有方正飞腾、InDesign、CorelDRAW、Freehand、Illustrator、QuarkXpress等，内容印刷一般分为平面的黑白和彩色印刷、立体印刷等。

（二）广播电视

广播、电视是历史悠久的传统发布渠道，未来仍然是媒体发布的重要平台渠道。其中，广播发布使用无线电、卫星传输进行内容发送；电视发布使用无线电技术、卫星传输技术、无线电传输、卫星传输、有线传输、网络IP数据广播技术进行内容发送。

（三）Web媒体

Web媒体指以网页形式展示各种媒体信息的技术，Web发布适配PC、平板、手机等不同类型终端。Web媒体发布的流程是网页制作、网页发布、用户浏览。其中，网页制作依据不同网页标准可采用多种软件设计编辑，相应的技术有Php、Jsp、Asp.net、HTML5等，常用的编辑软件Dreamweaver、JetBrains WebStorm、HTML5 Tracker等；网页发布使用数据库技术和计算机网络技术在服务器部署和发布；用户端使用各种类型设备的浏览器软件，通过计算机网络访问网站服务器，请求服务，服务器响应并返回网页到浏览器显示。

(四) 社会化媒体

社会化媒体是人们彼此之间用来分享意见、见解、经验和观点的互联网工具和平台。从基本形式看，社会化媒体的基本形式主要有博客（和微博客）、维基、播客、论坛、社交网络、内容社区等，代表性的产品有微博、微信、维基百科、Facebook、Twitter等。以微博为例，它是一种基于用户关系进行信息获取、分享、传播简短实时信息的广播式的社交媒体，允许用户通过Web、Wap、Mail、APP、IM、SMS以及用户可以通过PC、手机等多种移动终端接入，以文字、图片、视频等多媒体形式，通过计算机网络和移动互联网实现信息的即时分享、传播互动。新浪微博技术架构如图7-11所示。

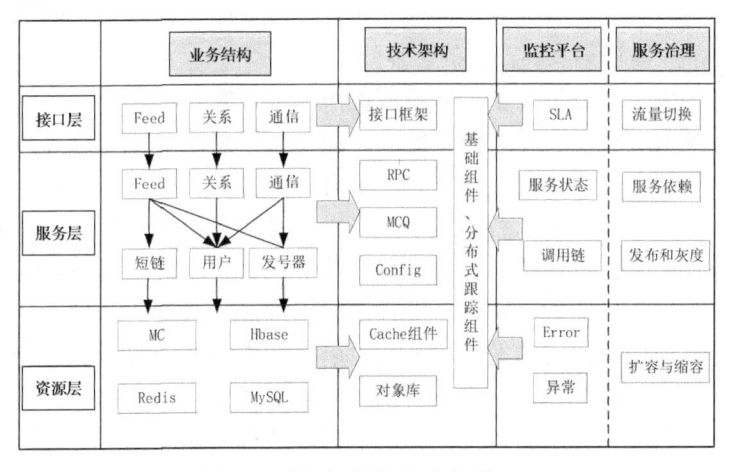

图7-11 新浪微博技术架构

微博平台的第三代技术体系，使用正交分解法建立模型：在水平方向，采用典型的三级分层模型，即接口层、服务层与资源层；在垂直方向，进一步细分为业务架构、技术架构、监控平台与服务治理平台。

水平维度上，接口层主要实现与Web页面、移动客户端的接口交互，定义统一的接口规范，平台最核心的三个接口服务分别是内容（Feed）服务、用户关系服务及通信服务（单发私信、群发、群聊）。

服务层主要把核心业务模块化、服务化，这里又分为两类服务，一类为原子服务，其定义是不依赖任何其他服务的服务模块，比如常用的短链服务、发号器服务都属于这一类。图中使用泳道隔离，表示它们的独立性。另外一类为组合服务，通过各种原子服务和业务逻辑的组合来完成服务，比如Feed服务、通信服务，它们除了本身的业务逻辑，还依赖短链、用户及发号器服务。

资源层主要是数据模型的存储，包含通用的缓存资源Redis和Memcached，以及持久化数据库存储MySQL、HBase，或者分布式文件系统TFS以及Sina S3服务。

垂直维度上实现了许多卓越的中间件产品，用来支撑核心业务，这些中间件由业务驱动产生，随着技术组件越来越丰富，形成完备的平台技术框架，大大提升了平台的产品研发效率和业务运行稳定性。

（五）短视频直播平台

短视频是在互联网新媒体上传播的时长在5分钟以内的视频；随着移动终端的普及和网络的提速，短平快的大流量传播内容逐渐获得各大平台、粉丝和资本的青睐，如新浪微博、秒拍、快手、抖音、B站等。内容生产早期是UGC（用户生产内容）模式，后来转向PGC（专业生产内容）和IPUGC（专业用户生产内容）模式，在融媒体视频的剪辑中，可以将短视频的短小精悍、快节奏、内容丰富与电视媒体的专业性、真实性结合起来，形成一种在视频上的互相补充、取长补短，让最终产生出的融媒体视频兼具两者的优点。

以抖音为例，抖音发布的技术流程如下：通过客户端收集用户信息，将基本元信息和视频内容信息存储到数据库中，通过大数据平台算法进行数据预处理，包括清洗和级联，通过智能推荐系统，将海量内容匹配推荐给相应的用户。推荐系统采用大数据分析和人工智能技术，依靠内容特征、用户特征、环境特征三方面的信息结合做出推荐决策。其中，用户特征，是指用户的标签，包括用户注册时提交的基本信息，比如性别、年龄，还有用户在平台上的动作，例如，用户历史点击的内容列表、内容的关键词分布、内容的作者分布等信息。内容特征，如果它是个商品，要有分类、标签，包括历史购买评论，这些都很重要。对于内容来讲，就是它的文本、主题、关键词等信息。环境特征，就是环境信息，用户的兴趣很多时候会变化，有的会周期性变化。例如，一个资讯APP用户，上班期间和上班路上、下班休息的时候，兴趣是有变化的。根据三类特征的综合判断用户的需求、喜好等。

（六）综合性平台

综合性平台是融媒体内容的汇聚发布平台，包括图、文、声、像、动画等各种媒体的综合，如今日头条、湃客等。以今日头条为例，它是一款基于数据挖掘的推荐引擎产品，它为用户推荐有价值的、个性化的信息，提供连接人与信息的新型服务，是国内移动互联网领域成长最快的产品服务之一。今日头条发布的技术流程如图7-12所示。

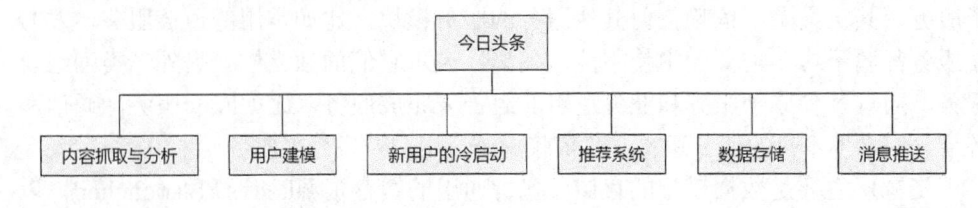

图7-12 今日头条发布技术

1. 内容抓取与分析

头条平台抓取及汇聚的网络内容，进行审核过滤，接下来对内容进行文本分析，比如分类、标签、主题抽取，按内容或新闻所在地区、热度、权重等计算。

2. 用户建模

当用户开始使用今日头条后，对用户动作的日志进行实时分析。使用的工具为Scribe-Flume-Kafka。对用户的兴趣进行挖掘，对用户的每个动作进行学习。主要使用Hadoop-Storm产生的用户模型数据和大部分架构一样，保存在MySQL/MongoDB（读写分离）以及Memcache/Redis中。随着用户量的不断扩展，用户模型处理的机器集群数量较大，2015年前为7000台左右。其中，用户推荐模型包括以下维度：用户订阅、标签、部分内容打散推送。

3. 新用户的冷启动

今日头条通过用户使用的手机、操作系统、版本等"识别"。另外，比如用户通过社交账号登录，如新浪微博，头条会对其好友、粉丝、微博内容及转发、评论等维度对用户做初步"画像"。

分析用户的主要参数如下：关注、粉丝关系—关系—用户标签。除了手机硬件，今日头条对用户安装的APP进行分析。例如，机型和APP结合分析，用小米、用三星的和用苹果的不同，另外还有用户浏览器的书签。头条实时捕捉用户对APP频道的动作。另外还包括用户订阅的频道，如电影、段子、商品等。

4. 推荐系统

它是今日头条技术架构的核心部分。包括自动推荐与半自动推荐系统两种类型。

（1）自动推荐系统。自动候选，自动匹配用户，如用户地址定位，抽取用户信息，自动生成推送任务，这时需要高效率、大并发的推送系统，上亿的用户都要收到。

（2）半自动推荐系统。自动选择候选内容，根据用户站内外动作日志收集、兴趣收集、用户模型收集。头条的频道，在技术侧划分的包括分类频道、兴趣标签频道、关键词频道、文本分析等技术构建用户模型。

5. 数据存储

今日头条使用MySQL或Mongo持久化存储Memched（Redis），图片存储在数据库中，分布式保存文件，读取的时候采用CDN。

6. 消息推送

对于用户个性化及时获取信息，包括频率个性化、内容个性化、地域、兴趣。进行智能推送后关注的ROI：点击率、点击量。通过推荐系统发送推荐内容到HTML5生成器，解析生产相关页面显示到用户客户端中。

第六节 媒体素材数据存储与传播技术

一、媒体数据存储技术

数据存储是支撑上层数据集成管理和分析等服务的基础。随着大数据时代的到来以及云计算、物联网等技术的快速发展，人类产生的数据量每年呈指数级增长，此外数据类型与格式的变化和扩展性、响应速度等方面的需求也给传统的数据存储与处理技术带来很大挑战。面对大数据的5V特点——Volume（大规模）、Velocity（高速）、Variety（多样）、Value（低价值密度）、Veracity（真实性），基于SQL的关系型数据库无法应对快速增长的数据量和多种多样的数据（特别是非结构化数据）类型；传统的数据仓库技术扩展性不足，并且不符合大规模和多样的特性，因此已经无法满足OLAP（联机分析处理）对其提出的新需求。为了更好地对大数据进行存储、分析和利用，新的技术应运而生。

（一）媒体数据的存储介质

1. 磁存储

磁存储技术是指利用磁技术对数据进行读写，对应的存储介质为磁盘、磁带等。早期的磁存储技术用于磁带、软盘，现多用于硬盘。常用的有机械硬盘和移动硬盘。

当系统的容量、速度、稳定性达不到多媒体应用需求时，需要对存储系统进行扩展。现常用硬盘扩展方式为独立磁盘冗余阵列（RAID）。RAID是由多个独立的高性能磁盘驱动器组成的磁盘子系统，从而提供比单个磁盘更高的存储性能和数据冗余的技术。RAID是一类多磁盘管理技术，其向主机环境提供了成本适中、数据可靠性高的高性能存储。数据按照不同的算法分别存储于每块磁盘上从而达到不同的效果，这样就形成了不同的RAID级别，目前主要有RAID0、RAID1、RAID3、RAID5、RAID6、RAID10。它们之间的技术对比情况如表7-12所示。如果不要求可用性，选择RAID0以获得高性能。如果可用性和性能是重要的，而成本不是一个主要因素，则根据磁盘数量选择RAID1。如果可用性、成本和性能都同样重要，则根据一般的数据传输和磁盘数量选择RAID3或RAID5。在实际应用中，应当根据数据应用特点和具体情况，综合考虑可用性、性能和成本来选择合适的RAID等级。

表7-12 主流RAID等级技术对比

RAID等级	RAID0	RAID1	RAID3	RAID5	RAID6	RAID10
别名	条带	镜像	专用奇偶校验条带	分布奇偶校验条带	双重奇偶校验条带	镜像加条带
容错性	无	有	有	有	有	有
冗余类型	无	有	有	有	有	有
热备份选择	无	有	有	有	有	有
读性能	高	低	高	高	高	高
随机写性能	高	低	低	一般	低	一般
连续写性能	高	低	低	低	低	一般
需要磁盘数	n≥1	2n（n≥1）	n≥3	n≥3	n≥4	2n（n≥2）≥4
可用容量	全部	50%	(n-1)/n	(n-1)/n	(n-2)/n	50%

2. 光存储

（1）CD光盘。它属于小型的镭射盘，包括只读光盘、只写一次光盘和可擦写光盘三种，前两种都是属于不可擦除的光盘。常见的只读光盘有CD-ROM、激光唱片（CD-DA）、激光视盘（LD）以及存储视频图像和电影的VCD等。一次写多次读光盘（WORM）使用寿命为30—100年。常用的WORM光盘有CD-R光盘。WORM由于其不可改写的特性，一般多用于档案存储。可擦写光盘（CD-R/W）像硬盘一样可以任意读写数据，擦写光盘常有磁光型（Magnetic Optical，MO）和相变型（Phase Change，PC）两种擦写操作原理。

（2）DVD光盘。DVD光盘也称为"数字视频光盘"，不仅可以用来存放视频节目，同样可以用来存储其他类型的数据。DVD有6种格式标准，如表7-13所示，各种标准定义了DVD的物理特性、文件系统及各种特殊的应用和扩充，如视频应用、音频应用等。表7-14为各种DVD存储容量的对比情况。

表7-13 DVD格式标准

标准	DVD
Book A	DVD-ROM（只读）
Book B	DVD-Video（视频）
Book C	DVD-Audio（音频）
Book D	DVD-R（可写一次）
Book E	DVD-RAM（随机存取存储器）
Book F	DVD-RW（可重复擦写）

表7-14 各种DVD存储容量的对比

DVD格式	盘片格式	说明	容量
DVD-Video Player DVD-ROM	DVD-5	单面单层	4.7GB或2小时以上的视频
	DVD-9	单面双层	8.5GB或4小时以上的视频
	DVD-10	双面单层	9.4GB或4.5小时以上的视频
	DVD-14	一面单层一面双层	13.2GB或6.5小时以上的视频
	DVD-18	双面双层	17.1GB或8小时以上的视频
DVD-RAM（DVD-VR）	DVD-RAM 1.0	单面单层	2.6GB
		双面单层	5.2GB
	DVD-RAM 2.0	单面单层	4.7GB
		双面单层	9.4GB
DVD-R	DVD-R 1.0	单面单层	3.9GB
	DVD-R 2.0	单面单层	4.7GB
		双面单层	9.4GB
DVD-RW DVD+R、DVD+RW	DVD-RW 2.0	单面单层	4.7GB
		双面单层	9.4GB
		单面单层	4.7GB
		双面单层	9.4GB

（3）蓝光盘。蓝光光盘的记录介质采用相变材料，为可擦写光盘。单盘单面存储容量为27GB，单面双层盘片的容量可达到50GB，双面双层可达到100GB的存储容量。蓝光盘采用全球标准的"MPEG-2"传输流压缩技术，适用于存储高清晰度视频信息等需要大容量的场合。但蓝光盘与CD/DVD无法兼容。

（4）HD DVD。HD DVD是可与蓝光盘争锋的大容量存储技术，其生产难度与成本较蓝光盘要低许多，但存储容量低于蓝光盘。HD DVD单层单面容量达到15GB，双层容量为30GB。HD DVD的优胜处在于可与CD、DVD兼容。

3. 半导体存储

半导体存储器是用半导体集成电路工艺制成的存储数据信息的固态电子器件。它由大量相同的存储单元和输入、输出电路等构成。半导体存储器通常按功能分为只读存储器ROM（Read Only Memory）和随机存取存储器RAM（又称为读写存储器Read Access Memory）。

（1）只读存储器（ROM）（Read Only Memory）。ROM所存储的信息在正常情况下只能读取，不能随意改变。其信息是在特殊条件下生成的，即使停电其信息也不会丢失。因此，这种存储器适用于存储固定不变的程序和数据。ROM存储器按工艺常分为掩膜ROM、PROM和EPROM等三类。

（2）随机存取存储器（RAM）。在正常情况下，可以随机写入或读出其信息的存储器。数据读入后，存储器内的原数据不变；而新数据写入后，原数据自然消失，并为新数据代替。但停止向芯片供电后，它所保存的信息全部丢失，属易失性存储器。它主要用来存放临时的程序和数据。

（二）网络存储技术

计算机技术及其相关的各种网络应用飞速发展，引领了信息的膨胀，视频、音频、图片、文字、游戏以及办公室大量的数据资产积累的越来越多，也呈现爆炸性增长。因此，需要更大的存储空间，存储系统不再是计算机系统的附属设备，而成为互联网中与计算和传输设施同等重要的三大基石之一，网络存储已成长为信息化的核心发展领域，并逐渐承担着信息化核心的责任。

网络存储被定义为一种特殊的专用数据存储服务器，包括存储器件（如磁盘阵列、CD/DVD驱动器、磁带驱动器或可移动的存储介质）和内嵌系统软件，可提供跨平台文件共享功能。网络存储通常在一个LAN上占有自己的节点，无须应用服务器的干预，允许用户在网络上存取数据，在这种配置中，网络存储集中管理和处理网络上的所有数据，将负载从应用或企业服务器上卸载下来，有效降低总拥有成本，保护用户投资。

1. 网络存储的架构

高端服务器使用的专业网络存储技术大概分为四种，有DAS、NAS、SAN、iSCSI，它们可以使用RAID阵列提供高效的安全存储空间。

（1）直接附加存储（DAS）。直接附加存储是指将存储设备通过SCSI接口直接连接到一台服务器上使用。DAS购置成本低，配置简单，使用过程和使用本机硬盘并无太大差别，对于服务器的要求仅仅是一个外接的SCSI口，因此对于小型企业很有吸引力。但是DAS也存在诸多问题：服务器本身容易成为系统瓶颈；服务器发生故障，数据不可访问；对于存在多个服务器的系统来说，设备分散，不便管理，同时多台服务器使用DAS时，存储空间不能在服务器之间动态分配，可能造成相当的资源浪费；数据备份操作复杂。

（2）网络附加存储（NAS）。NAS是功能单一的精简型电脑，因此在架构上不像个人电脑那么复杂，像键盘、鼠标、荧幕、音效卡、喇叭、扩充槽、各式连接口等都不需要；在外观上就像家电产品，只需电源与简单的控制钮。NAS在架构上与个人电脑相似，但因功能单纯，可移除许多不必要的连接器、控制晶片、电子回路，如键盘、鼠标、USB、VGA等。外观如图7-13所示。

图7-13 NAS外观

(3) 存储区域网（SAN）。SAN（Storage Area Network存储区域网络）通过光纤通道连接到一群计算机上。在该网络中提供了多台主机连接，但并非通过标准的网络拓扑，如图7-14所示。

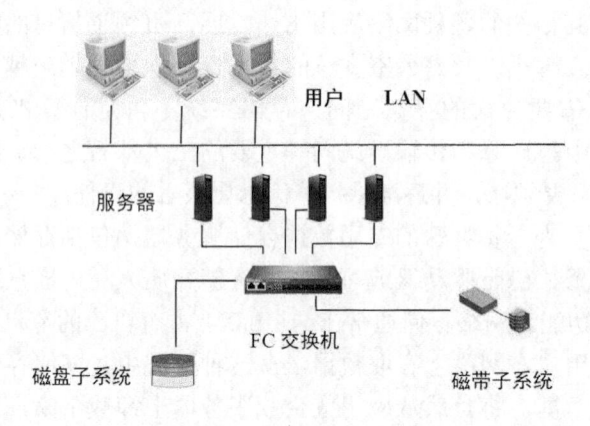

图7-14 SAN网络存储架构

SAN实际是一种专门为存储建立的独立于TCP/IP网络之外的专用网络。一般的SAN提供2Gb/S到4Gb/S的传输数率，同时SAN网络独立于数据网络存在，因此存取速度很快，另外SAN一般采用高端的RAID阵列，使SAN的性能在几种专业网络存储技术中傲视群雄。SAN由于其基础是一个专用网络，因此扩展性很强，不管是在一个SAN系统中增加一定的存储空间还是增加几台使用存储空间的服务器都非常方便。通过SAN接口的磁带机，SAN系统可以方便高效地实现数据的集中备份。SAN作为一种新兴的存储方式，是未来存储技术的发展方向，但是，它也存在一些缺点：其一，价格昂贵。不论是SAN阵列柜还是SAN必需的光纤通道交换机价格都是昂贵的，就连服务器上使用的光通道卡的价格也是不容易被小型商业企业所接受的。其二，需要单独建立光纤网络，异地扩展比较困难。

（4）iSCSI。使用专门的存储区域网成本很高，而利用普通的数据网来传输SCSI数据实现和SAN相似的功能可以大大降低成本，同时提高系统的灵活性。iSCSI就是这样一种技术，它利用普通的TCP/IP网来传输本来用存储区域网来传输的SCSI数据块。iSCSI的成本相对SAN来说要低不少。随着千兆网的普及，万兆网也逐渐地进入主流，使iSCSI的速度相对SAN来说并没有太大的劣势。iSCSI存在的主要问题是：新兴的技术，提供完整解决方案的厂商较少，对管理者技术要求高；通过普通网卡存取iSCSI数据时，解码成SCSI需要CPU进行运算，增加了系统性能开销，如果采用专门的iSCSI网卡虽然可以减少系统性能开销，但会大大增加成本；使用数据网络进行存取，存取速度冗余受网络运行状况的影响。

2.网络存储技术的趋势

（1）云存储。云计算是分布式处理（Distributed Computing）、并行处理（Parallel Computing）和网格计算（Grid Computing）的发展，是透过网络将庞大的计算处理程序自动分拆成无数个较小的子程序，再交由多部服务器所组成的庞大系统经计算分析之后将处理结果回传给用户。通过云计算技术，网络服务提供者可以在数秒之内，处理数以千万计甚至亿计的信息，达到和"超级计算机"同样强大的网络服务。

云存储系统的结构模型由四层组成，分别是存储层、基础管理层、应用接口层和访问层，其中存储层是云存储的最基础部分，基础管理层是云存储最核心的部分，应用接口层是最灵活多变的部分。不同的云存储运营单位可以根据实际业务类型，开发不同的应用服务接口，提供不同的应用服务。授权用户都可以通过标准的公用应用接口来登录云存储系统，享受云存储服务。云存储运营单位不同，云存储提供的访问类型和访问手段也不同。云存储可分为三类：公共云存储、私有云存储和混合云存储。

（2）区块链数据存储。区块链是分布式数据存储、点对点传输、共识机制、加密算法等计算机技术的新型应用模式。区块链数据存储是指用区块链激励构建的去中心化存储系统，是区块链和存储系统的有效结合。区块链存储仍然是一项相对年轻的技术，但它的受欢迎程度正在提高。为了提高数据存储的安全性和可靠性，潜在的企业用例已经开始出现。

3.数据存储方式

（1）在线存储。在线存储是指联网状态下将资料放在网络上存储。从用户角度来讲用户不仅可以通过Web方式进行在线手动文件管理，并且可以通过客户端方式实现离线编辑和在线自动同步上传，用户可以通过修改本地磁盘文件来修改网络文件。即无论客户机处于在线状态还是离线状态，用户都可以对本地文件夹中的文件进行编辑，一旦客户机处于在线状态，系统会自动同步文件到网上。从服务器角度来讲，系统将底层存储细节和存储过程屏蔽，达到用户方便易用的目的。用户可以在任何时间、任何地方，透过任何可连网的计算机设备连接到网上方便地读取数据。在线存储（OnStore）是工作级的存储，在线存储的最大特征是存储设备和所存储的数据时刻保持"在线"状态，可以随时读取和修改，以满足前端应用服务器或数据库对数据访问的速度要求。

（2）离线存储。离线存储（OffStore）是用于对在线存储的数据进行备份，以防范可能发生的数据灾难，因此又称备份级的存储，而且主要使用光盘或磁带存储。随着档案信息化的发展，我国各级各类档案馆所保存的数字档案信息急剧增加，且呈持续快速增长趋势。海量档案信息的安全管理问题已成为各级档案部门面临的重要问题。随着国家电子政务的进一步推进，该问题将愈加突出。

离线海量存储的典型产品就是磁带、光盘（DVD\BD）或磁带库，价格相对低廉。离线存储介质上的数据在读写时是顺序进行的。当需读取数据时，要把带子卷到头，再进行定位。光盘的话可以直接调用，当需要对已写入的数据进行修改时，很多情况下数据都需要全部进行改写。因此，离线存储主要用于数据的备份和恢复。在大多数的情况下，光盘、磁带上的数据会尽量少地进行访问操作。光盘存储价格相对最低，但容量价格比最好。

二、媒体数据传播

（一）无线音频广播

音频广播已有百年的历史，随着移动接收端的车载普及以及数字化改造进程的推进，音频广播仍拥有很大的市场份额。无线音频广播主要包括调幅广播、调频广播和数字广播。

1. 调幅广播

调幅广播是指通过控制电磁波幅度的大小来携带信息的广播方式，主要用于中波和短波广播。

调幅广播发射机一般由高频（射频）、音频、电源、控制保护和冷却五部分组成。

（1）射频系统由激励信号源（振荡器或频率合成器）、驱动前级（射频末前级或叫中放级）、功率放大级（射频末级）、功率合成器和机内网络等组成。

（2）音频调制系统。在脉宽调制发射机中，音频调制系统由调制推动（将模拟音频信号转换成为脉冲宽度信号）、调制器（将脉宽调制脉冲信号进行功率放大）和低通滤波器（将脉宽调制脉冲信号解调成模拟音频电压，实现对功率放大器的射频输出电压幅度控制）组成。

（3）控制检测系统由开/关机控制程序电路（按时序进行开、关机过程控制）、开/关机控制程序电路（按时序进行开、关机过程控制）、人身安全保护电路。

（4）电源供电系统由大功率整流电源及其滤波器（为射频功率放大器提供直流高压电源）、低压整流电源及其滤波器（为发射机的小功率的前级各部分提供低电压电源）组成。

（5）冷却系统。中小功率发射机采用强迫风冷，完成发射机内部功率器件的散热，也有采用循环水冷的方式散热。

调幅广播的接收机种类很多，有矿石收音机、超再生来复收音机以及超外差式收音机等。

2. 调频广播

调频广播主要用于超短波广播，其优点主要表现在保真度高、动态范围广、信噪比好、没有串扰现象等。

调频立体声广播目前广泛使用的是和插制。它是将左、右声道信号进行编码，形成和差信号，再进行调制，形成音频调制信号，再调制于高频载波上发射出去，形成调频立体声广播。目前立体声广播的制式绝大多数国家都采用了AM-FM导频制。这种方式是将左右声道的信号进行编码，形成和信号与差信号，再进行调制，形成超音频调制信号，再调制于高频载波上由天线发射出去。为改善接收机在高音频段的信噪比，在发射端提升高音频段的电平，接收端按相应的规律通过高音频衰减网络降低高音频段的电平。

3. 数字广播

数字广播已经不是传统意义上的纯音频广播，它不仅可以传送声音，还可以传送图像和文字，因此它涵盖了音频广播和多媒体广播。

（1）数字音频广播（DAB）发射系统的工作原理。在DAB发射端，输入信号先经过若干个MUSICAM音频编码器进行信源编码，按照MPEG标准将数据率降低，通过复用器将经过数据率压缩的各路信号复合起来，才能送往COFDM编码器和调制器，进行信道编码和调制，产生出带宽为1.536MHZ的COFDM基带信号。DAB发射机再将低电平COFDM基带信号变为高电平射频信号，对COFDM基带信号进行频率变换和功率放大，将其通过天线发射出去，如图7-15所示。

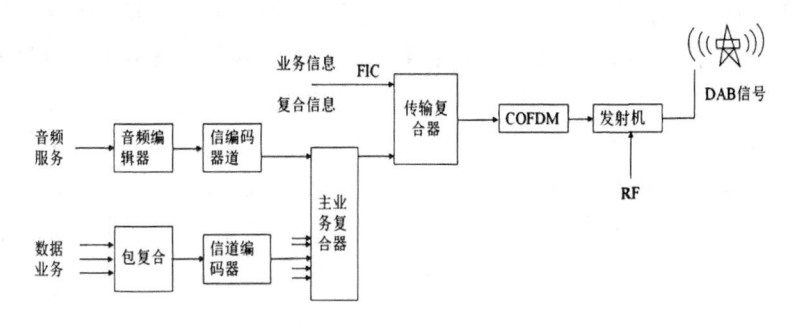

图7-15 DAB发射系统图

DAB数据的接收须使用专用的接收设备。在接收端对信号按照与发射端形成的发射信号相反的顺序进行解调处理，把信号提供给音频广播节目和数据业务。其接收机的高频部分首先是从分配给DAB使用的频段中，选择出所需要的传送声音节目和数据业务的频率块（1.536MHz）。进行频率变换，将高频信号变为中频信号。解出基带信号送入COFDM解调器，以获得相应于发射端通过复用器而形成的传输复用信号。经过接收机的同步、解复用器、时间解交织和频率解交织、解码、解扰、源解码器等后，再经D/A转换，送出模拟的声音信号供使用，DAB接收机原理框图如图7-16所示。

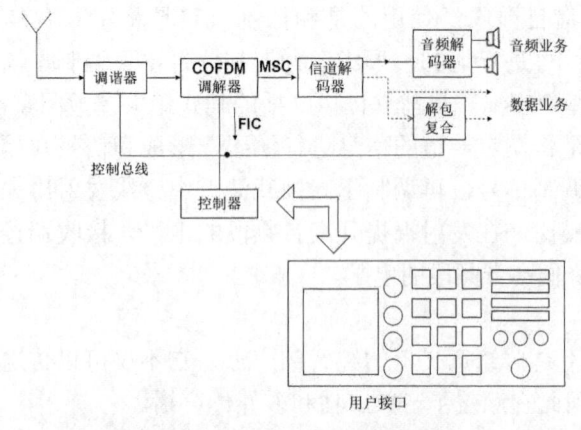

图7-16 接收机原理图

(2) 数字调制广播（DRM）的工作原理

DRM发射原理如图7-17所示。源编码器和预编码器可将各种输入音频数据流编码压缩成合适的数字传输格式。多路复用将保护等级与所有数据和音频业务结合起来，信道编码器增加一些冗余信息，实现准确无误差传输。映射单元定义了数字化编码信息到QAM单元的映射。交织单元将连续的QAM单元展开为在时域和频域都分开的准随机的单元序列，以便提供在时间—频率弥散信道中的可靠的传输。导频发生器提供一种在接收机中得到信道状态的方法，估计信号的相关解调。OFDM单元映射器将不同等级的单元集中起来并把它们放在时频栅格中。OFDM信号发生器使用相同的时间标记体现时域的信号，来传送每一组信元。至此，发射端的信号完成编码映射功能。传输时调制器将OFDM符号转换为模拟形式，最后通过发射机发射出去。

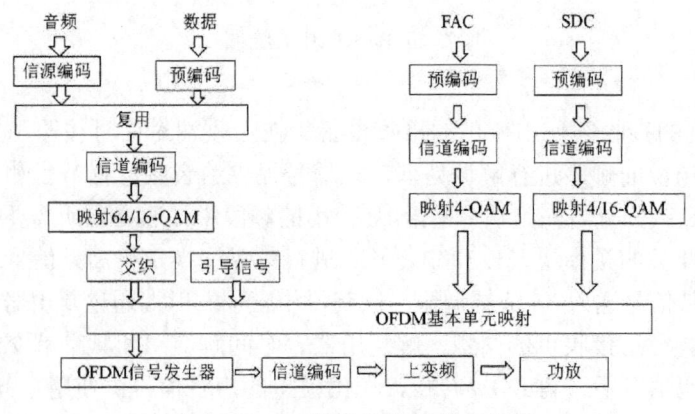

图7-17 DRM发射系统的原理框图

接收端的处理过程与发射端相反，信道出来的信号先经过主载频解调，低通滤波A/D转换及串并变换后，再进行FFT得到一个符号的数据。对所得数据进行均衡，以校正信道失真。然后进行译码判决和并串变换，即可得到原始音频数据输出。DRM接收机原理如图7-18所示。

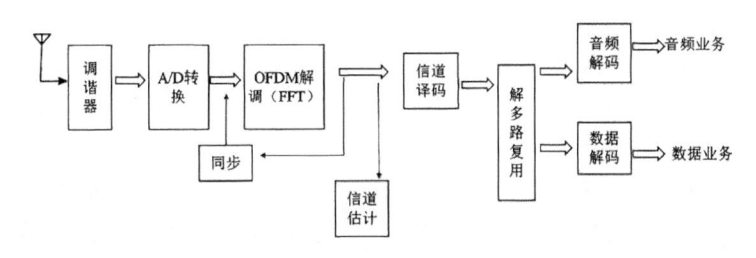

图7-18 DRM接收机原理框图

（二）电视广播

电视广播传输设计电视发射台、转播台、卫星上行站、卫星收转站、有线广播电视传输以及互联网接入等。

1. 地面电视广播系统的组成

地面电视广播系统由发射端和接收端两部分组成，其中发射端由电视播出系统、发射系统和天馈系统组成。接收端由接收机分别完成图像和声音还原。地面广播电视系统的组成主要有：

（1）信号源：负责提供信号，如摄像机生产的信号；

（2）导播控制室：负责放大、校正、处理信号；

（3）电视发射机：负责放大、调制、加工处理；

（4）接收调设备由电视机、放大器、检波器、同步扫描电路、显像管以及扬声器等设备组成。

2. 有线电视系统的基本组成

有线电视系统（包括数字有线电视系统）从功能上来说，都可以抽象成如图7-19所示的系统模型，由信号源、前端、传输系统与用户分配系统四个部分组成。

图7-19 有线电视系统的物理模型

在图7-19中，信号源中的各种设备负责提供系统所需的各类优质信号。前端是整个系统的信号处理中心，它将信号源输出的各类信号分别进行处理和变换，并最终形成传输系统可传输的射频（包括模拟调制和数字调制）信号。传输系统将前端产生的射频信号进行优质稳定的远距离传输，有电缆传输、光缆传输以及电缆光缆混合传输（HFC）等几种方式，用户分配系统则负责将信号高效地分配传送到千家万户。

3. 卫星电视广播系统的组成

卫星电视广播系统主要由上行发射与测控系统、卫星转发系统、地面接收系统三大部分组成。

（1）上行发射（系统）站与测控（系统）站。对节目制作中心送来的信号进行处理，经过调制，上变频和高功率放大，通过定向天线向卫星发射上行C、Ku波段信号。同时也接收由卫星下行转发的微弱的微波信号，监测卫星转播节目的质量。图7-20为卫星地面站系统框图。

（2）卫星转发系统（星载系统）。卫星转发系统由通信分系统、控制分系统、遥测与指令分系统、电源分系统和温控分系统5个部分组成。

（3）地面接收（系统）站。卫星地面接收站由天馈系统、高频头、功率分配器和卫星接收机等组成。

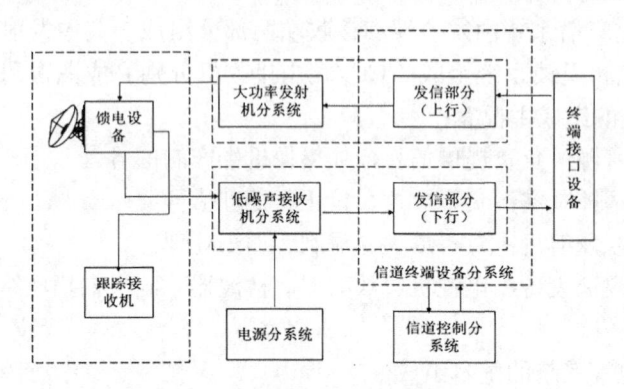

图7-20 卫星地面站系统框图

4. 网络电视（IPTV）系统的组成

IPTV系统主要由IPTV服务器（前端）、IPTV管理系统、传输网络以及IPTV客户端四部分组成，如图7-21所示。图7-21为典型的IPTV组网结构图。

IPTV服务器是在网络进行视频信号广播的专用设备，可用于卫星电视节目广播、实况播送等。IPTV网络是一个可承载IP数据业务的网络，主要负责IPTV数据包的传输和分发。IPTV管理系统具有管理IPTV所需的各项功能，例如，可按照运营商所需的运营模式而设置的预定管理、频道管理、视频加密管理、用户认证管理和影视资产管理等。IPTV客户端，可以采用IP机顶盒或者PC机配合媒体播放软件接收IPTV。

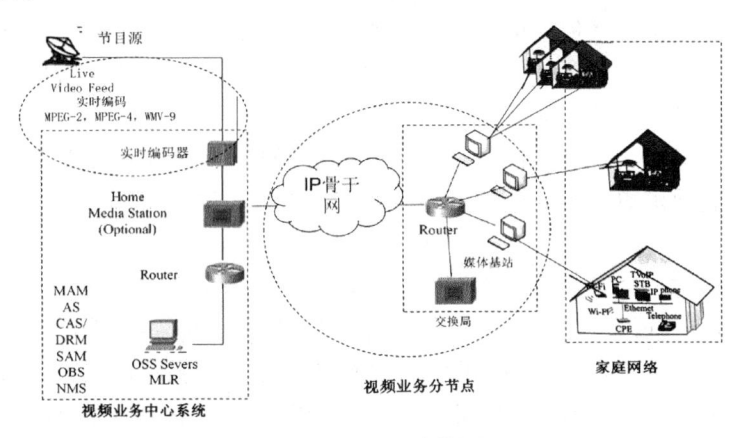

图7-21 IPTV系统图

（三）拓展传播渠道和传播形式

如今，受众获取新闻信息的渠道更加多元化，媒介泛滥所带来的信息爆炸，也让其对融媒体表现方式要求不断提升。在这种情况下，很多网络媒体借助H5、短视频、动漫、VR、AR等新的手段和技术进行表达，试图通过形式创新吸引受众眼球，促使新闻资源得到传递共享。举个例子，中央广播电视总台在2019年的两会报道中，创造性地将政府工作报告和AI问答、VR全景技术结合在一起，推出"独家V观""AI机器人上两会"等一系列时政类融媒体产品，并借助社交互动、跨媒介传播等不同方式，丰富了受众的阅读传播体验。其次，在社交媒体平台上@大家、微博评论等，也促使受众对新闻进行传播，大大提高了新闻的共享性。

第七节　技术发展趋势

一、互联网技术推动媒体深度融合

与网络环境的融合，是广播电视领域发展的关键。而从技术角度出发，当前与网络进行对接的过程中，仍然存在传输问题。为此，对SDH技术进行开发可以有效缓解这一问题，并在建设高通量网络渠道的过程中，为数据传输的安全问题提供保障。同时，在SDH技术中，还能降低广播电视信号在不同波段中所产生的矛盾问题，并在微波、光纤等传输渠道中，保证信号的传输稳定性。另外，SDH技术可以很好地适应网络动态管理工作，并在开发网络资源与效率的内容中起到积极作用，以较少的维护费用，展现出较高的应用价值。技术应用方法上，SDH技术人员需对信号形式进行数字化转换，通过离散取样分析，完成编码处理，并将其传送到客户端中，使量化数值完成信号内容的转变。在这一技术条件的影响下，可以改变传统广播电视信号光纤传输的单一化模式，并在使用价值上满足受众的具体需求，实现数字化发展的成长目标。

5G网络技术是在原4G网络技术基础上形成的新网络传输形式。在技术条件上，5G技术表现出更强大的传输能力，为广播电视与网络空间的连接创造了更优的传输条件。

在融媒体技术的发展进程中，对于大容量、高速率网络空间有较大需求，而这一发展条件，恰恰与5G技术相契合，可以在5G技术的影响下获得自身的发展需求点。在进行技术融合发展的过程中，5G网络技术与广播电视技术的结合，可以实现广播电视的广播点播，并将用户自制（GUC）内容上传到网络空间，并通过电视的凭条空间实现各种网络互动功能，大大增加网络空间对传统广播电视的优化条件。尤其是其中的各种衍生功能，能够在技术升级的同时，为受众用户带来更便捷的生活体验，提高广播电视技术与时代环境的适应性。

数字化技术背景下，广播电视技术的发展已经成为行业领域内的重点研究方向。在对现有技术条件进行评估分析的基础上，总结技术内容的应用条件，在数字技术、网络技术、FPGA、SDH、5G等技术内容的支撑下，在融媒体环境中形成更多的适应性平台，以此实现广播电视技术的正常发展。

随着智慧城市的构建，物联网技术应用范围将不断扩大。随着语音识别、指纹识别、蓝牙、NFC、5G等技术的不断发展，移动媒体的使用将更加便捷安全。通过对PC端网站改造、多样化的媒体介质以及云传输等方法，可以实现手机端与平板电脑端、PC端、电视端、户外LED甚至任何智能化的终端间进行跨屏交互，随着物联网建设的不断推进，移动媒体将不仅是用户所持的智能终端移动，更是随着用户移动而产生的信息交互。移动媒体的使用场景也不仅仅限制我们在操控手中的智能终端的时候，在我们移动过程中产生的信息，在更多的固定或移动的终端之间完成交互，物联网的发展将构建一个更加自由的媒体使用环境。

用户画像可以理解成利用数据生成用户特征的标签，如根据用户的基本属性、消费购物、行为和交际圈等给予用户画像，将他们区分为不同的类型，然后每种类型中抽取出典型特征，赋予其标签名称，给予用户打标签，同时基于一些人口统计学要素、场景等描述，形成一个用户画像原型。

二、普适计算推动融媒体发展

通信网是一种面向端到端互联的复杂通信体系。随着通信网的全IP化发展，电信网和计算机网络正逐步互相渗透。效用计算、服务计算等新的计算模式的出现，使得计算技术向面向服务方向发展，而面向服务正是通信技术的特征之一。通信技术与业务正在趋向计算技术与应用；计算技术与应用正在趋向网络与服务提供，CT、IT正真正走向融合。"云计算"正是这种融合的产物，通过公众通信网络整合IT资源和业务，向用户提供新型的业务产品和新的交付模式。云计算的出现，使通信网络可提供面向服务的融合业务，称之为"公众计算通信网（PCCN）"，实现通过通信网向公众传输计算的能力。PCCN依托宽带通信网与泛在网，运用云计算与普适计算建立数据存储、信息处理、应用开发、终端协同的服务交付，向公众提供信息管理（包括基础设施、公共平台和互联网、物联网、三网融合应用）服务，即公众计算通信服务。PCCN会让人们在使用电脑、电子和电器设备时，获得"无处不在、无所不能"的服务体验。在CT、IT融合的趋势下，依靠网络连接后端强大计算能力和前端普适接入能力，产生了智能普适网络。它把计算能力网络化，使应用与服务智能化、普适化，从而满足用户追求"无处不在、无所不能"的普适、协同、智能的体验目标。

三、人工智能技术引导融媒体发展

未来广播电视的发展，势必会在数字化、高清化、立体化的技术条件上不断成长。而在当前技术领域中，对于FPGA技术内容的开发，也为这种发展条件奠定了基础。在FPGA技术中，能进行现场可编程门阵列设置，并在限制条件逐渐接触的条件下，借助逻辑单元的阵列技术，展现出更具优势的发展条件。技术原理上，通过对内部静态存储单元的优化调整，将功能单元与系统单元进行连接，在逻辑相关性的引导下，可以为应用空间创造出更广泛的技术应用条件。因此，FPGA技术可以在大吞吐量、高灵活性的技术条件中，为广播电视技术创建出更开放的应用空间。

而从受众角度出发，为保证媒体节目观看的流畅度，也需将FPGA技术的应用优势发挥到极致，并在高吞吐量的基础上，为传输的质量提供保障，形成更稳定的技术支撑。

四、其他技术

（一）量子通信与计算

量子通信是指利用量子纠缠效应进行信息传递的一种新型的通信方式。量子通信是近二十年发展起来的新型交叉学科，是量子论和信息论相结合的新的研究领域。量子通信主要涉及量子密码通信、量子远程传态和量子密集编码等，近来这门学科已成为智能信息处理中的一个研究热点，特别是在信息安全中具有广阔的应用前景。

量子计算是一种遵循量子力学规律调控量子信息单元进行计算的新型计算模

式。对照于传统的通用计算机，其理论模型是通用图灵机；通用的量子计算机，其理论模型是用量子力学规律重新诠释的通用图灵机。从可计算的问题来看，量子计算机只能解决传统计算机所能解决的问题，但是从计算的效率上，由于量子力学叠加性的存在，某些已知的量子算法在处理问题时速度要快于传统的通用计算机。

（二）生物计算

生物学家通过对生命体组织细胞的研究，将仿生学应用到计算机这一领域，从而产生了用生物化学分子制造计算机的想法。生物计算机的研究方向目前大致有两类：一类是研制分子计算机，即制造有机分子元件去代替目前的半导体逻辑元件和存储元件；另一方面是深入研究人脑的结构、思维规律，再构想生物计算机的结构。生物计算机所研究的内容有很多，目前大致有如下一些研究内容：生物分子或超分子芯片；与生物现象类比的自动机模式；以生物智能为基础的仿生算法、立足于可控生化反应的生物化学算法、DNA计算机、采用各种生物化学技术实现的细胞计算机等。其中，生物计算机研究领域中很关键的一环是寻找关键DNA，由于DNA是控制生命的最终核心，并且有着能储存巨大信息的特点，因此寻找或人工制造符合计算机需求的DNA是此领域的一个关键。目前生物计算机的最新研究成果是美国最新研制的可以让科学家对分子进行"编程"，并由活细胞执行"命令"的生物计算机。

（三）认知神经科学

认知神经科学方法是测量人类认知活动脑机制的心理学方法，对探测人脑对符号等信息的认知加工具有传统经验研究方法所不具备的优势。

首先，认知神经科学测量方法更加全面。认知神经科学方法可以深入测量占认知资源绝大多数的潜意识层面的思维过程，为更加全面地揭示人们的情感、态度、动机等内隐思维过程提供科学指导。认知神经科学家通过科学实验证明了人的思想产生于所谓的"映像"，而不是人们通常认为的语言。脑电波扫描和其他心理功能测量结果也表明：脑细胞和神经元的活动总是超前于我们有意识的思想和包含语言功能在内的一些大脑领域的活动。只有当人们有意想把这些思想以语言的形式向自己或他人表达的时候，那些包含语言功能的神经领域才会被激活。也就是说，"是认知决定语言，而不是语言决定认知"。

其次，认知神经科学方法更加客观。认知神经科学方法能够同步记录人们的生理心理反应，其测量具有实时性，这与传统主观报告的方法相比更具客观性。通过直接探测受众的即时认知反应，而不是在事后通过口头报告间接获得，使得媒体效果测评测量更具直接性与客观性，这解决了以往传播效果研究中面临的"隔靴搔痒"的问题。此外，大多数认知神经科学测量方法都能够排除主试者效应，让被试在没有主试人员干扰的情况下较为客观地完成实验测试与数据采集。

再次，认知神经科学方法的数据采集更加精确。常用的认知神经科学测量仪器都具有高度精确的时间分辨率与空间分辨率。其中，脑电ERP/EEG具有高度的时间分辨率，能够捕捉毫秒级的细微变化；功能性磁共振（FMRI）具有高度的空间分辨率，能够探测大脑皮层内部的生理运动。眼动仪具有高度的时间采样率与空间捕捉能力。因此，运用认知神经科学方法，配合科学合理的实验设计，研究者们可以更加全面、客观、精确地探测受众的思维与动机过程，使媒体效果测评更加科学可靠。

第八章 融媒体相关行政法规、规章及规范性文件

融媒体是一个集合概念，目前所有关于融媒体的法律法规都源自法律法规对即有媒体的规定。由于新闻传播活动涉及社会生活的方方面面，需要调整的社会关系非常庞杂，因此，迄今国际上尚没有将所有新闻传播活动归于一部法律的先例，新闻传播的相关法律规定一般都渗透在各国宪法、民法、刑法、行政法、经济法当中，少数专门法一般为媒介法。

宪法是国家根本大法，调节的是公民与国家之间的权利关系。凡是宪法赋予国家的权力，国家才可以行使，宪法赋予公民的权利，国家必须予以保障。因此，《中华人民共和国宪法》（以下简称《宪法》）的所有规定对新闻传播都有指导和约束作用，新闻传播的所有活动不能与《宪法》相违背。同时，《宪法》中那些与新闻传播活动有直接联系的规定必须得到保障。例如，《宪法》第二十二条要求国家发展为人民服务、为社会主义服务的新闻广播电视事业、出版发行事业，第三十五条规定中华人民共和国公民有言论、出版的自由。

刑法是关于犯罪和刑罚的法律规范的总称。广义包括刑法典和刑事单行法规，狭义仅指刑法典。我国现行《中华人民共和国刑法》（以下简称《刑法》）系2017年11月修正后施行。《刑法》中有20多种罪名与新闻传播活动直接相关。例如，第一百五十二条"走私淫秽物品罪"，第一百八十一条"编造并传播证券、期货交易虚假信息罪"，第二百八十六条"破坏计算机信息系统罪"，第二百八十六条之一"拒不履行信息网络安全管理义务罪"等，体现了对新闻传播活动的刚性约束和妨害国家社会秩序犯罪行为的处罚制裁。

《民法典》是新中国第一部以法典命名的法律，涉及包括新闻传播活动在内的社会和经济生活的方方面面。《民法典》对新闻传播活动的规定体现在两个方面，一是从经济人或者经营者的角度的规定——由于我国传统媒体大多具有事业性质、企业化管理双重属性，《民法典》"物权编""合同编"中有大量涉及新闻传播的民商活动，其主要目的是维护市场秩序、保护交易安全；另一方面，《民法典》对新闻传播活动的大量规定主要限定在新闻传播内容生产和分发领域，这也是新闻传媒机构的核心要务。

此外，还有许多法律与新闻传播活动有密切关系，例如，关于审判诉讼活动哪些可以报道哪些不可以报道，涉及《刑事诉讼法》《民事诉讼法》《行政诉讼法》等法律；关于统计真实性、准确性、完整性、及时性的报道涉及《统计法》；关于准确、及时地发布气象预报，防御气象灾害，合理开发利用和保护气候资源的信息涉及《气象法》；关于维护国家安全、保守国家秘密的报道涉及《国家安全法》《保守国家秘密法》《军事设施保护法》；关于特殊群体的权益保护涉及《中华人民共和国未成年人保护法》《中华人民共和国妇女权益保障法》《中华人民共和国残疾人保障法》。还有些行政法规明确规定了相关的信息发布活动规范，例如，《国家突发公共事件总体应急预案》《国家突发环境事件应急预案》对事件的预警级别及其相应的发布规则做了详细规定。自2016年11月《网络安全法（草案）》公布以来，国家网信办、公安部等部门不断落实相关要求，出台一系列部门规章、规范性文件，细化网络安全相关制度要求，加快《网络安全法》的落地实施，加速构建完善网络安全等级保护和关键信息基础设施安全保护制度规定。其中与融媒体关系最为密切的是2017年公布施行的《互联网新闻信息服务管理规定》，对互联网新闻信息服务许可管理、网信管理体制、互联网新闻信息服务提供者主体责任等作出了规定。

我国虽然没有专门为大众传媒制定的法律，但仍有两部专门法律在一定范围起着规范管理各类媒体活动的作用，这两部法律与融媒体工作的开展直接相关，即《中华人民共和国著作权法》（以下简称《著作权法》）和《中华人民共和国广告法》（以下简称《广告法》）。《著作权法》最近一次修正是在2020年11月，新《著作权法》2021年6月实施。《著作权法》是为保护文学、艺术和科学作品作者的著作权，以及与著作权有关的权益而制定的。《广告法》最新的修正是在2018年10月。《广告法》是为了规范广告活动，保护消费者的合法权益而制定的。

在行政法规和规范要求方面，《中华人民共和国著作权法实施条例》《著作权集体管理条例》《出版管理条例》《音像制品管理条例》《广播电视管理条例》《音像制品管理条例》等一系列行政法规对融媒体管理、编辑和内容发布都有重要的规范作用。针对融媒体中心建设，中共中央宣传部和国家广播电视总局联合发布了《县级融媒体中心省级技术平台规范要求》和《县级融媒体中心建设规范》，规定了县级融媒体中心总体架构、功能要求、基础设施配套要求、关键技术指标及验收要求等内容。这些规范为依规组建融媒体中心提供了操作指南。

第一节 融媒体相关的法律

一、《宪法》对新闻传播活动的规定

中华人民共和国第一部宪法诞生于1954年（五四宪法），我国现行宪法为1982年12月4日第五届全国人大第五次会议上正式通过并颁布的（八二宪法），最新修正是2018年3月11日第十三届全国人大一次会议第三次全体会议表决通过的。

宪法是国家的根本大法，是国家政治经济文化生活的总章程，新闻传播事业必须在宪法的范围进行活动。《宪法》第二十二条规定，"国家发展为人民服务、为社会主义服务的……新闻广播电视事业"，明确了国家举办新闻传播及各类传媒的法律义务，也为各类传媒活动的进行提供了法理基础。《宪法》第三十五条规定："中华人民共和国公民有言论、出版的自由。"言论自由则需要在理解和施行层面进一步探析其法律的价值和尺度问题。

中国共产党在新闻自由和言论自由的认识问题上，有一个发展过程。陈独秀一方面说："言论思想自由，是文明进化的第一重要条件"；一方面又认识到了言论自由的阶级性："试问世界共和国底报纸，哪一家不受资本家支配？有几家报纸肯帮多数的贫民说话？"毛泽东则指出："在阶级消灭之前，不管通讯社或报纸的新闻，都有阶级性。资产阶级所说的'新闻自由'是骗人的，完全客观的报道是没有的。"因此，无产阶级报刊、媒体、出版物必须坚持党性原则。中国共产党在一大通过的《中国共产党第一个决议》规定："一切书籍、日报、标语和传单的出版工作，均应受中央执行委员会或临时中央执行委员会的监督。""不论中央或地方出版的一切出版物，其出版工作均应受党员的领导。"这就明确了党对新闻出版宣传工作的领导监督原则，也就是新闻出版的党性原则。加强党对出版工作的领导，是新闻出版事业繁荣发展的根本保证，在新闻出版领域要牢牢掌握意识形态工作领导权。

我国《宪法》第五十一条规定："中华人民共和国公民在行使自由和权利的时候，不得损害国家的、社会的、集体的利益和其他公民的合法的自由和权利。"《刑法》第一百零三条规定："煽动分裂国家、破坏国家统一的，处五年以下有期徒刑、拘役、管制或者剥夺政治权利。"《刑法》第一百零五条规定："以造谣、诽谤或者其他方式煽动颠覆国家政权、推翻社会主义制度的，处五年以下有期徒刑、拘役、管制或者剥夺政治权利。"

二、《民法典》

《民法典》是新中国第一部以法典命名的法律，在法律体系中居于基础性地位，也是市场经济的基本法。《民法典》共7编1260条，各编依次为总则、物权、合同、人格权、婚姻家庭、继承、侵权责任，以及附则。2020年5月28日，十三届全国人大三次会议表决通过了《中华人民共和国民法典》，自2021年1月1日起施行。

作为民事领域基础性、综合性的法律，《民法典》主要调整各类民事主体的人身关系和财产关系，自然也涉及包括新闻传播活动在内的社会和经济生活的方方面面。《民法典》对新闻传播活动的规定体现在两个方面，一是从经济人或者经营者的角度的规定——由于我国传统媒体大多具有事业性质、企业化管理双重属性，《民法典》"物权编""合同编"中有大量涉及新闻传播的民商活动，其主要目的是维护市场秩序、保护交易安全；另一方面，《民法典》对新闻传播活动的大量规定主要限定在新闻传播内容生产和分发领域，这也是新闻传媒机构的核心要务。

三、《中华人民共和国刑法》

刑法是规定犯罪和刑罚的法律，是国家凭借其强制力规定什么行为在何种情况下是犯罪、对犯罪应判处什么刑罚的法律规范的总称。我国现行《刑法》于2017年11月4日经第十二届全国人民代表大会常务委员会第三十次会议通过，自2017年11月4日公布之日起施行。这也是继1997年全面修订刑法后通过的第十个刑法修正案。

《刑法》关于新闻传播活动的犯罪行为主要有两类：一类是新闻报道的犯罪行为，另一类是非新闻报道的犯罪行为。

四、《中华人民共和国著作权法》

著作权法也称版权法，现行《中华人民共和国著作权法》（以下简称《著作权法》）于1990年9月7日经第七届全国人民代表大会常务委员会第十五次会议通过，先后经过两次修正，最近一次修正是2020年11月11日第十三届全国人民代表大会常务委员会第二十三次会议通过的《全国人民代表大会常务委员会关于修改〈中华人民共和国著作权法〉的决定》。

1.著作权的保护对象

《著作权法》第三条规定："本法所称的作品，是指文学、艺术和科学领域内具有独创性并能以一定形式表现的智力成果，包括：（一）文字作品；（二）口述作品；（三）音乐、戏剧、曲艺、舞蹈作品；（四）美术、摄影作品；

(五)电影、电视、录像作品;(六)视听作品;(七)工程设计图、产品设计图、地图、示意图等图形作品和模型作品;(八)计算机软件;(九)符合作品特征的其他智力成果。"第五条规定:本法不适用于:(一)法律、法规,国家机关的决议、决定、命令和其他具有立法、行政、司法性质的文件,及其官方正式译文;(二)单纯事实消息;(三)历法、数表、通用表格和公式。

从法条中可以看到,《著作权法》对作品的认定中并没有明确的规定"新闻作品"一项,而在不适用的规定中却包含了"单纯事实消息"。这是基于一种社会利益的特殊考虑。与《著作权法》相配套的《中华人民共和国著作权法实施条例》第六条对单纯事实消息进行了界定:"指通过报纸、期刊、电台、电视台等传播媒介报道的单纯事实消息。"可见,在《著作权法》中,单纯的事实信息,也就是那种由简单的叙事结构构成的报道,全部的信息由时间、地点、人物、事件组成。该事件不带有任何的报道者主观的色彩,属于纪实性的报道,其内容是现实客观的存在,是公众生活的体现;其价值在于让公众广泛知悉一个客观事实。不是基于创作而产生的信息,而是属于一种社会公共信息。从法理上讲,当公民的知情权与版权发生冲突,应该优先保护公民的知情权。一旦时事新闻受版权保护,新闻的自由传播将得不到保证,进而影响公众对公共事务的了解、参与以及管理的权益。同时,新闻报道中凡是符合《著作权法》对著作创造性的规定,如通讯、调查报告、特写、电视新闻特辑等非时事新闻,虽然也是新闻作品,但凝聚了作者对作品的独立构思、独特观点、独特表述,具有独创性,是作者智力创作的成果,是受《著作权法》保护的作品。

2.《著作权法》的权益范围

《著作权法》第二章第十条规定:"著作权包括发表权、署名权、修改权、保护作品完整权、复制权、表演权、播放权、展览权、发行权、出租权、汇编权、翻译权、广播权、信息网络传播权等人身权和财产权。"同时,基于新闻传播事业的特殊性,《著作权法》第二十四条又规定了13项著作权限制,在12种情况下"可以不经著作权人许可,不向其支付报酬"而使用其作品,"但应当指明作者姓名、作品名称,并且不得侵犯著作权人依照本法享有的其他权利"。有三种情况与新闻传播活动直接相关:"为报道新闻,在报纸、期刊、广播电台、电视台等媒体中不可避免地再现或者引用已经发表的作品;报纸、期刊、广播电台、电视台等媒体刊登或者播放其他报纸、期刊、广播电台、电视台等媒体已经发表的关于政治、经济、宗教问题的时事性文章,但著作权人声明不许刊登、播放的除外;报纸、期刊、广播电台、电视台等媒体刊登或者播放在公众集会上发表的讲话,但作者声明不许刊登、播放的除外。"

五、《中华人民共和国广告法》

《中华人民共和国广告法》（以下简称《广告法》）于1994年10月27日经第八届全国人民代表大会常务委员会第十次会议通过，先后经过两次修正，最近一次修正是2018年10月26日第十三届全国人民代表大会常务委员会第六次会议作出的《关于修改〈中华人民共和国野生动物保护法〉等十五部法律的决定》。《广告法》是为了规范广告活动，保护消费者的合法权益，促进广告业的健康发展，维护社会经济秩序而制定的。几乎所有的媒体都有广告业务，因此，《广告法》与融媒体工作密切相关。而且《著作权保护法》和《广告法》是我国法律体系中仅有的两部媒介专门法，其重要性可见一斑。

对于传媒机构，无论何种级别，在广告活动中都应该无条件遵守《广告法》的相关规定。同时，我们还应注意到广告行为基本是一种商业行为，新闻传播活动则具有公共属性。因此，《广告法》特别规定了新闻传播活动与广告行为的界限。《广告法》第十四条规定："大众传播媒介不得以新闻报道形式变相发布广告。通过大众传播媒介发布的广告应当显著标明'广告'，与其他非广告信息相区别，不得使消费者产生误解。广播电台、电视台发布广告，应当遵守国务院有关部门关于时长、方式的规定，并应当对广告时长作出明显提示。"同时，还规定了除了工商部门外，新闻出版广电部门以及其他有关部门对有广告违法行为的广播电台、电视台、报刊音像出版单位，对广告违法行为也有监管之责，监管不到位的将追究责任。《广告法》第六十八条规定："广播电台、电视台、报刊音像出版单位发布违法广告，或者以新闻报道形式变相发布广告，或者以介绍健康、养生知识等形式变相发布医疗、药品、医疗器械、保健食品广告，市场监督管理部门依照本法给予处罚的，应当通报新闻出版、广播电视主管部门以及其他有关部门。新闻出版、广播电视主管部门以及其他有关部门应当依法对负有责任的主管人员和直接责任人员给予处分；情节严重的，并可以暂停媒体的广告发布业务。新闻出版、广播电视主管部门以及其他有关部门未依照前款规定对广播电台、电视台、报刊音像出版单位进行处理的，对负有责任的主管人员和直接责任人员，依法给予处分。"

六、《中华人民共和国网络安全法》

2016年11月7日，十二届全国人大常委会第二十四次会议正式通过了《中华人民共和国网络安全法》，2017年6月1日起施行。该法进一步界定了关键信息基础设施范围，对攻击、破坏我国关键信息基础设施的境外组织和个人规定了相应的惩治措施，增加了惩治网络诈骗等新型网络违法犯罪活动的规定。作为我国首次发布的关于网络空间安全的法律，《网络安全法》不仅阐明了中国关于网络空间发展和安全的重大立场和主张，更明确了若干年内的战略方针和主要任务。该法确立了网络空间主权原则、明确了重要数据的本地化储存、强化了对个人信息的保护、确定了网络安全人才培养制度、提出了关键信息基础设施的安全保护及其范围。

七、《中华人民共和国专利法》

为了保护专利权人的合法权益制定的《中华人民共和国专利法》对发明、实用新型和外观设计的保护对新闻传播活动中的专利使用具有规范指引作用。

八、《中华人民共和国商标法》

为了加强商标管理，保护商标专用权制定的《中华人民共和国商标法》对注册商标的保护对新闻传播活动中商标的使用具有规范指引作用。

九、《中华人民共和国反不正当竞争法》

为了鼓励和保护公平竞争的商业环境、保护经营者和消费者的合法权益制定的《中华人民共和国反不正当竞争法》对商业经营中应遵守法律和商业道德对新闻传播活动中商标的使用具有规范指引作用。其中，第十一条规定："经营者不得编造、传播虚假信息或者误导性信息，损害竞争对手的商业信誉、商品声誉。"

十、《中华人民共和国侵权责任法》

《中华人民共和国侵权责任法》于2009年12月26日经第十一届全国人民代表大会常务委员会第十二次会议通过。该法在第三十六条专门针对网络侵权行为作了界定，规定："网络用户、网络服务提供者利用网络侵害他人民事权益的，应当承担侵权责任。"

十一、《中华人民共和国网络安全法》

《中华人民共和国网络安全法》是为了保障网络安全，维护网络空间主权和国家安全、社会公共利益，保护公民、法人和其他组织的合法权益，促进经济社会信息化健康发展而制定的法律。由全国人民代表大会常务委员会于2016年11月7日发布，自2017年6月1日起施行。

对于国家层面，《国家安全法》规定："国家建设网络与信息安全保障体系，提升网络与信息安全保护能力，加强网络和信息技术的创新研究和开发应用，实现网络和信息核心技术、关键基础设施和重要领域信息系统及数据的安全可控；加强网络管理，防范、制止和依法惩治网络攻击、网络入侵、网络窃密、散布违法有害信息等网络违法犯罪行为，维护国家网络空间主权、安全和发展利益。"

对于运营者层面，《国家安全法》规定："网络运营者开展经营和服务活动，必须遵守法律、行政法规，尊重社会公德，遵守商业道德，诚实信用，履行网络安全保护义务，接受政府和社会的监督，承担社会责任。建设、运营网络或者通过网络提供服务，应当依照法律、行政法规的规定和国家标准的强制性要求，采取技术措施和其他必要措施，保障网络安全、稳定运行，有效应对网络安全事件，防范网络违法犯罪活动，维护网络数据的完整性、保密性和可用性。"

十二、《中华人民共和国保守国家秘密法》

《中华人民共和国保守国家秘密法》最近一次是2010年4月29日第十一届全国人民代表大会常务委员会第十四次会议修订。该法规定："禁止非法复制、记录、存储国家秘密。禁止在互联网及其他公共信息网络或者未采取保密措施的有线和无线通信中传递国家秘密。禁止在私人交往和通信中涉及国家秘密。报刊、图书、音像制品、电子出版物的编辑、出版、印制、发行，广播节目、电视节目、电影的制作和播放，互联网、移动通信网等公共信息网络及其他传媒的信息编辑、发布，应当遵守有关保密规定。互联网及其他公共信息网络运营商、服务商应当配合公安机关、国家安全机关、检察机关对泄密案件进行调查；发现利用互联网及其他公共信息网络发布的信息涉及泄露国家秘密的，应当立即停止传输，保存有关记录，向公安机关、国家安全机关或者保密行政管理部门报告；应当根据公安机关、国家安全机关或者保密行政管理部门的要求，删除涉及泄露国家秘密的信息。"

十三、《中华人民共和国军事设施保护法》

《中华人民共和国军事设施保护法》最近一次是2014年6月27日第十二届全国人民代表大会常务委员会第九次会议《关于修改〈中华人民共和国军事设施保护法〉的决定》第二次修正。该法规定："禁止陆地、水域军事禁区管理单位以外的人员、车辆、船舶进入军事禁区，禁止对军事禁区进行摄影、摄像、录音、勘察、测量、描绘和记述，禁止航空器在军事禁区上空进行低空飞行。但是，经军区级以上军事机关批准的除外。使用军事禁区的摄影、摄像、录音、勘察、测量、描绘和记述资料，应当经军区级以上军事机关批准。"

十四、《中华人民共和国未成年人保护法》

《中华人民共和国未成年人保护法》最近一次根据2012年10月26日第十一届

全国人民代表大会常务委员会第二十九次会议《关于修改〈中华人民共和国未成年人保护法〉的决定》修正。该法规定："国家鼓励新闻、出版、信息产业、广播、电影、电视、文艺等单位和作家、艺术家、科学家以及其他公民，创作或者提供有利于未成年人健康成长的作品。出版、制作和传播专门以未成年人为对象的内容健康的图书、报刊、音像制品、电子出版物以及网络信息等，国家给予扶持。国家鼓励科研机构和科技团体对未成年人开展科学知识普及活动。国家采取措施，预防未成年人沉迷网络。国家鼓励研究开发有利于未成年人健康成长的网络产品，推广用于阻止未成年人沉迷网络的新技术。禁止任何组织、个人制作或者向未成年人出售、出租或者以其他方式传播淫秽、暴力、凶杀、恐怖、赌博等毒害未成年人的图书、报刊、音像制品、电子出版物以及网络信息等。"

十五、《中华人民共和国妇女权益保障法》

《中华人民共和国妇女权益保障法》最近一次是根据2018年10月26日第十三届全国人民代表大会常务委员会第六次会议《关于修改〈中华人民共和国野生动物保护法〉等十五部法律的决定》修正。该法规定："妇女的名誉权、荣誉权、隐私权、肖像权等人格权受法律保护。禁止用侮辱、诽谤等方式损害妇女的人格尊严。禁止通过大众传播媒介或者其他方式贬低损害妇女人格。未经本人同意，不得以营利为目的，通过广告、商标、展览橱窗、报纸、期刊、图书、音像制品、电子出版物、网络等形式使用妇女肖像。"

十六、《中华人民共和国残疾人保障法》

《中华人民共和国残疾人保障法》于2018年通过，该法规定："政府和社会采取下列措施，丰富残疾人的精神文化生活：（一）通过广播、电影、电视、报刊、图书、网络等形式，及时宣传报道残疾人的工作、生活等情况，为残疾人服务；（二）组织和扶持盲文读物、盲人有声读物及其他残疾人读物的编写和出版，根据盲人的实际需要，在公共图书馆设立盲文读物、盲人有声读物图书室；（三）开办电视手语节目，开办残疾人专题广播栏目，推进电视栏目、影视作品加配字幕、解说。"

十七、《中华人民共和国气象法》

《中华人民共和国气象法》最近一次修订是2016年。《气象法》规定："各级广播、电视台站和省级人民政府指定的报纸，应当安排专门的时间或者版面，每天播发或者刊登公众气象预报或者灾害性天气警报。各级气象主管机构所属的气象台站应当保证其制作的气象预报节目的质量。广播、电视播出单位改变气象预报节目播发时间安排的，应当事先征得有关气象台站的同意；对国计民生可能产生重大影响的灾害性天气警报和补充、订正的气象预报,应当及时增播或者插播。"《气象法》还规定:"广播、电视、报纸、电信等媒体向社会传播气象预报和灾害性天气警报,必须使用气象主管机构所属的气象台站提供的适时气象信息,并标明发布时间和气象台站的名称。通过传播气象信息获得的收益,应当提取一部分支持气象事业的发展。"

第二节 融媒体相关的行政法规

一、《中华人民共和国著作权法实施条例》

根据2013年1月30日《国务院关于修改〈中华人民共和国著作权法实施条例〉的决定》第二次修订。此次修订对侵权行为的罚款做了调整。

二、《著作权集体管理条例》

《著作权集体管理条例》是2004年12月28日中华人民共和国国务院令第429号公布的一个文件。根据2011年1月8日《国务院关于废止和修改部分行政法规的决定》第一次修订,根据2013年12月7日《国务院关于修改部分行政法规的决定》第二次修订,仅对著作权集体管理组织修改章程做了微调。

三、《出版管理条例》

《出版管理条例》根据2016年2月6日《国务院关于修改部分行政法规的决定》第四次修订,这次修订仅有微调。

四、《信息网络传播权保护条例》

《信息网络传播权保护条例》2006年5月公布,2013年修订。权利人享有的信息网络传播权受著作权法和本条例保护。条例规定:"为了保护信息网络传播权,权利人可以采取技术措施。"

该条例还规定:"通过信息网络提供他人作品,属于下列情形的,可以不经著作权人许可,不向其支付报酬:(一)为介绍、评论某一作品或者说明某一问题,在向公众提供的作品中适当引用已经发表的作品;(二)为报道时事新闻,在向公众提供的作品中不可避免地再现或者引用已经发表的作品;(三)为学校课堂教学或者科学研究,向少数教学、科研人员提供少量已经发表的作品;(四)国家机关为执行公务,在合理范围内向公众提供已经发表的作品;(五)

将中国公民、法人或者其他组织已经发表的、以汉语言文字创作的作品翻译成的少数民族语言文字作品，向中国境内少数民族提供；（六）不以营利为目的，以盲人能够感知的独特方式向盲人提供已经发表的文字作品；（七）向公众提供在信息网络上已经发表的关于政治、经济问题的时事性文章；（八）向公众提供在公众集会上发表的讲话。"

此外，图书馆、档案馆、纪念馆、博物馆、美术馆等可以不经著作权人许可，通过信息网络向本馆馆舍内服务对象提供本馆收藏的合法出版的数字作品和依法为陈列或者保存版本的需要以数字化形式复制的作品，不向其支付报酬，但不得直接或者间接获得经济利益。为通过信息网络实施九年制义务教育或者国家教育规划，可以不经著作权人许可，使用其已经发表作品的片断或者短小的文字作品、音乐作品或者单幅的美术作品、摄影作品制作课件，由制作课件或者依法取得课件的远程教育机构通过信息网络向注册学生提供，但应当向著作权人支付报酬。

五、《中华人民共和国计算机软件保护条例》

《计算机软件保护条例》于2001年12月20日以中华人民共和国国务院令第339号公布，根据2011年1月8日《国务院关于废止和修改部分行政法规的决定》第1次修订，根据2013年1月30日中华人民共和国国务院令第632号《国务院关于修改〈计算机软件保护条例〉的决定》第2次修订。此次修订对侵权行为的罚款额度有调整。

为了保护计算机软件著作权人的权益制定的《中华人民共和国计算机软件保护条例》对计算机软件的保护对新闻传播活动中计算机软件的开发、传播和使用具有规范指引作用。其中第八条明确规定软件著作权人享有信息网络传播权，"即以有线或者无线方式向公众提供软件，使公众可以在其个人选定的时间和地点获得软件的权利"。第二十四条规定了未经软件著作权人许可，"向公众发行、出租、通过信息网络传播著作权人的软件的"应承担的违法责任和处罚办法。

六、《音像制品管理条例》

《音像制品管理条例》根据2016年2月6日《国务院关于修改部分行政法规的决定》第四次修订。此次修订，对从事音像制品制作、复制业务的单位审批做了微调。

七、《广播电视管理条例》

为了加强广播电视管理，发展广播电视事业，促进社会主义精神文明和物质文明建设制定。经1997年8月1日国务院第61次常务会议通过，由中华人民共和国国务院于1997年9月1日颁布施行。根据2013年12月7日《国务院关于修改部分行政法规的决定》第一次修订。根据2017年3月1日《国务院关于修改和废止部分行政法规的决定》第二次修订。

八、《音像制品管理条例》

2001年12月25日中华人民共和国国务院令第341号公布，本条例自2002年2月1日起施行。根据2011年3月19日国务院第595号令《国务院关于修改〈音像制品管理条例〉的决定》第一次修订。根据2013年12月7日国务院第645号令《国务院关于修改部分行政法规的决定》第二次修订。根据2016年2月6日国务院第666号令《国务院关于修改部分行政法规的决定》第三次修订。

九、《电影管理条例》

《电影管理条例》是为了加强对电影行业的管理，发展和繁荣电影事业，满足人民群众文化生活需要，促进社会主义物质文明和精神文明建设而制定的法规。2001年12月12日，国务院第50次常务会议通过《电影管理条例》，自2002年2月1日起施行。

十、《地图管理条例》

《地图管理条例》在2015年11月11日国务院第111次常务会议通过，自2016年1月1日起施行。近年来，出版物和新媒体中的地图管理有所加强。2019—2020年，《江苏省地图管理办法》《吉林省地图管理办法》等众多地方地图管理办法相继出台。2020年，北京市规划和自然资源委员会下发《关于开展2020年北京市地图市场监督检查工作的通知》。

第三节 融媒体相关的规范要求

一、《县级融媒体中心省级技术平台规范要求》

2019年1月15日，中共中央宣传部和国家广播电视总局联合发布了《县级融媒体中心省级技术平台规范要求》和《县级融媒体中心建设规范》。

《县级融媒体中心省级技术平台规范要求》规定了对县级融媒体中心提供业务和技术支撑的省级技术平台规范要求，适用于支撑县级融媒体中心的省级技术平台的设计、建设和运行维护。《要求》指出，省级技术平台应为县级融媒体中心开展媒体服务类、党建服务类、政务服务类、公共服务类、增值服务类等业务提供支撑，支持县级融媒体中心在内容、渠道、平台、管理、运营等方面的深入融合。

《县级融媒体中心建设规范》基于县级融媒体中心的业务类型，规定了其总体架构、功能要求、基础设施配套要求、关键技术指标及验收要求等内容，适用于县级融媒体中心技术系统的建设。《规范》指出，县级融媒体中心应整合县级媒体资源，巩固壮大主流思想舆论，不断提高县级媒体传播力、引导力、影响力、公信力，总体要求是：按照移动优先的原则，利用移动传播技术，形成渠道丰富、覆盖广泛、传播有效、可管可控的移动传播矩阵；按照"媒体+"的理念，从单纯的新闻宣传向公共服务领域拓展，增强互动性，从单向传播向多元互动传播延伸，将媒体与政务、服务等业务相结合，提供多样化综合服务，满足用户多样化的需求，开展"媒体+政务"、"媒体+服务"等业务；开展综合服务业务，面向用户提供政务服务、生活服务、社交传播、教育培训等服务。

二、《县级融媒体中心建设规范》

2019年1月15日，中共中央宣传部和国家广播电视总局联合发布了《县级融媒体中心省级技术平台规范要求》和《县级融媒体中心建设规范》。

《县级融媒体中心建设规范》基于县级融媒体中心的业务类型，规定了其总体架构、功能要求、基础设施配套要求、关键技术指标及验收要求等内容，适用于县级融媒体中心技术系统的建设。《规范》指出，县级融媒体中心应整合县级媒体资源，巩固壮大主流思想舆论，不断提高县级媒体传播力、引导力、影响力、公信力，总体要求是：按照移动优先的原则，利用移动传播技术，形成渠道丰富、覆盖广泛、传播有效、可管可控的移动传播矩阵；按照"媒体+"的理念，从单纯的新闻宣传向公共服务领域拓展，增强互动性，从单向传播向多元互动传播延伸，将媒体与政务、服务等业务相结合，提供多样化综合服务，满足用户多样化的需求，开展"媒体+政务"、"媒体+服务"等业务；开展综合服务业务，面向用户提供政务服务、生活服务、社交传播、教育培训等服务。

三、《互联网新闻信息服务管理规定》

国家互联网信息办公室2017年5月2日公布《互联网新闻信息服务管理规定》，自2017年6月1日起施行。该《规定》根据《中华人民共和国网络安全法》《互联网信息服务管理办法》《国务院对确需保留的行政审批项目设定行政许可的决定》等法律法规制定。出台《规定》旨在进一步加强网络空间法治建设，促进互联网新闻信息服务健康有序发展。

《规定》分总则、许可、运行、监督检查、法律责任和附则六章，共二十九条。第一章是总则，对立法目的、原则、适用范围、监管主体作出规定。第二章是许可，对从事互联网新闻信息服务许可的条件、材料、受理、决定作出规定。第三章是运行，对互联网新闻信息服务提供者的日常运行制度作出规范。第四章是监督检查，对国家互联网信息办公室及地方互联网信息办公室监督执法作出规定。第五章是法律责任，对违反《规定》的行为的法律责任作出规定。第六章是附则，对有关术语的定义和公布实施作出规定。

四、《最高人民法院关于审理侵害信息网络传播权民事纠纷案件适用法律若干问题的规定》

《最高人民法院关于审理侵害信息网络传播权民事纠纷案件适用法律若干问题的规定》于2012年11月26日由最高人民法院审判委员会第1561次会议通过，自2013年1月1日起施行。

该《规定》为正确审理侵害信息网络传播权民事纠纷案件，依法保护信息网络传播权，促进信息网络产业健康发展，维护公共利益而制定。《规定》指出："网络用户、网络服务提供者未经许可，通过信息网络提供权利人享有信息网络传播权的作品、表演、录音录像制品，除法律、行政法规另有规定外，人民法院应当认定其构成侵害信息网络传播权行为。"

五、《科学技术保密规定》

2015年11月16日，科学技术部、国家保密局令第16号公布修订后的《科学技术保密规定》。该《规定》分总则，国家科学技术秘密的范围和密级，国家科学技术秘密的确定、变更和解除，国家科学技术秘密保密管理，附则共5章43条，由科学技术部和国家保密局负责解释。该《规定》指出，科学技术保密工作应当与科学技术管理工作相结合，同步规划、部署、落实、检查、总结和考核，实行全程管理。

六、《网络信息内容生态治理规定》

2020年，国家互联网信息办公室发布《网络信息内容生态治理规定》，自2020年3月1日起施行。《规定》的出台，旨在营造良好网络生态，保障公民、法人和其他组织的合法权益，维护国家安全和公共利益；有利于建立健全网络综合治理体系，加强和创新互联网内容建设，落实互联网企业信息管理主体责任，全面提高网络治理能力，营造清朗的网络空间。《规定》第四章第二十四条规定："网络信息内容服务使用者和网络信息内容生产者、网络信息内容服务平台不得通过人工方式或者技术手段实施流量造假、流量劫持以及虚假注册账号、非法交易账号、操纵用户账号等行为，破坏网络生态秩序。"《规定》第二章第六条规定:"网络信息内容生产者不得制作、复制、发布含有歪曲、丑化、亵渎、否定英雄烈士事迹和精神,以侮辱、诽谤或者其他方式侵害英雄烈士的姓名、肖像、名誉、荣誉的内容的违法信息。"《规定》第四章第二十一条规定:"网络信息内容服务使用者和网络信息内容生产者、网络信息内容服务平台不得利用网络和相关信息技术实施侮辱、诽谤、威胁、散布谣言以及侵犯他人隐私等违法行为,损害他人合法权益。"

七、《儿童个人信息网络保护规定》

2019年8月,国家网信办发布《儿童个人信息网络保护规定》,强化对儿童个人信息的保护。规定指出,网络运营者应当设置专门的儿童个人信息保护规则和用户协议,并指定专人负责儿童个人信息保护。

根据规定,儿童监护人应当正确履行监护职责,教育引导儿童增强个人信息保护意识和能力,保护儿童个人信息安全。网络运营者收集、使用、转移、披露儿童个人信息的,应当以显著、清晰的方式告知儿童监护人,并应当征得儿童监护人的同意。

网络运营者征得同意时,应当同时提供拒绝选项,并明确告知收集、存储、使用、转移、披露儿童个人信息的目的、方式和范围;儿童个人信息存储的地点、期限和到期后的处理方式;儿童个人信息的安全保障措施;拒绝的后果;投诉、举报的渠道和方式;更正、删除儿童个人信息的途径和方法等事项。

规定还提出,网络运营者落实儿童个人信息安全管理责任不到位,存在较大安全风险或者发生安全事件的,由网信部门依据职责进行约谈,网络运营者应当及时采取措施进行整改,消除隐患。违反该规定的,由网信部门和其他有关部门依据职责,根据网络安全法等相关法律法规规定处理;构成犯罪的,依法追究刑事责任。

八、《网络出版服务管理规定》

《网络出版服务管理规定》在2015年8月20日由国家新闻出版广电总局局务会议通过,并经工业和信息化部同意,现予公布,自2016年3月10日起施行。该《规定》是为了规范网络出版服务秩序,促进网络出版服务业健康有序发展,根据《出版管理条例》《互联网信息服务管理办法》及相关法律法规制定。原国家新闻出版总署、信息产业部颁布的《互联网出版管理暂行规定》予以废止。

九、《电子出版物出版管理规定》

2008年3月17日,新闻出版总署以署长令的形式正式公布《电子出版物出版管理规定》,并于4月15日起施行。该《规定》为电子出版单位在制作、出版电子出版物活动中应遵守的制度。

十、《电视剧内容管理规定》

《电视剧内容管理规定》经国家广播电影电视总局2010年3月26日局务会议审议通过，自2010年7月1日起施行。该《规定》是为了规范电视剧内容管理工作，繁荣电视剧创作，促进电视剧产业的健康发展而制定。

十一、《互联网视听节目服务管理规定》

《互联网视听节目服务管理规定》于2007年12月29日由广电总局公布，从2008年1月31日起实施。该《规定》的第八条对从事互联网视听节目服务的条件做出了严格限制。该《规定》依《关于修订部分规章和规范性文件的决定》于2015年8月28日修订。

十二、《网络音视频信息服务管理规定》

国家互联网信息办公室、文化和旅游部、国家广播电视总局制定了《网络音视频信息服务管理规定》，自2020年1月1日起施行。《规定》指出，网络音视频信息服务提供者和网络音视频信息服务使用者利用基于深度学习、虚拟现实等的新技术新应用制作、发布、传播非真实音视频信息的，应当以显著方式予以标识。网络音视频信息服务提供者和网络音视频信息服务使用者不得利用基于深度学习、虚拟现实等的新技术新应用制作、发布、传播虚假新闻信息。

十三、《网络安全审查办法》

2020年，国家互联网信息办公室、国家发展和改革委员会、工业和信息化部、公安部、国家安全部、财政部、商务部、中国人民银行、国家市场监督管理总局、国家广播电视总局、国家保密局、国家密码管理局联合制定了《网络安全审查办法》，自2020年6月1日起实施，《网络产品和服务安全审查办法（试行）》同时废止。新的《办法》在适用范围、审查主体及判定因素等方面都有显著变化，更具战略性、优先性和针对性，开启了我国网络安全审查的新篇章。

该《办法》规定，网络安全审查办公室设在国家互联网信息办公室，负责制定网络安全审查相关制度规范，组织网络安全审查。运营者采购网络产品和服务的，应当预判该产品和服务投入使用后可能带来的国家安全风险。影响或者可能影响国家安全的，应当向网络安全审查办公室申报网络安全审查。

十四、《广播电视视频点播业务管理办法》

《广播电视视频点播业务管理办法》是为促进广播电视视频点播业务健康

发展，加强监督管理，促进社会主义精神文明建设而制定的法规，2004年6月15日，国家广播电影电视总局局务会议通过，自2004年8月10日起施行。根据2015年8月28日国家新闻出版广电总局令第3号《关于修订部分规章和规范性文件的决定》修正。

十五、《关于做好个人信息保护利用大数据支撑联防联控工作的通知》

2020年2月，中央网信办发布《关于做好个人信息保护利用大数据支撑联防联控工作的通知》，明确为疫情防控、疾病防治收集的个人信息，不得用于其他用途；任何单位和个人未经被收集者同意，不得公开姓名、年龄、身份证号码等个人信息。

十六、《关于加强网络文学作品版权管理的通知》

2016年，国家版权局发布了《关于加强网络文学作品版权管理的通知》，目的是加强网络文学作品版权管理，进一步规范网络文学作品版权秩序。

十七、《新闻出版广播影视企业版权资产管理工作指引（试行）》

2018年2月，原国家新闻出版广电总局改革办公室印发了《新闻出版广播影视企业版权资产管理工作指引（试行）》，提出版权资产是新闻出版广播影视企业的核心资产，做好版权资产管理工作是广电重要任务，开展科学高效的版权资产管理工作对于加快新闻出版广播影视行业供给侧结构性改革，促进版权资产成为企业优质资产，增强企业竞争优势，推动企业创新驱动发展具有重要作用。

十八、《关于加强数字出版内容投送平台建设和管理的指导意见》

《关于加强数字出版内容投送平台建设和管理的指导意见》2013年12月30日经国家新闻出版广电总局发布实施。该《意见》的目的是促进数字出版产业健康有序发展，加强数字出版内容投送平台建设和管理。

十九、《国家突发公共事件总体应急预案》

2005年1月26日，国务院第79次常务会议通过了《国家突发公共事件总体应急预案》，该《预案》规定："宣传、教育、文化、广电、新闻出版等有关部门要通过图书、报刊、音像制品和电子出版物、广播、电视、网络等，广泛宣传应急法律法规和预防、避险、自救、互救、减灾等常识，增强公众的忧患意识、社会责任意识和自救、互救能力。各有关方面要有计划地对应急救援和管理人员进行培训，提高其专业技能。"

二十、《国家突发环境事件应急预案》

国务院办公厅于2014年12月29日印发了修订后的《国家突发环境事件应急预案》。该《预案》规定:"突发环境事件发生后,各有关地方、部门和单位根据工作需要,组织采取以下措施……通过政府授权发布、发新闻稿、接受记者采访、举行新闻发布会、组织专家解读等方式,借助电视、广播、报纸、互联网等多种途径,主动、及时、准确、客观向社会发布突发环境事件和应对工作信息,回应社会关切,澄清不实信息,正确引导社会舆论。信息发布内容包括事件原因、污染程度、影响范围、应对措施、需要公众配合采取的措施、公众防范常识和事件调查处理进展情况等。"

参考文献

[1] 王三春.融媒体时代的新闻策划探讨[J].传媒论坛,2020,3(1):49+51.

[2] 谢萍萍.全媒体时代,如何做好新闻选题策划[J].视听,2017(5):274-275.

[3] 毛勇.融媒体时代新闻策划的要素[J].新闻传播,2019(20):111-112.

[4] 徐苑青.融媒体时代的新闻报道特征——以浙江广电集团"全国两会"报道为例[J].视听纵横,2017(3):15-17.

[5] 有范数码.两张图告诉你:为什么文字已死,读图时代已经到来[EB/OL].[https://www.sohu.com/a/167757707_188123]2017-08-28.

[6] 黄楚新.融合背景下的短视频发展状况及趋势[J].人民论坛·学术前沿,2017(23):40-47+85.

[7] 潘曙雅,王睿路.资讯类短视频的"标配"与前景[J].新闻与写作,2017(5):75-78.

[8] 杨梦玥.《新京报》媒介融合的路径分析——以"新京报动新闻"为例[J].新媒体研究,2018,4(18):98-102.

[9] 张超.媒介融合语境下网络新闻专题的突破与创新[J].传媒观察,2016(7):52-53.

[10] 吴双.央视"VR直播火箭发射"开创3个"首次",难怪获得2018—2019中国新闻奖![EB/OL].[https://www.sohu.com/a/282979618_181884]2018-12-19.

[11] 张旸.人民日报"中央厨房"构建行业新生态[J].青年记者,2017(7):19-21.

[12] 曹苏宁.广州日报报业集团中央编辑部:当好媒体融合的神经中枢[J].中国记者,2018(9):27-30.

[13] 李良荣.融媒体新闻制作[EB/OL].[http://media.people.com.cn/n1/2018/0507/c192370-29969148.html]2018-05-07.

[14] 邵全红.移动聚合类新媒体对传统媒体新闻生产的颠覆与再造——以"今日头条"的新闻生产模式为例[J].新闻爱好者,2017(1):37-40.

[15] 马钦麟.以线索新机制应对新媒体基层报道的弱化[J].新闻战线,2019(1):87-89.

[16] 尤红.VR新闻的重构特征与伦理风险[J].现代传播(中国传媒大学学报),2020,42(4):51-55.

[17] 林伟明.上海广播融合媒体生产的探索之路[J].中国广播电视学刊,2016(12):15-16.

[18] 光明网吴劲珉.让VR技术在融媒体新闻作品中升华[EB/OL].[http://www.xinhuanet.com/politics/2016-03/12/c_128794913.htm]2016-03-12.

[19] 黄楚新,郭海威.媒体融合纵深发展需要"四个新"[J].科技与出版,2019(5):21-28.

[20]曾祥敏,刘思琦,唐雯.2019全国两会媒体融合产品创新研究[J].新闻与写作,2019(5):22-29.

[21]詹绪武,李珂.Vlog+新闻:主流话语的传播创新路径——以"康辉Vlog"为例[J].新闻与写作,2020(3):98-102.

[22]雷想.Vlog新闻:概念溯源与发展逻辑——以央视"大国外交最前线"系列Vlog为例[J].今传媒,2020,28(8):19-22.

[23]王思涵.重大主题报道H5作品比较研究[J].传媒论坛,2020(17):1-2+7.

[24]谭舒心.媒介融合趋势下新闻传播人才培养的理念和路径[J].新闻世界,2020(1):90-92.

[25]张晓刚.县级融媒体中心建设的"轻快"方案[J].传媒,2019(2):27-29.

[26]郑成功.融媒体时代新闻策划工作探讨[J].传媒论坛,2020,3(13):24+26.

[27]刘春兰.新时代如何做好新闻编辑工作[N].中国新闻出版广电报,2018-04-11(4).

[28]田勇,周晓思.融媒背景下党报新媒体审读机制初探[J].中国记者,2017(12):71-73.

[29]李天行,周婷,贾远方.人民日报中央厨房"融媒体工作室"再探媒体融合新模式[J].中国记者,2017(1):9-11.

[30]余檬,张韬,陆趣等.SMG融媒体内容生产监控平台的搭建[J].现代电视技术,2018(11):94-96+101.

[31]中国互联网络信息中心:第45次中国互联网络发展统计报告[EB/OL].[http://www.cnnic.cn/hlwfzyj/hlwxzbg/hlwtjbg/202004/P020200428596599037028.pdf].

[32]王培志.场景视频的H5创新 以央广两会H5"王小艺的朋友圈"为例[EB/OL].[http://media.people.com.cn/n1/2017/0321/c120837-29157982.html]2017-03-21.

[33]黑马良驹.两会期间,品牌们搞出了哪些大"新闻"?[EB/OL].[https://www.sohu.com/a/129060330_117968]2017-03-16.

[34]夏丽春.移动直播:媒体融合的新抓手[EB/OL].[https://www.sohu.com/a/255996322_770746]2018-09-25.

[35]赵军,谢海欧.5G背景下的广播媒体融合应用探讨[J].中国传媒科技,2019(4):28-30.

[36]袁舒婕.5G时代,媒体怎样抓住技术风口——听听来自2019中国新媒体大会的声音[http://media.people.com.cn/n1/2019/1202/c14677-31485793.html]2019-12-02.

[37]刘岩.聚焦两会 | "5G+8K+卫星",一次全新的直播尝试[EB/OL].[https://www.thepaper.cn/newsDetail_forward_7549889]2020-05-25.

[38]人民网—江西频道.中国电信联合央视频实现珠穆朗玛峰5G云直播[EB/OL].[http://jx.people.com.cn/n2/2020/0421/c186330-33964072.html]2020-04-21.

[39]丁姿,王阳.建设融合性平台 开创联动式报道——全国党媒信息公共平台的探索[EB/OL].[http://media.people.com.cn/n1/2018/0803/c420761-30206094.html]2018-08-03.

[40]雷明辉.融媒体时代如何让新闻报道更出彩[J].半月谈,2020(8).

[41]谢天武.融媒体视阈下新闻内容生产的四个变化[J].新闻战线,2016(19):114-115.

[42]张婧.广播融媒体报道在重大灾害性天气中的具体实践——以广州新闻广播防抗台风"山竹"报道为例[J].中国广播,2018(12):87-89.

[43]姚璇.媒介融合视域下新闻生产流程的重构——以"澎湃新闻"的融媒体实践为例[J].传媒评论,2020(5):86-87.

[44]全媒派.人民日报中央厨房上线!新闻大餐来了[EB/OL].[https://news.qq.com/original/dujiabianyi/rmrbzycf.html]2016-02-26.

[45]王君超.从"中央厨房"看媒体深度融合[EB/OL].[http://theory.people.com.cn/n1/2017/0116/c40531-29024981.html]2017-01-16.

[46]张成良.基于熵理论建构的融媒体指标体系建构与评测[J].新媒体与社会,2017(2):93-116.

[47]新华网.CTR发布媒体融合效果评估体系[EB/OL].[http://www.xinhuanet.com/newmedia/2018-06/12/c_137248009.htm]2018-06-12.

[48]王枢,徐建勋.论传统媒体的平台化转型[J].新闻爱好者,2019(7):51-55.

[49]艾媒咨询.2019—2020年中国移动社交行业年度研究报告[R/OL].[https://www.iimedia.cn/c400/70165.html]2020-03-23.

[50]艾媒咨询.2019年中国移动社交行业研究报告[R/OL].[https://www.iimedia.cn/c400/63737.html]2019-04-15.

[51]唐胜宏,高春梅,张旭.2018中国媒体融合传播指数报告[J].新闻与写作,2019(5):30-35.

[52]张华,肖翔.封面传媒智媒体技术进阶之路[J].青年记者,2019(9):11-12.

[53]朱鸿军.媒体融合的"第三条道路"——深圳ZAKER的融媒思维及实践[J].传媒观察,2017(10):59-64.

[54]周海斌.深圳新闻网:新媒体"老字辈"创新求变[J].智慧东方新传播,2017(4):131-134.

[55]蓝岸.深圳新闻网:用"平台+"打法领跑地方城市新闻网[J].智慧东方新传播,2019(3):45-52.

[56]高菲.传统媒体新闻客户端的现状及其发展建议[J].新闻战线,2018(13):112-116.

[57]清博大数据新媒体指数团队.中国传统媒体新闻客户端发展报告[J].青年记者,2016(4):9-14.

[58]人民网研究院.2017媒体融合传播指数报告发布[EB/OL].[http://media.people.com.cn/n1/2018/0402/c14677-29901624.html]2018-04-02.

[59]窦锋昌,刘海贵.传统媒体搭建全媒体平台的创新模式研究[J].当代传播,2019(4):35-38+48.

[60]邱振邦.传统媒体新闻客户端的突围之路[J].新闻战线,2016(15):89-91.

[61]温静.重磅!《2019广电媒体融合调研报告》(精华版)发布[EB/OL].[https://www.sohu.com/a/332885546_351788]2019-08-10.

[62]陈建洲."读特":推动深圳特区报深度融合发展[J].智慧东方·新传播,2017(4):116-119.

[63]陈建洲.读特:面向深圳党政机关的最大新闻类客户端[J].智慧东方·新传播,2019(3):23-28.

[64]陈晓薇."读创":以"科技+财经"讲好深圳故事[J].智慧东方·新传播,2017(4):120-123.

[65]丁时照.读创:深圳300万商事主体社交平台[J].智慧东方·新传播,2019(3):29-34.

[66]TalkingData.2018微信小程序洞察报告——场景+链接,数据视角下的小程序浪潮[EB/OL].[http://mi.talkingdata.com/report-detail.html?id=752]2018-06-12.

[67]宫承波,孙宇.依托小程序的媒体融合路径探索[J].当代传播,2019(02):44-47.

[68]郑满宁,曹明珠.新闻小程序:发展模式、运作逻辑与趋势[J].新闻与写作,2019(8):40-44.

[69]孙艳华,郝培茹.《人民日报》微信公众号运营现状及启示探析[J].青岛科技大学学报(社会科学版),2020,36(1):111-115.

[70]张德平,章晓瑛,房亮.微信小程序在地方广播融媒体实践中的运用——以浙江湖州广播电视总台交通文艺广播为例[J].中国广播,2019(11):91-93.

[71]蔡景伟,孟晓晨.微信小程序的媒体价值应用——以"浙江卫视奔跑吧"小程序为例[J].传播力研究,2018,2(16):112.

[72]郑满宁,曹明珠.新闻小程序:发展模式、运作逻辑与趋势[J].新闻与写作,2019(8):40-44.

[73]宫承波,孙宇.依托小程序的媒体融合路径探索[J].当代传播,2019(2):44-47.

[74]郑满宁,曹明珠.新闻小程序:发展模式、运作逻辑与趋势[J].新闻与写作,2019(8):40-44.

[75]蔡笑元.媒体开发微信小程序,能做什么[J].2019(5):25-27.

[76]丁姿,王阳.建设融合性平台 开创联动式报道——全国党媒信息公共平台的探索[EB/OL].[http://media.people.com.cn/n1/2018/0803/c420761-30206094.html]2018-08-03.

[77]王建磊.网台互动营造传媒新生态——以"上海电视台与东方宽频,看看新闻网"的互动为例[J].广播电视信息,2013(3):45-47.

[78]孙正一.我国新闻媒体资本运营情况初探[J].新闻记者,2001(4).

[79]谢耘耕.中国传媒资本运营若干问题研究[J].新闻界,2006(3):4-9+1.

[80] 董剑. 传媒资本运营视角下媒体融合的思考[J]. 中国报业, 2019(13):16-18.

[81] 新浪科技. 任天堂发布新宝可梦游戏：股价创两年新高[EB/OL]. [https://tech.sina.com.cn/roll/2020-06-18/doc-iircuyvi9072747.shtml]2020-06-18.

[82] 莫林虎. 欧美传统传媒业资本运营趋势对我国的启示[J]. 编辑之友, 2017(2):40-46.

[83] 王威. 媒体融合背景下广告的经营模式[J]. 西部广播电视, 2018(15):71+73.

[84] 张莉. 基于"用户画像"的精准营销策略研究[J]. 现代营销(下旬刊), 2020(3):93-94.

[85] 方明. 融媒时代传统媒体广告经营策略与模式创新策略探究[J]. 声屏世界, 2020(5):91-92.

[86] 王媛. 媒体融合背景下电视广告经营创新策略[J]. 科技创新导报, 2019, 16(30):233-234.

[87] 刘阳, 陈安庆. 传统媒体电商营收模式的突围创新[J]. 新闻战线, 2019(20):79-82.

[88] 澎湃新闻. 传媒湃 | 2020年一季度全国报业经营下降幅度为30%[EB/OL]. [https://www.baidu.com/link?url=EneiL6rvPxwOOW62NzQZPLhcjtUQ6ifMmNtitTafeHVy6sYo-SgYWuFYGIcX0dk7vPRKjwcjjv6gzslkP_PLA_&wd=&eqid=9578a736001095bf000000065f49b612]2020-05-08.

[89] 赵京文. 电商直播发展态势及广电媒体应用建议[J]. 视听界, 2020(4):9-14.

[90] 吴谷枫. 论传统媒体投身直播带货的优势与风险[J]. 视听纵横, 2020(4):44-47.

[91] 王玮. 媒体融合转型的盈利模式探析[J]. 传媒, 2019(6):62-64.

[92] 郭全中. 传统媒体布局直播电商研究[J]. 青年记者, 2020(19):52-54.

[93] 俞建勇. 媒体如何打造政府购买服务的文化市场主体——《诸暨日报》助力转型的探索实践[J]. 中国记者, 2016(5):115-117.

[94] 徐希之. 银杏融媒县级融媒体中心建设的邳州实践[M]. 北京：中国广播影视出版社, 2019:79-80.

[95] 刘勇, 赵玉虎. 县级融媒体中心建设的玉门样本[J]. 中国记者, 2020（2）.

[96] 景泰融媒微信号. "花开的声音"——景泰县2020年第七届校园主持人大赛火热报名中！[EB/OL]. [https://mp.weixin.qq.com/s?src=11&timestamp=1598580141&ver=2549&signature=0LhA4V1JvEs5u5Ktu7tdV8viPgLv-*y6ZBYZiC5t20icPZj-358UJcIc6QX8mLm3WdT2iul43fbp9j8UGpPiBLGJl*1AKFH4V8lJ24u9H9EBB70-jdffJncifNFBPtbu&new=1]2020-06-09.

[97] 谢新洲.《县级融媒体中心建设：理论与实践》[M]. 北京：电子工业出版社, 2019.

[98] 李思屈, 诸葛达维. 认知神经科学方法在媒体效果测评中的应用研究[J]. 新闻学与传播学, 2016(9):37-43.

[99] 中国的法治建设[EB/OL]. [http://www.gov.cn/zhengce/2008-02-28/content_2615764.htm]2008-02-28.